Gudrun Natter · Stefan Schäfer

Treffpunkt Deutsch

Sprachbuch

2

www.oebv.at

Inhalt

Liebe Schülerin! Lieber Schüler!

Vor dir liegt das Lehrwerk „**Treffpunkt Deutsch**"! Es wird dich im Unterrichtsfach Deutsch durch das Schuljahr begleiten.

Das **Sprachbuch** ist in **acht Themen-Kapitel** unterteilt. Anhand der bunten Punkte erkennst du, welcher Bereich der Sprache in dem Kapitel bzw. auf der Seite besonders behandelt wird. Jedes Kapitel beginnt mit einer **Überblicksseite**. Hier erfährst du, was du in dem Kapitel lernen wirst. Im Kapitel selbst findest du zu dem jeweiligen Thema Informationen, Texte, Bilder und vieles mehr. Übungen sollen dir helfen, den Lehrinhalt zu erarbeiten, anzuwenden und zu vertiefen.

Im **Arbeitsheft** findest du zusätzliche Übungsmöglichkeiten und kannst das Gelernte wiederholen.

Das **Leseheft** macht dich zu einem Lese-Profi: Du findest am Beginn ein ganzes Kapitel mit Aufgaben zum Lesetraining und danach jede Menge spannenden Lesestoff zu spannenden Themenbereichen.

Und das bedeuten die Symbole im Buch:

 Sprechen und Zuhören Hier lernst du, Gespräche und Diskussionen zu führen und zu präsentieren.

 Nachdenken über Sprache Hier werden die „Spielregeln" der deutschen Sprache, vor allem Grammatik und Rechtschreibung behandelt.

 Schreiben Hier lernst du, Texte zu planen, zu verfassen und zu überarbeiten.

 Umgang mit Texten Hier geht es vorrangig ums Lesen und Erkunden unterschiedlicher Texte.

 Diese Aufgaben helfen dir, dein Fachwissen zu erweitern und Grundfertigkeiten zu erlernen sowie diese anzuwenden.

 Diese Aufgaben fordern dich auf, selbstständig Lösungswege zu finden oder etwas zu beurteilen. Dabei kann es sein, dass du zusätzliche Informationen benötigst; z. B. aus Nachschlagewerken oder aus dem Internet.

 Diese Aufgabe könnt ihr in Partnerarbeit lösen.

 Eine Aufgabe mit diesem Symbol lässt sich am besten im Team lösen.

 Diese Aufgabe solltest du im Heft lösen.

Am Seitenrand findest du die Verweise zu den passenden Aufgaben im Arbeitsheft.

AH S. 28 Ü3 Großschreibung

 Merke:
Der **Elefant** zeigt dir an, dass du dir diesen Merkstoff gut einprägen sollst.

 Tipp:
Der **Schlüssel** zeigt dir, wie du eine Aufgabe leichter lösen kannst.

 Arbeitstechnik
Hier lernst du verschiedene **Techniken** und **Werkzeuge** für nachhaltiges Lernen kennen.

🌐 c934y7 Wenn man diesen Code im Suchfeld auf www.oebv.at eingibt, findet man weitere Aufgaben und Informationen zu manchen Kapiteln.

Nach den Ferien –
Miteinander sprechen

Nach den Ferien hat man sich vieles zu erzählen und vieles für das neue Schuljahr zu besprechen. Nach den Ferien ist es aber auch gut, manches zu wiederholen . . .

Die Österreicherinnen und Österreicher
verreisen im Sommer gerne, am liebsten nach Italien,
Kroatien, Deutschland usw.

Findest du heraus, welche Reiseziele zu den richtigen Urlaubsländern gehören?
Schreibe die Reiseziele zu den richtigen Ländern. Wenn du die Reiseziele den Ländern
richtig zuordnest, ergeben die Silben hinter den Orten ein Lösungswort.

Schönau am Königssee (te) – Lido di Jeselo (be) – Antalya (zie) – Rhodos (rei) – Grand
Canyon (le) – Rovinj (lieb) – Costa Brava (se)

Italien	
Kroatien	
Deutschland	
Griechenland	
Spanien	
Türkei	
USA	

Lösung: _____

Sprachbetrachtung
- Satzglieder unterscheiden und bestimmen

Rechtschreibung
- Wörter mit langen Vokalen richtig schreiben
- Wörter mit kurzen Vokalen richtig schreiben

Von Ferienerlebnissen erzählen –
Sprechen und zuhören

1 Tausche dich mit deiner Sitznachbarin oder deinem Sitznachbarn über die folgende Szene aus:
Welche Fehler machen die Kinder?

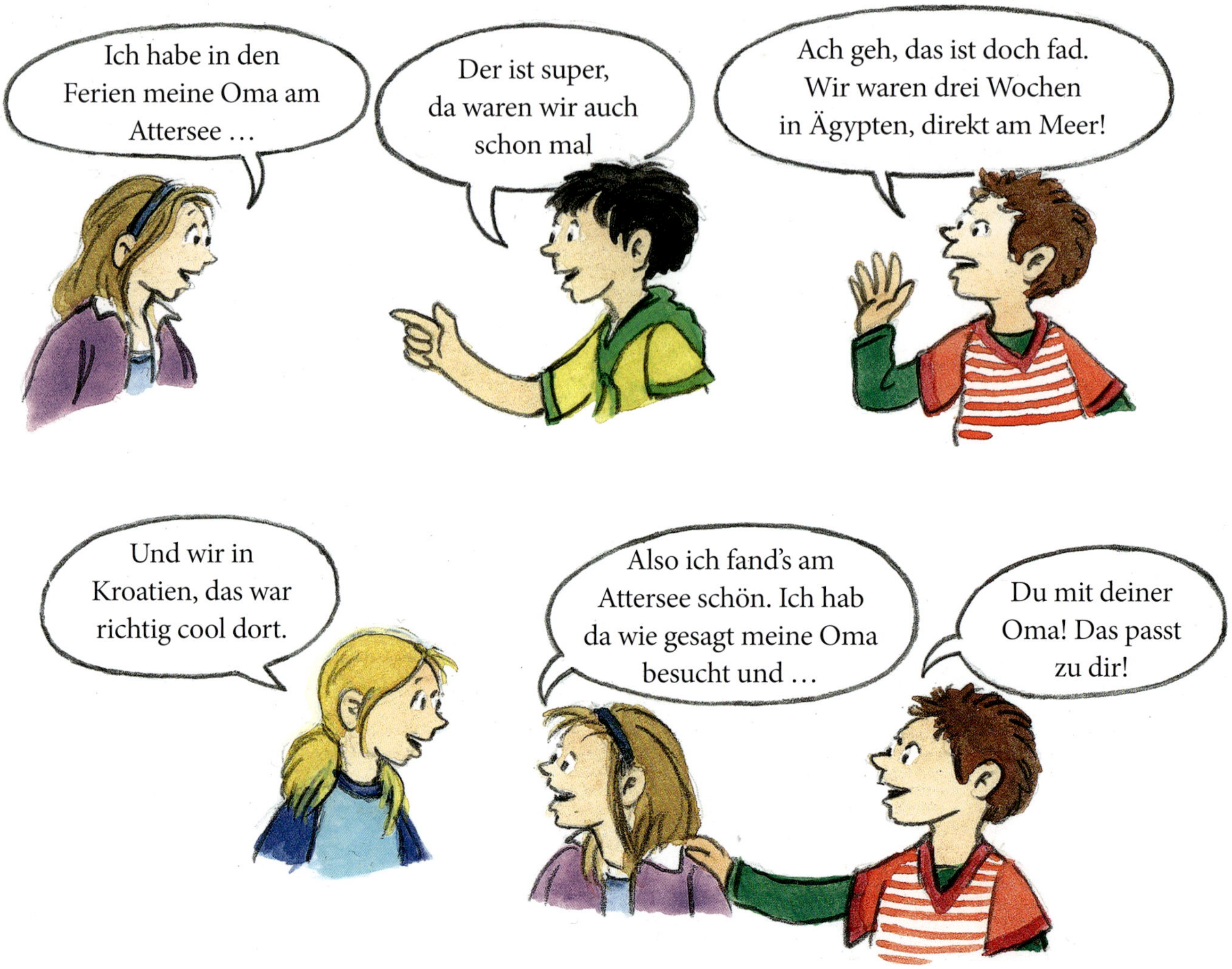

> Ich habe in den Ferien meine Oma am Attersee …

> Der ist super, da waren wir auch schon mal

> Ach geh, das ist doch fad. Wir waren drei Wochen in Ägypten, direkt am Meer!

> Und wir in Kroatien, das war richtig cool dort.

> Also ich fand's am Attersee schön. Ich hab da wie gesagt meine Oma besucht und …

> Du mit deiner Oma! Das passt zu dir!

2 Ergänze die Gesprächsregeln im Kasten durch die richtigen Fortsetzungen.

und gehe nach Möglichkeit darauf ein. – und lenke ihn/sie auch nicht ab (z. B. durch Zwischenrufe). – sondern warte ab, bis ich an der Reihe bin. – damit auch andere an die Reihe kommen.
– und beleidige niemanden.

Wichtige **Gesprächsregeln** sind:

1. Ich unterbreche niemanden,	
2. Ich höre zu, was der oder die andere sagt,	
3. Ich störe den oder die andere nicht	
4. Ich bleibe immer höflich	
5. Ich fasse mich kurz,	

3 Besprich dich noch einmal mit deiner Sitznachbarin oder deinem Sitznachbarn. Schreibt auf, gegen welche Gesprächsregeln genau die Kinder (Bilder auf Seite 6) verstoßen haben.

4 Nicht nur von einem Auslandsurlaub gibt es etwas zu erzählen. In den Ferien kann viel Aufregendes oder Schönes passieren: Vielleicht hat deine Katze Junge bekommen, vielleicht hast du ein tolles Buch gelesen oder eine Freundin oder einen Freund gefunden …

Entscheide dich für zwei Erlebnisse, von denen du deinen Mitschülerinnen und Mitschülern erzählen möchtest. Mache dir zu den beiden Erlebnissen stichwortartige Notizen.

	1. Erlebnis	2. Erlebnis
Wo?		
Wer?		
Was ist geschehen? (Ablauf des Ereignisses in Stichworten)		
Wie habe ich das erlebt?		

5 Bildet Gruppen mit vier oder fünf Schülerinnen und Schülern. Erzählt euch gegenseitig eure Ferienerlebnisse. Bestimmt jeweils eine Schülerin oder einen Schüler, die oder der auf die Einhaltung der Gesprächsregeln achten soll, wenn sie oder er nicht gerade selbst erzählt.

 Tipp

Bei einem Gespräch kommt es nicht nur auf das Sprechen, sondern auch auf das **Zuhören** an. Und gutes Zuhören kannst du lernen. Wichtig sind dabei u. a. folgende Punkte:
- sich in die Gesprächspartnerin oder den Gesprächspartner **hineinversetzen**,
- ihm oder ihr die **volle Aufmerksamkeit** schenken und sich möglichst nicht ablenken lassen,
- nicht nur auf den Inhalt, sondern auch auf **Zwischentöne** achten,
- **nachfragen**, wenn etwas unklar ist.

Jetzt wird geflunkert –
Satzglieder erkennen und bestimmen

Manche Leute übertreiben schon einmal ein kleines bisschen.
wenn sie von ihren Ferien erzählen …

 1 Formuliere gegenüber deiner Sitznachbarin oder deinem Sitznachbarn, was der Bub in seinem Urlaubsbericht gesagt haben könnte.

2 Sieh dir die folgende Übersicht an und mache dir klar, was sich jeweils von Satz zu Satz verändert.

Umstandsbestimmung	Prädikat	Subjekt	Objekt
In der Wüste	fing	ich	einen Eisbären.
Aus Langeweile	fing	ich	einen Eisbären.
Aus Langeweile	küsste	ich	einen Eisbären.
Aus Langeweile	küsste	meine Mutter	einen Eisbären.
Aus Langeweile	küsste	meine Mutter	einen Kaktus.

 3 Bildet Gruppen mit jeweils drei oder fünf Schülerinnen und Schülern. Setzt nun die Tabelle in der Gruppe mündlich fort: Der oder die Erste sagt den letzten Satz der Tabelle, erfindet aber eine neue Umstandsbestimmung, der oder die nächste übernimmt die neue Umstandsbestimmung und erfindet ein neues Prädikat usw.

- Setzt das Spiel so lange fort, bis jedes Gruppenmitglied jedes Satzglied einmal ausgetauscht hat.
- Versucht, möglichst lustige und unwahrscheinliche Aussagen zu formulieren. Wenn ihr wollt, könnt ihr den lustigsten Satz wählen, und euch anschließend mit den anderen Gruppen austauschen.

 4 Grenze in den folgenden Sätzen die Satzglieder mit einem Strich („|") voneinander ab und bestimme sie. Schreibe in dein Heft.

Beispiel: Meine Mutter | küsste | aus Langeweile | einen Kaktus. → S | P | Erg | O

a) Im Zoo verschluckte meine Schwester eine Schlange.

b) Mein Urgroßvater kraulte aus Versehen ein Krokodil.

c) Der Affe fotografierte die berühmte Banane genau.

d) Das kleine Mädchen streichelte das dicke Stachelschwein immer wieder.

> 🐘 **Merke:**
>
> ==Adverbiale Bestimmungen== (Umstandsbestimmungen) machen Angaben zu den genaueren Umständen eines Geschehens. Man unterscheidet:
>
> **temporale** adverbiale Bestimmung = **Zeitergänzung** (ZE)   Wann? Wie lange? Wie oft?
> **lokale** adverbiale Bestimmung = **Ortsergänzung** (OE)   Wo? Wohin? Woher?
> **modale** adverbiale Bestimmung = **Artergänzung** (AE)   Wie? Auf welche Weise?
> **kausale** adverbiale Bestimmung = **Begründungsergänzung** (BE)   Warum? Weshalb?

5 Bestimme die Art der adverbialen Bestimmungen in den Sätzen a bis d aus Aufgabe 4. Formuliere zunächst die richtige Frage und notiere anschließend, um welche Art der Umstandsbestimmung es sich handelt.

Beispiel: Meine Mutter küsste <u>aus Langeweile</u> einen Kaktus. → Frage: Warum? → Art der Ergänzung: Adverbiale Bestimmung des Grundes

a) im Zoo → Frage: _____ → Art der Ergänzung: _____

b) aus Versehen → Frage: _____ → Art der Ergänzung: _____

c) genau → Frage: _____ → Art der Ergänzung: _____

d) immer wieder → Frage: _____ → Art der Ergänzung: _____

6 Formuliere zu den beiden Objekten des Satzes in der Tabelle jeweils die richtige Frage.

Beispiel: Ich fing <u>einen Eisbären</u>. → Wen oder was fing ich?

Frage Dativobjekt: _____

Frage Akkusativobjekt: _____

> 🐘 **Merke:**
>
> Satzglieder, die das Prädikat ergänzen, nennt man ==Objekte==. Man unterscheidet:
> Dativobjekt = Objekt im 3. Fall (Frage: Wem?)
> Akkusativobjekt = Objekt im 4. Fall (Frage: Wen oder was?)

Subjekt	Prädikat	Dativobjekt	Akkusativobjekt
Meine Mutter	gab	dem Kaktus	einen Kuss.

7 Übertrage die folgenden Sätze in die Tabelle oben.

Die Tierpflegerin schenkte mir ein Krokodil. – Das Krokodil fraß mein Himbeereis. – Es schmeckte ihm. – Ich kaufte mir ein neues Eis.

Was Worte alles können –
Mit Sprache handeln

Lisa hat bei mir abgeschaut!

Hans Manz

Was Worte alles können

erklären
2 verraten
verschweigen
4 Missverständnisse ausräumen
täuschen
6 preisgeben
Misstrauen schaffen
8 Herzen öffnen
verletzen
10 trösten
verführen
12 verwirren
Zugang finden
14 auf taube Ohren stoßen
Barrieren überwinden
16 aufmuntern
vernichten
18 ablenken
ermüden
20 Zwietracht säen
Frieden stiften
22 nörgeln
angreifen
24 erheitern
traurig machen
26 enttäuschen
Erwartungen wecken
28 wärmen
u. s. w.

Das ist doch nicht so schlimm, dass die letzte Arbeit nicht so gut ausgefallen ist. Bestimmt wird die nächste Schularbeit besser!

Du schon wieder! Das war ja auch nicht anders zu erwarten!

Morgen fahren wir ins Eiscafé. Gaaanz bestimmt! Versprochen!

1 Schreibe jeweils die Verben auf, die beschreiben, was die vier Kinder mit ihren Worten tun.

a) Lisa hat bei mir abgeschaut! → verraten

b) Das ist doch nicht so schlimm, dass die letzte Arbeit nicht so gut ausgefallen ist.
Bestimmt wird die nächste Schularbeit besser! → _____

c) Du schon wieder! Das war ja auch nicht anders zu erwarten! → _____

d) Morgen fahren wir ins Eiscafé. Gaaanz bestimmt! Versprochen! → _____

2 Formuliert in wörtlicher Rede drei weitere Beispiele zu Wörtern aus dem Gedicht von Manz, die verdeutlichen, „was Worte alles können".

Verb	Beispiel

3 Ergänzt die Liste von Hans Manz um weitere zwei Wörter. Schreibt sie auf und formuliert in wörtlicher Rede wieder konkrete Beispiele.

Verb	Beispiel

4 Formuliert die folgenden Vorschläge als höfliche Bitten und Wünsche.

a) gemeinsam für die Matheschularbeit lernen → Könnten wir nicht bitte gemeinsam für die Matheschularbeit lernen.

b) den Kuli ausleihen → _____

c) uns morgen Nachmittag treffen → _____

_____

d) die Aufgabe noch einmal erklären → _____

_____

5 Formuliere zu zwei der Vorschläge aus Aufgabe 4 höfliche Ablehnungen, die du mit einem Gegenvorschlag verbindest.

• Das tut mir leid, aber ich habe heute keine Zeit. Du könntest aber Thomas fragen, der kennt sich aus und hat heute Zeit.

• _____

_____

• _____

_____

11

„Abgedrehte" Ferienorte –
Wörter mit langen Vokalen richtig schreiben

1 Lies den folgenden Text und sprich anschließend die unterstrichenen Wörter halblaut aus. Kreise den Vokal ein, der lang gesprochen wird.

Ferien in der Kulisse

Es ist, als seien die Kameras <u>eben</u> noch an
2 <u>gewesen</u>, <u>die</u> Scheinwerfer auf den Filmhel-
den gerichtet. Am Original-<u>Drehort</u> übt sich
4 das Publikum in <u>Spurensuche</u> und wirft einen Blick hinter die <u>Kulissen</u> der Traumfa-
6 briken. Immer <u>mehr</u> Menschen suchen die
Drehorte von TV-Produktionen bei einer
8 Reise auf.

    Das <u>Tiroler</u> Dorf Ellmau ist eine gern ge-
10 nutzte Kulisse für Film- und TV-Produktionen. Eine <u>geführte</u> Filmwanderung durch
12 die <u>Gegend</u> peilt unter anderem das Haus
von „Bergdoktor" Hans Sigl <u>oder</u> die <u>Büh-</u>
14 <u>nen</u> für „Hüttenwirtin" Christina Plate an.

    Das heutige <u>Hotel</u> Schloss Fuschl am
16 <u>Fuschlsee</u> stellte den <u>malerischen</u> Hintergrund für die <u>legendäre</u> „Sissi"-<u>Trilogie</u> mit
18 Romy Schneider.

Fuschlsee

2 Übertrage nun die unterstrichenen Wörter in die richtigen Spalten der Tabelle.

ohne Dehnungszeichen	mit Dehnungs-h	mit Doppelvokal	i mit e
Spurensuche	mehr	Fuschlsee	die

3 Beschreibt einen Ort (z. B. eine Höhle, eine Lichtung, ein Flussufer), den ihr euch als Drehort für einen Film vorstellen könnt. Alle anderen Schülerinnen und Schüler schreiben sich dabei Wörter mit langen Vokalen, die ihnen in der Beschreibung auffallen, auf einen Zettel auf.

4 Legt eine Tabelle wie zu Aufgabe 2 in euren Heften an. Sucht anschließend mit eurem Sitznachbarn bzw. eurer Sitznachbarin nach weiteren Beispielen für Wörter mit langen Vokalen und notiert sie in der Tabelle. Nutzt eure Notizen aus Aufgabe 3.

5 Ergänze in der Fortsetzung des Textes die Lücken durch die richtigen Schreibungen. Orientiere dich an dem Beispiel.

Eine (ä, ~~äh~~) ganztägige, begleitete Wanderung (ü, üh) f_____rt Filmtouristen hinauf auf 1.650 (e, ee, eh) M_____ter zum höchst gelegenen Filmdorf Europas bei Sonntag im Großen (a, aa, ah) Walsert_____l.

In Ramsau am Dachstein (i, ie, ih) h_____ß es „Film ab" für die erste Staffel der (e, ee, eh) Ferns_____serie „Bergwacht". Im (a, aa, ah) R_____men einer kommentierten Tour brechen (e, ee, eh) Dr_____orttouristen zu den wichtigsten Schauplätzen in der Bergwelt auf.

In der Tiroler Silberregion Karwendel standen (i, ie, ih) bel_____bte (e, ee, eh) Ferns_____stars für die Produktion von (a, aa, ah) T_____tort, Der Bulle von Tölz, Sturm der (i, ie, ih) L_____be und anderen Filmen vor der Kamera. In Kitzbühel betreiben Fans von Soko Kitzbühel und anderen TV-Produktionen Ermittlungen auf eigene Faust.

Die Wirkungsstätten des (ö, öh) „Winzerk_____nig", verkörpert von Harald Krassnitzer, präsentiert Burgenland Tourismus in einer eigenen Broschüre. Dabei sind das Städtchen Rust, idyllische Weinrieden und natürlich der (i, ie, ih) Neus_____dler (e, ee, eh) S_____.

6 Die Schreibung von „Fernsehstars" oder „Drehort" kann man aus den Verben „sehen" und „drehen" ableiten. Sucht weitere Verben mit einem „h" im Wortstamm und notiert von ihnen jeweils den Infinitiv und die 3. Person Singular in die Tabelle.

Infinitiv	3. Person Singular	Infinitiv	3. Person Singular
sehen	sie sieht	drehen	er dreht
gehen		stehen	

7 Bilde zusammengesetzte Nomen, in denen die Wortstämme der von euch gefundenen Verben vorkommen.

gehen → Gehweg, stehen → Stehplatz, _____

_____

_____

_____

Das Schönste aus Ferienaufsätzen –
Wörter mit kurzen Vokalen richtig schreiben

> 1 Der Zug fuhr in die Bahnhofshalle ein und dann entleerten sich alle Fahrgäste.
>
> 2 Unser Urlaub am Mittelmeer war herrlich. Wenn ich mich morgens im Bett aufsetzte, hatte man einen wunderbaren Anblick.
>
> 3 Auf dem Volksfest hat mein Bruder einen Strauß künstlicher Blumen erschossen.
>
> 4 Der Sonntagnachmittag war interessant. Wir gingen in den Zoo und besuchten meine Patentante.

 **1** Was ist jeweils gemeint? Verbessert die Sätze schriftlich.

Satz 1: _____

_____

Satz 2: _____

_____

Satz 3: _____

_____

Satz 4: _____

_____

AH S. 64
Ü1–3

2 Markiere in den Sätzen aus dem Kasten oben alle Doppelkonsonanten. Achte auch auf „tz" und „ck".

 3 Korrigiere in den Sätzen alle Rechtschreibfehler: Streiche die falsch geschriebenen Wörter in den Sätzen und schreibe sie richtig auf.

> **Merke:**
>
> Ein doppelter Konsonant zeigt die Kürze eines vorgehenden Vokals an, z. B.: *Ratten* (statt „raten"), *hassen* (statt „Hasen").
> Statt **kk** schreibt man **ck**, z. B. *Rucksack*.
> Statt **zz** schreibt man **tz**, z. B. *Blitz*.

a) Wenn ~~mann~~ arbeitet oder in die Schule ~~mus~~, folgt auf jedes Wochenende imer wieder ein Montag. In denn Ferien gibt es das nicht. Das ist das schönste darann.

man, muss, _____

b) Meine Elltern wolten ihren Urlaub in keiner unruhigen, von Fremmden überlaufenden Gegend verbringen. Darumm haben sich die beiden in Kärnten für vierzehn Tage an einem stilen Örtchen niedergelassen.

_____

c) Es war fein in den Ferien. Ich war bei Onkel und Tante in der Statt. Einmal hatt mich die Tannte in den Zoologischen Garten mitgenomen. Da war ein großer Käfig voll Afen. Mein Onkel war auch dabei.

_____

d) Als wir auf der Hüte ankammen, waren wir so hungrig, dass wir wie eine Meute Hunnde über die Bedienung herfielen.

_____

e) Der Weg machte eine Kurve, als ich die hinter mir hatte, fiel mir plözlich eine ziemlich kapute Ruine ins Auge.

_____

f) Wen man am Meer Ferien macht, kann man die Ebe und die Flut genau sehen. Das erledigt der Mond. Imer bei Ebe zieht er das Wasser vom Land weg ins Meer.

_____

4

nicht hin, weil das ihm zu teuer ist und er dort außerdem ganz sprachlos ist.

5 In dem folgenden Wortgitter sind 4 Wörter mit „zz"-Schreibung und 5 Wörter mit „kk"-Schreibung versteckt (senkrecht, waagerecht und diagonal): Suche die Wörter heraus und bilde mit ihnen jeweils einen sinnvollen Beispielsatz (arbeite in deinem Heft).

B	R	O	K	K	O	L	I	G	A
G	A	K	K	O	R	D	E	O	N
E	R	J	L	I	C	D	S	S	D
S	S	A	K	K	O	R	I	E	S
P	I	Z	Z	A	H	O	S	C	U
C	E	Z	E	Z	E	K	H	K	E
H	S	R	G	E	I	K	K	I	S
S	K	I	Z	Z	E	A	S	E	R

Teste dich selbst

1 Schreibe vier Gesprächsregeln auf.

_____

_____

_____

_____

2 Nenne jeweils das Verb, das die Aussageabsicht der beiden Äußerungen beschreibt.

Beispiel: „Na, warte, du kannst was erleben!" → drohen

a) „Grüß Gott zusammen!" → _____

b) „Das mach ich hundertprozentig, du kannst dich darauf verlassen!" → _____

3 Formuliere zu den beiden folgenden Vorschlägen eine Ablehnung und verknüpfe die Ablehnung mit einem Gegenvorschlag.

a) „Wollen wir morgen ins Schwimmbad gehen?" → _____

_____

_____

b) „Könntest du mir kurz bei der Aufgabe helfen?" → _____

_____

_____

4 Ergänze die Lücken durch die richtigen Schreibungen.

a) Sie setzen die (e, ee, eh) S_____gel und (a, aa, ah) st_____chen in (e, ee, eh) S_____.

b) Auf dem (e, ee, eh) M_____r (e, ee, eh) w_____te bald keine Brise (e, ee, eh) m_____r.

c) Sie (e, ee, eh) überl_____gten nicht lange und (a, aa, ah) n_____men die (u, uh) R_____der zur Hand.

d) Nach langer (a, aa, ah) F_____rt gelangten sie (i, ie, ich) w_____der sicher in den (a, aa, ah)

H_____fen.

5 Korrigiere in dem kurzen Text alle Rechtschreibfehler: Streiche die falsch geschriebenen Wörter in den Sätzen und schreibe sie richtig auf.

Als wir über die Wiese gingen, galopierte plözlich ein Stier auf uns zu und wollte uns auf die Hörner nehmen. Wir ranten weg. Nur meine Schwester blieb mutig stehen. Als der Stier sie erblik-te, blieb er auf der Stelle stehen, sah sie an und rante schnel wieder weg.

_____

_____

Durch Nacht und Nebel –
Spannend erzählen

Im Folgenden geht es oft unheimlich und geheimnisvoll zu. Wie spannende Geschichten aufgebaut sind und wie du sie selber schreiben kannst, soll in diesem Kapitel im Vordergrund stehen.

Wovor fürchtet sich Frau Ängstlich ganz besonders?
Streiche die Dinge durch, die niemanden erschrecken.
Male die Felder mit den Zahlen der Wörter, die beängstigende Dinge bezeichnen.
Dann siehst du was es ist.

13	Horror	1	Revolver
16	Langeweile	3	Gefahr
43	Blume	10	Blatt
55	Arbeit	21	Heulen
12	Knacksen	5	Schatten
17	furchterregend	15	Wispern
33	vertraulich	54	Buchstabe
18	Symbol	19	Zittern
56	eckig	9	Tatort
16	Form	8	Blutspur
32	schön	99	Kontakt

Sprachbetrachtung

- Wortarten bestimmen
- Grundregeln der Wortbildung erkennen und anwenden

Rechtschreibung

- Großschreibung wiederholen und anwenden
- Nominalisierungen erkennen und richtig schreiben

Wenn Geister zur Ordnung rufen –
Das Erzählen planen

Lene Mayer-Skumanz

Der Rachegeist

In Grönland lebte einmal ein mutiger Jäger namens Kujavarsuk. Jedes Mal, wenn er mit seinem Kajak aufs Meer fuhr, erlegte er zehn Robben. Deshalb konnte er auch in schweren Zeiten seine Familie und alle Verwandten, die bei ihm wohnten, mit Fleisch versorgen. Das erregte den Neid der anderen, besonders seines Onkels, der heimlich ein Zauberer war. Der Erfolg des Jägers fraß an seinem Herzen. Als eines Tages der Onkel mit einem einzigen Seehund nach Hause kam, während Kujavarsuk zehn erlegt hatte, setzte ihm die junge Frau des Jägers nur ein Rückenstück zum Essen vor. Der Onkel fühlte sich erniedrigt und geriet in Zorn. Er beschloss, sich zu rächen, setzte sich hin und bastelte einen künstlichen bösen Geist, einen Rachegeist, der Kujavarsuk verderben sollte. Er band Speck und Bärenfleisch zusammen, Knochen von allen möglichen Tieren, Krallen, Federn, Holz und Sehnen. Dann sang er eine Beschwörung und machte den Rachegeist lebendig. Aus dem Hass und dem Neid seines eigenen Herzens verlieh er ihm Leben, und zwar so, dass der Geist die Gestalt verschiedener Tiere annehmen konnte.

„Verfolge den Jäger Kujavarsuk!", befahl er dem Geist und setzte ihn aus.

Der Rachegeist verwandelte sich in einen schnellen Seehund und suchte Kujavarsuk auf seinem Fangplatz auf. Er schwamm unter den Kajak und warf ihn um. Doch der Jäger beherrschte durch langjährige Übung die Kajakrolle, er richtete sich geschickt wieder auf und paddelte so hurtig, dass der böse Geist ihm nichts antun konnte.

So ging es auch am nächsten und am dritten Tag. Da beschloss der Rachegeist, den Jäger in seinem eigenen Haus aufzusuchen und ihn zu Tode zu erschrecken. Er kroch in den niedrigen Hausgang, der ins Innere des Iglus führte, und begann zu winseln, zu brummen und zu schreien. […]

Der Jäger Kujavarsuk trat dem bösen Geist tapfer entgegen, aber mit abgewandtem Gesicht, weil er wusste, dass man einen Geist nicht ansehen darf. Er schlug ihn mit einem Stock, und der Geist biss ihn in den Finger. Der Geist konnte aber den Jäger nicht dazu bringen, ihn anzuschauen, und so konnte er ihm auch nicht schaden.

Darauf versuchte der Geist unter der Erde ins Haus zu schlüpfen. Das glückte ihm auch nicht, weil Kujavarsuk mit einer Harpune nach ihm stach. Der Rachegeist wimmerte und flog aufs Dach. Dort aber hatte Kujavarsuk zum Schutz gegen Böses eine Eulenklaue angebracht, die hackte dem Rachegeist ins Gesicht.

Da bäumte sich der Geist auf und schrie verzweifelt: „Der elende Zauberer, warum hat er mich bloß gemacht!" Und er richtete seinen ganzen schrecklichen Zorn auf seinen Urheber. Wie ein Vogel flog er pfeilschnell durch die Luft an den Fischplatz des Zauberers. Er ließ sich als Seehund ins Wasser plumpsen, brachte den Kajak zum Kentern und verschlang seinen Herrn und Meister. Dann verließ er die Gebiete der Menschen und floh hinaus aufs wilde Meer.

Kujavarsuk aber erreichte in Frieden ein hohes Alter.

1 Lies diese Geschicht. Bewerte mit Punkten von 1–10, ob die Geschichte für dich interessant ist und ob sie spannend erzählt wird.

2 Tauscht eure Bewertungen im Klassengespräch aus.

3 Kennzeichne durch Unterstreichung den Höhepunkt der Geschichte.

4 Wenn man etwas erzählen will, ist es sinnvoll, sich an einen **Erzählplan** zu halten und geordnet zu erzählen. So können die Leserinnen und Leser der Geschichte gut folgen und sie verstehen. Vervollständige den Erzählplan der Geschichte „Der Rachegeist".

Thema   Unheimliche Geschichte von einem mutigen Jäger und einem bösen Geist

Einleitung

Personen: _____

Ort: _____

Zeit: _____

Vorgeschichte: _____

Handlungsbeginn: Der Neid des Onkels, der _____

Hauptteil

1. Erzählschritt: Der Onkel fühlt sich durch Kujavarsuk und dessen Frau erniedrigt und

beschließt sich zu rächen, indem _____

_____

2. Erzählschritt: Der Rachegeist wird zum Seehund _____

_____

3. Erzählschritt: _____

_____

4. Erzählschritt: _____

_____

5. Erzählschritt: Höhepunkt: _____

_____

Schluss   Kujavarsuk _____

5 Entwerft einen Erzählplan nach obigem Muster für eine spannende, unheimliche Geschichte, z.B. über ein verzaubertes Haus, eine Giftspinne oder einen düsteren Dachboden, und schreibt ihn in euer Heft. Achtet darauf, auch die einzelnen Erzählschritte im Detail zu planen!

Unheimlich gut erzählen –
Geschichten spannend gestalten

Der Spannungsbarometer

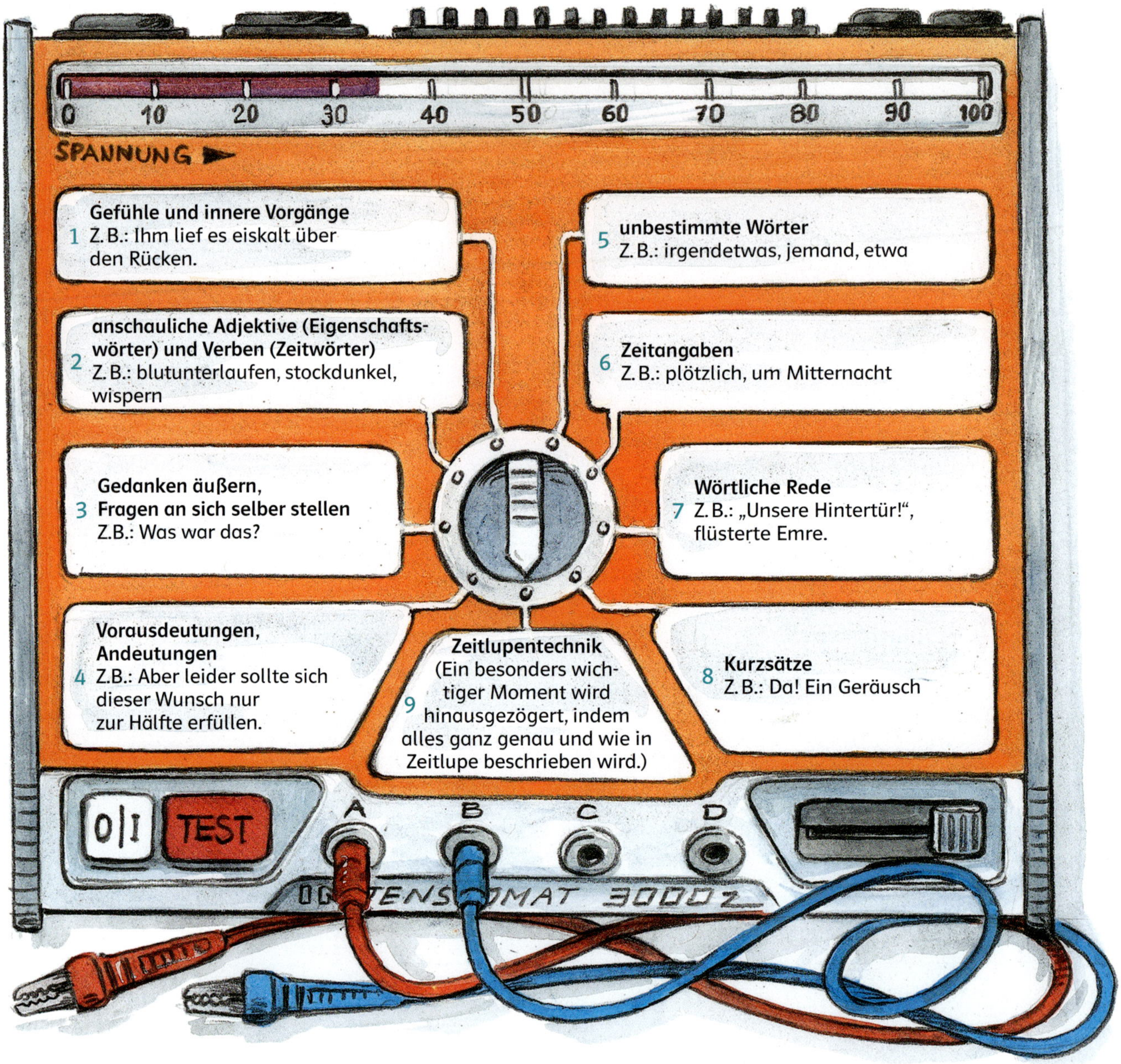

SPANNUNG ▶

0 10 20 30 40 50 60 70 80 90 100

Gefühle und innere Vorgänge
1 Z.B.: Ihm lief es eiskalt über den Rücken.

anschauliche Adjektive (Eigenschaftswörter) und Verben (Zeitwörter)
2 Z.B.: blutunterlaufen, stockdunkel, wispern

Gedanken äußern, Fragen an sich selber stellen
3 Z.B.: Was war das?

Vorausdeutungen, Andeutungen
4 Z.B.: Aber leider sollte sich dieser Wunsch nur zur Hälfte erfüllen.

Zeitlupentechnik
9 (Ein besonders wichtiger Moment wird hinausgezögert, indem alles ganz genau und wie in Zeitlupe beschrieben wird.)

unbestimmte Wörter
5 Z.B.: irgendetwas, jemand, etwa

Zeitangaben
6 Z.B.: plötzlich, um Mitternacht

Wörtliche Rede
7 Z.B.: „Unsere Hintertür!", flüsterte Emre.

Kurzsätze
8 Z.B.: Da! Ein Geräusch

O|I   TEST   A   B   C   D

DG TENSOMAT 3000z

Merke:

Mit Hilfe des **Spannungsbarometers** kannst du überprüfen, ob eine Geschichte spannend erzählt wurde. Du kannst ihn aber auch dazu benutzen, die eigenen Geschichten spannender und unheimlicher zu gestalten.

1 Überprüfe nun die Erzählausschnitte auf der rechten Seite mit Hilfe des Spannungsbarometers. Suche die im Spannungsbarometer angeführten Elemente. Wenn du eines gefunden hast, schreibe die entsprechende Zahl in den Kreis vor der Textstelle. Es können auch mehrere Elemente vorkommen.

○ **A** Irgendjemand war vor ihr in diesem Zimmer gewesen. Man sah zwar nichts, aber man spürte es ganz genau. Ein unbestimmbarer Geruch, der vorher noch nicht da gewesen war. Wie ein Schatten, der irgendwo tief in den Ecken verborgen lauerte, ein undefinierbares Etwas, das jemand dort zurückgelassen hatte.

○ **B** Behutsam schlitzte er das Kuvert auf und zog mit zwei Fingerspitzen den Brief heraus. Was war das für ein Fleck auf der oberen linken Seite? War das … war das etwa Blut?

○ **C** Lachend schwang sie sich aufs Rad und machte sich auf den Weg. Unbeschwert trat sie in die Pedale. Dass ihr das Lachen gleich ganz entschieden vergehen sollte, ahnte sie da noch nicht.

○ **D** Endlich hatte ich die Tür erreicht. Zugesperrt!! In diesem Moment ertönte ein tiefer, durchdringender Gong. Ich wusste genau, was das bedeutete: Mitternacht. Und ich war allein im Haus. Verzweifelt rüttelte ich an der Tür, aber ich spürte ja, wie zwecklos das war. Jetzt nur ruhig bleiben. Nachdenken. Ich drehte mich um und lehnte mich an die groben Eichendielen. Was konnte ich jetzt noch tun? Eine Idee musste her, und zwar schnell. Und da, wie ich da stand mit den schweren und irgendwie tröstlich festen Eichenbrettern unter meinen Handflächen, kam mir der erlösende Gedanke! Erleichtert strich ich über die groben Planken und flüsterte ihnen zu: „Ihr habt mich gerettet!"

○ **E** Genau vor diesem Moment hatte sie sich immer schon gefürchtet. Es war das, wovor sie am meisten Angst hatte. Alle Haare stellten sich ihr auf, sie fühlte, wie sich ihr ganzer Körper mit einer Gänsehaut überzog.

2 Schreibe nun selbst einen kurzen Textausschnitt, der in einer spannenden Geschichte vorkommen könnte. Versuche, Elemente aus dem Spannungsbarometer in deinen Text einzubauen.

3 Im Folgenden sollst du dich mit drei Elementen aus dem Spannungsbarometer noch einmal genauer beschäftigen. Es sind dies die Elemente 1, 4 und 9. Schreibe Sie auf.

1 _____

4 _____

9 _____

4 Im Merktext kannst du lesen, was du bereits in der ersten Klasse zum **Beschreiben** bzw. **Entfalten von inneren Vorgängen** gelernt hast. Lies den Merktext und ordne die Wörter und Wendungen den vier Punkten zu, indem du Linien ziehst.

Mit angehaltenem Atem duckte er sich hinter den Holzstapel.

„Mal das Zeichen an die Wand und lass uns von hier verschwinden!", wisperte sie.

Er spürte, wie ihm die Angst die Kehle zuschnürte …

Vor Angst und Entsetzen wurde ich fast wahnsinnig …

Merke:

Es ist sinnvoll, nicht nur die äußere Handlung zu erzählen, sondern auch **innere Vorgänge** zu beschreiben bzw. entfalten:

- Was **tut** jemand in dieser Situation?
- Was **fühlt** jemand in dieser Situation?
- Was **denkt** und **sagt** jemand?
- **Wie ist** jemand in dieser Situation?

„Lass sie vorübergehen, lass sie vorübergehen!", betete sie innerlich.

Mir war, als lege sich mir eine eisige Hand auf die Schulter …

Stocksteif stand ich da, unfähig, mich zu rühren.

Strahlend vor Freude fiel sie mir um den Hals.

 5 Finde für jeden der vier Punkte ein eigenes Beispiel. Schreibe in dein Heft.

Ich starrte wie gebannt auf die Tür. Lautlos ging die Klinke herunter, Millimeter für Millimeter. Ein dunkler Spalt öffnete sich, mir war, als ob ein fauliger Geruch ins Zimmer gelangen würde. Ich spürte, wie sich die Härchen auf meinen Armen aufstellten, am liebsten wäre ich auf und davon gerannt. Zentimeter um Zentimeter wurde die Öffnung größer, auch der Geruch, den ich zuerst nur ganz vage wahrgenommen hatte, erfüllte jetzt ganz deutlich den Raum …

 6 Die Textstelle oben zeigt euch ein Beispiel für das Anwenden der **Zeitlupentechnik**. Übt diese Technik in Partnerarbeit. Eine Person nennt eine unheimliche Situation (z. B. Kinder spielen in einem Keller, da kommt eine dunkle Gestalt), der oder die andere übt dazu mündlich die Zeitlupentechnik. Anschließend wählt ihr die Szene, die euch am besten gefällt, und schreibt sie gemeinsam auf, indem ihr sie spannend verzögert.

7 Der folgende Text ist ein Beispiel für das Spannungselement **Vorausdeutungen und Andeutungen**. Lest die Beispiele und besprecht im Klassengespräch, weshalb diese Andeutungen eine Geschichte spannender machen können.

Das düstere Haus war mir merkwürdig vertraut, obwohl ich noch nie hier gewesen war. Es zog mich direkt zu dem Haus hin. Ich wollte eigentlich gar nicht dort hinein gehen. Bestimmt wartete Schreckliches auf mich. Aber etwas, das stärker war als ich, zwang mich zur Tür und ließ mich die Klinke hinunterdrücken. Zögernd öffnete ich die Tür. Ich war auf das Schlimmste gefasst.

War der dunkle, alte Tisch nicht der, den ich damals in der alten Scheune gesehen hatte? Und sahen die Blumen nicht genauso aus wie der Strauß meiner Mutter? Das Gesicht auf dem großen Ölbild kam mir irgendwie bekannt vor. Wo war mir diese alte Dame nur schon begegnet? Verzweifelt versuchte ich mich zu erinnern, aber ohne Erfolg.

Arbeitstechnik

Wenn ihr eure eigenen spannenden Geschichten oder Teile davon geschrieben habt (siehe Aufgabe 2 auf Seite 21 und Aufgabe 2 auf Seite 25), dann bietet eine Schreibkonferenz eine gute Möglichkeit, eigene Texte zu verbessern.
Eine **Schreibkonferenz** läuft so ab:

- Ihr arbeitet in einer Gruppe von vier bis sechs Schülerinnen und Schülern zusammen.
- Ein Text wird in der Runde vom Verfasser bzw. der Verfasserin vorgelesen.
- Anschließend sagen alle anderen, was ihnen an dem Text gefallen hat.
- Außerdem fragen sie nach, wenn sie etwas nicht verstanden haben.
- Dann machen sie Verbesserungsvorschläge.
- Abschließend wird der Text gemeinsam verbessert.
- Dann ist der nächste Verfasser bzw. die nächste Verfasserin mit einem Text an der Reihe usw.

Spannend erzählt –
Spannende Geschichten bewerten und schreiben

1 Frau Schneider, eine Deutschlehrerin, hat für ihre Klasse ein Beispiel für eine spannende Geschichte geschrieben. Lies die Geschichte und kreuze die sechs zutreffenden Aussagen zur Bewertung der Geschichte an.

„Manuel!", rief meine Mutter aus der Küche,
2 „bist du fertig? Der Bus kommt gleich!" Und ob
ich fertig war! So sehr hatte ich mich schon lan-
4 ge nicht mehr auf etwas gefreut wie auf unseren
diesjährigen Schulausflug. Unsere Klasse plante
6 nämlich eine richtige Schatzjagd im Wald und
meine Gruppe und ich, wir waren fest ent-
8 schlossen, als Sieger heimzukehren!

Zwei Stunden später standen Abdul, Lina,
10 Andrada und ich vor einer Lichtung und der
Pfeil auf dem Plan in unserer Hand zeigte
12 geradeaus. Um unsere Verfolger von der richtigen Spur abzubringen, beschlossen wir, uns auf-
14 zuteilen und uns vor dem vermuteten Versteck
wiederzutreffen. So rannte ich nach links los.
16 Bald aber war ich mir gar nicht mehr so sicher,
in welche Richtung ich denn nun zurück zum
18 Treffpunkt rennen musste. Die Bäume standen
hier sehr eng und nur wenig Licht drang durch.
20 Lange Schatten kreuzten meinen Weg, das Un-
terholz wurde immer dichter und plötzlich be-
22 merkte ich, dass ich gar keine Stimmen mehr
hörte. Nur noch das Rascheln der Blätter und
24 hier und da ein unheimliches Knacksen. Ich
hielt den Atem an. Ich hatte mich doch wohl

nicht verirrt? Zaghaft rief ich den Namen meiner Kameraden. Keine Antwort. Schließlich
28 nahm ich all meinen Mut zusammen und folgte
dem immer schmaler werdenden Weg.

30 Da: Was war das? Bewegte sich da nicht etwas?
Mein Herz schlug so laut, dass ich schon fürchte-
32 te, es würde mich verraten. Mucksmäuschenstill
ließ ich mich in die Hocke gleiten. Ich traute mich
34 kaum zu atmen, lauschte nur angestrengt. Und
wirklich! Ich hörte ein verhaltenes Atmen auf
36 meiner rechten Seite. Mein Herz schlug mir bis
zum Hals. War das jetzt mein Ende?

38 Nach einer Ewigkeit hörte ich ein zaghaftes
Flüstern: „Hallo??" Ein Stein fiel mir vom Her-
40 zen! Die Stimme kannte ich! Es war Abdul!
Erleichtert sprang ich auf und gab mich zu er-
42 kennen. Ich hätte Abdul um den Hals fallen
können! Gemeinsam begaben wir uns auf die
44 Suche nach den anderen. Nach einigem Hin
und Her fanden wir zurück auf den vereinbar-
46 ten Weg und da sahen wir auch schon welche
aus unserer Klasse. Den Schatz holten sich an
48 diesem Tag zwar andere, aber das war mir egal!
Hauptsache, ich war wieder heil aus diesem
50 Wald herausgekommen.

○ Die Einleitung liefert alle wichtigen Informationen für das Verständnis der Geschichte.

○ Die Einleitung macht neugierig.

○ Die Einleitung ist zu lange.

○ Es werden innere Vorgänge entfaltet – die Gefühle der Personen werden sichtbar.

○ Im Text gibt es nur sehr wenige anschauliche Adjektive und Verben.

○ Im Text gibt es drei Mal einen Kurzsatz.

○ Im Text kommen unbestimmte Wörter vor, die die Spannung erhöhen.

○ Der Text ist spannend.

○ Der Text ist nicht spannend.

○ Im Hauptteil kommen Vorausdeutungen vor.

○ Der Schluss zur Geschichte fehlt.

2 Verfasse nun deine eigene spannende und unheimliche Geschichte!

- Verwende den Erzählplan von Aufgabe 5 auf Seite 19, den du in dein Heft geschrieben hast. Überprüfe, ob er dir noch gefällt, übernimm ihn oder gestalte ihn nach Bedarf um.
- Überprüfe während des Schreibens mit Hilfe des Spannungsbarometers, ob du deine Geschichte spannend erzählst.
- Bewerte deine Geschichte anschließend mit Hilfe des untenstehenden Bewertungsbogens und führe notwendige Verbesserungen durch.

Aufbau	Die Geschichte ist gut in Einleitung, Hauptteil und Schluss unterteilt.	☺ ☺ ☹
Höhepunkt	Der Höhepunkt ist klar erkennbar und gut ausgebaut.	☺ ☺ ☹ *Streiche den Höhepunkt am Textrand an!*
Inhalt	Es wird nur eine Geschichte erzählt, nicht mehrere verschiedene Geschichten.	◯ ja ◯ nein
Spannung	Die Geschichte ist spannend.	☺ ☺ ☹
9 Elemente des spannenden Erzählens	*Mache einen Haken bei den Elementen, die vorkommen.*	• Gefühle und innere Vorgänge • anschauliche Adjektive (Eigenschaftsworter) und Verben (Zeitwörter) • Gedanken äußern, Fragen an sich selber stellen • Vorausdeutungen, Andeutungen • unbestimmte Wörter • Zeitangaben • Wörtliche Rede • Kurzwortsätze • Zeitlupentechnik
Logik	Die Geschichte ist in sich richtig, keine unlogischen Dinge oder Unklarheiten.	☺ ☺ ☹
Satzbau	Die Sätze sind abwechslungsreich: • Es gibt verschiedene Satzanfänge. • Es gibt auch längere Satzgebilde.	◯ ja ◯ nein ◯ ja ◯ nein

AH S. 8
Ü2
Gedicht auswendig lernen

Johann Wolfgang Goethe

Erlkönig

Wer reitet so spät durch Nacht und Wind?
2 Es ist der Vater mit seinem Kind;
Er hat den Knaben wohl in dem Arm,
4 Er fasst ihn sicher, er hält ihn warm.

Mein Sohn, was birgst du so bang dein Gesicht? –
6 Siehst Vater, du den Erlkönig nicht?
Den Erlenkönig mit Kron und Schweif? –
8 Mein Sohn, es ist ein Nebelstreif. –

„Du liebes Kind, komm, geh mit mir!
10 Gar schöne Spiele spiel ich mit dir;
Manch bunte Blumen sind an dem Strand,
12 Meine Mutter hat manch gülden Gewand."

Mein Vater, mein Vater, und hörest du nicht,
14 Was Erlenkönig mir leise verspricht? –
Sei ruhig, bleibe ruhig, mein Kind;
16 In dürren Blättern säuselt der Wind. –

„Willst, feiner Knabe, du mit mir gehn?
18 Meine Töchter sollen dich warten schön;
Meine Töchter führen den nächtlichen Reihn
20 Und wiegen und tanzen und singen dich ein."

Mein Vater, mein Vater, und siehst du nicht dort
22 Erlkönigs Töchter am düstern Ort? –
Mein Sohn, mein Sohn, ich seh es genau:
24 Es scheinen die alten Weiden so grau. –

„Ich liebe dich, mich reizt deine schöne Gestalt;
26 Und bist du nicht willig, so brauch ich Gewalt."
Mein Vater, mein Vater, jetzt fasst er mich an!
28 Erlkönig hat mir ein Leids getan! –

Dem Vater grauset's, er reitet geschwind,
30 Er hält in den Armen das ächzende Kind,
Erreicht den Hof mit Mühe und Not;
32 In seinen Armen das Kind war tot.

1 Lest den Text aufmerksam und klärt gemeinsam Wörter, die ihr nicht versteht.

2 Welche Stimmung vermittelt der Text? Belegt eure Aussagen durch Stellen aus dem Text.

3 An welchen Stellen ist der Text besonders spannend? Findet Erklärungen.

4 Die Spannung, die ein Text vermittelt, kann besonders beim Vortragen zum Ausdruck kommen. Bereitet zu viert Goethes „Erlkönig" zum Vortragen vor. Überlegt euch dazu Folgendes:

Merke:

Damit Geschichten die Leserin oder den Leser in **Spannung** versetzen, solltest du dir als Autor oder Autorin zunächst **alles genau vorstellen**, indem du dich fragst:

- Wie sieht der **Ort der Handlung** aus? Was kann ich sehen – hören – riechen?
- Wie geht es den **Personen der Handlung**? Was denken sie? Was fühlen sie? Wovor fürchten sie sich? Worauf hoffen sie?
- Wo in meiner Geschichte sind die Elemente oder Handlungsschritte, die am besten geeignet sind, um Spannung oder unheimliche Stimmungen zu vermitteln? **Welche Mittel der Spannungserzeugung** (Spannungsbarometer) könnte ich am besten anwenden?

- Wer spricht welche Rolle? Wer spricht wann?
- Wie ist die Person, die in der Rolle spricht? Stellt euch diese Person ganz genau vor. Überlegt euch, wie man eure Rolle sprechen soll (ängstlich, unheimlich, drohend, beruhigend, ruhig …).
- Überlegt euch Hintergrundgeräusche, die eure Geschichte noch wirkungsvoller machen könnten, und besprecht, wie ihr diese erzeugen könntet.
- Übt nun die Ballade als Hörszene und tragt sie anschließend der Klasse vor.

5 Sucht im Internet oder in euren CD- und Musiksammlungen nach der Gruppe „Maybebop" und hört euch deren Vertonung des „Erlkönig" an.

Von gruseligen Begegnungen –
Eine Geschichte nacherzählen

 **Merke:**

Die Nacherzählung verkürzt
die Vorlage, du darfst aber
nichts Wichtiges weglassen.

Du erzählst mit
eigenen Worten.

Du erzählst die Ereignisse
in der **richtigen Reihenfolge**, der Ablauf der
Handlung wird nicht
verändert.

Die Nacherzählung soll
so **die Stimmung der
Vorlage** wiedergeben,
also z. B. auch spannend
sein.

DIE NACHERZÄHLUNG

Du schreibst im **Präteritum**
(Mitvergangenheit) bzw.
behältst das Erzähltempus
der Geschichte bei. Du
kannst **wörtliche Rede**
verwenden, wenn sie auch
in der Vorlage vorkommt.

Du bemühst dich um einen
deutlichen **Anfang und
Schluss** der Geschichte.

Du erklärst die Geschichte nicht,
sondern **überlässt die Deutung
dem Leser/der Leserin**.

 Tipp

Mache dir vor dem Schreiben **Notizen**, um die Geschichte gut nacherzählen zu können.
Notiere dir in Stichworten
- **wo** die Geschichte handelt,
- **wer** die wichtigsten Personen sind.
Notiere dir in Stichworten ganz kurz, was in den **einzelnen Erzählschritten** geschieht.
Dies hilft dir, die Reihenfolge der Geschichte genau beizubehalten.

 1 Lies die folgende Geschichte „Der Hund am Wegrand" (am besten zwei Mal!), mache dir Notizen
wie im Tipp beschrieben, klappe das Buch dann zu und schreibe eine Nacherzählung zu der
Geschichte in dein Heft.

Barbara Büchner

Der Hund am Wegrand

„Hier auf dieser Straße ist es passiert, dort vorne an der Kreuzung, wo der Wegweiser steht", sagte der Tierarzt zu seinem Beifahrer, dem Revierleiter des Gendarmeriepostens von Kreutzenwald. „Und ich weiß genau, dass ich mich nicht getäuscht habe. Es war eine klare, mondhelle Nacht, und außerdem hatte ich natürlich die Scheinwerfer an."

Der Gendarm machte eine unbestimmte Geste. „Erzählen Sie mir die Geschichte doch von Anfang an, Doktor."

Der Tierarzt nickte. „In Ordnung." Er schaltete zurück und fuhr langsamer, obwohl die Landstraße um diese Nachtzeit nur selten befahren wurde. Der Fernverkehr lief über die Autobahn ein paar Kilometer weiter westlich, und die Bauern mit ihren landwirtschaftlichen Fahrzeugen waren nur untertags unterwegs. Es war eine schmale Straße, links und rechts von Lärchenwald gesäumt. Sie war gebaut worden, um die Lastwagen zu den Kiesgruben zu bringen, die inmitten des Waldes lagen. Jetzt, wo die Kiesgruben aufgelassen waren, brauchte man die Straße nicht mehr. Es konnte manchmal Tage dauern, bis hier jemand vorbeikam.

„Ich war", erzählte der Tierarzt, „in Kreutzenwald gewesen, um ein paar Kontrolluntersuchungen vorzunehmen, und Sie wissen ja, wie das ist bei den Bauern – da muss der Tierarzt erst noch zum Essen bleiben und stundenlang den neuesten Klatsch und Tratsch anhören, ehe er sich verabschieden darf. Es war Mitte Juli und eine wunderschöne Nacht. Ich fuhr langsamer als gewöhnlich, weil ich merkte, dass ich ziemlich müde war, und obwohl hier so wenig Verkehr ist, wollte ich auf Nummer sicher gehen, dass nichts passierte. Ich fuhr also gemütlich dahin bis zu der Kreuzung, wo der Güterweg nach Dörfl führt – die Kreuzung mit dem Wegweiser, die kennen Sie ja."

„Klar kenne ich die", antwortete der Gendarm, der jeden Stein und jeden Baum im Umkreis kannte.

„Ich fuhr langsam vorbei, und ich schwöre Ihnen, ich habe mich nicht getäuscht: Da lag ein Hund. Ein ziemlich großer, dunkelbrauner Kerl mit einer faltigen Schlabberschnauze – muss ein Boxermischling oder etwas Ähnliches gewesen sein. Und erzählen Sie mir jetzt nicht, ich hätte einen Baumstrunk oder den Schatten eines Busches für einen Hund gehalten! Ich fuhr keine sechzig Stundenkilometer, und ich hatte ihn voll im Scheinwerferlicht. Er lag flach auf dem Boden, die Schnauze auf den Vorderpfoten, und sah schrecklich erschöpft und deprimiert aus. Sie wissen ja, wie Hunde aussehen, wenn sie alle Hoffnung aufgegeben haben."

„Ja, sieht jämmerlich aus", bestätigte der Gendarm.

„Er sprang auf, als er mich sah, und begann vor Freude wie wild zu kläffen. Ich hielt an, und da machte er einen Satz auf mich zu, quietschend und japsend vor Freude – augenscheinlich hoffte er, sein Herrchen sei wieder gekommen. Er wäre mir in die Arme gesprungen, aber er hing an dem Wegweiser fest. Ich sah sein Halsband und das Stück Reepschnur, das daran festgeknotet war. Das andere Ende war um den Pfosten geschlungen und zwei, drei Mal daran gebunden, als hätte der Scheißkerl, der das gemacht hatte, ganz sicher gehen wollen, dass das arme Vieh sich nicht befreien konnte. Zweifellos war es einer von diesen Typen gewesen, denen ihr Hund lästig wird, wenn sie in den Urlaub fahren, und die ihn dann irgendwo anbinden und seinem Schicksal überlassen. Es musste schon zwei oder drei Tage her sein, dass der Hund da ohne Wasser und Futter lag, tagsüber in der glühenden Julisonne, denn er sah jämmerlich aus – struppig und verzweifelt und halb verdurstet. Er konnte kaum noch bellen, so heiser war er."

„Armes Vieh", stimmte der Gendarm ein. „Und was war dann?"

„Natürlich sprang ich sofort aus dem Wagen, rief ihm ein paar beruhigende Worte zu und lief dann zum Kofferraum, um meine Tasche herauszuholen.

Da hatte ich ein scharfes Jagdmesser drin, mit dem ich die Reepschnur durchschneiden wollte. Ein paar Sekunden lang befand sich das Auto zwischen mir und dem Hund – ich hörte ihn noch bellen – und dann war er weg. Einfach weg."

„So was!", sagte der Gendarm.

Der Arzt nickte. „Ich konnte es einfach nicht glauben. Der Pfosten des Wegweisers war da, aber kein Hund, kein Halsband, keine Schnur. Und kein Hälmchen Gras war zerdrückt, wo er gelegen hatte. Drei- oder viermal lief ich wie ein Narr im Kreis um die Stelle, obwohl ich schon längst wusste, dass ich eine Halluzination gesehen hatte. Ich fuhr mit dem Schuh im Gras hin und her, als hätte der Hund sich zwischen den Halmen verstecken können, und leuchtete mit meiner Taschenlampe den Pfosten ab. Nichts. Zuletzt fuhr ich weiter, in dem Bewusstsein, dass ich mir entweder etwas völlig Verrücktes eingebildet oder das Gespenst eines Hundes gesehen hatte."

Der Gendarm nahm seine Mütze ab, kratzte sich bedächtig hinter den Ohren und nickte. „Nein, nein – eingebildet haben Sie sich das nicht, Doktor. Da war ein Hund."

„Aber-"

„Ein Bauer fand ihn, als er mit seinem Traktor in den Wald fahren wollte. Ein riesiger brauner Boxermischling, wie Sie sagten. Das arme Vieh war tot – verdurstet. Sie wissen ja, wie heiß es im Juli war. Er muss ein paar Tage lang an diesem Pfosten angebunden gelegen sein – er war abgemagert und struppig und hatte blutige Pfoten, mit denen er die Erde aufgegraben hatte, um Kühlung vor der glühenden Hitze zu suchen. Dabei hätte er ohne viel Mühe die Reepschnur durchbeißen und davonrennen können, aber so sind Hunde nun mal. Wenn ihr Herr sie irgendwo anbindet, dann bleiben sie dort sitzen und warten geduldig und hoffen, dass er wiederkommt, und warten vergeblich und hungern und leiden und sterben, während das Schwein irgendwo im Süden unbeschwert am Strand liegt und daran denkt, dass er sich ja nach den

134 Ferien einen neuen Hund anschaffen kann."

Nach einer kurzen Pause fuhr er fort: „Sie

136 sind übrigens nicht der Einzige, der diesen Hund gesehen hat, Doktor. Ich habe dieselbe

138 Geschichte schon ein paar Mal gehört. Leute, die hier vorbeifuhren, sahen den Hund, und

140 wenn sie anhielten und sich um ihn kümmern wollten, war er plötzlich verschwunden. Seit ein

142 paar Tagen allerdings-"

Der Tierarzt unterbrach ihn mit einem lau-

144 ten Ausruf. „Sehen Sie doch, sehen Sie! Da vorne ist die Wegkreuzung, und da ist auch der

146 Hund!"

Die beiden Männer starrten angestrengt

148 durch die Windschutzscheibe. Wo das Scheinwerferlicht einen Kegel aus der Finsternis schnitt,

150 war ganz deutlich der Pfosten zu sehen, der einen langen schwarzen Schatten warf. Vor dem

152 Pfosten lag hingestreckt der Hund. Es war zweifellos derselbe große braune Boxermischling,

154 und doch sah er ganz anders aus. Sein Fell glänzte, seine Augen waren blank und klar, und er war

156 auch nicht mehr allein. Sein Kopf lag auf den Stiefeln eines jungen Mannes, eines Trampers,

158 der den Pfosten als Rückenstütze bei einem Nickerchen benützte. Die Rechte des Trampers

160 lag auf dem mächtigen Nacken des Hundes und kraulte im Halbschlaf sein Ohr. Der Junge sah

162 blass und verwahrlost aus, wie er da neben seinem mächtig voll gepackten Rucksack döste.

164 Man sah ihm an, dass er kein fröhlicher Rucksacktourist war, sondern ein obdachloser Land-

166 streicher, der sich mühsam durchs Leben bettelte. Aber für den Hund war er eindeutig ein

168 Prinz, ein König, ein Engel. Das Tier sah so glücklich aus, wie nur ein Hund aussehen kann,

170 der ein liebevolles Herrchen hat.

„Aber", rief der Tierarzt bei dem Anblick

172 verwirrt, „wieso ist denn – ich dachte, Sie sagten, der Hund sei tot gewesen?"

174 „War er ja auch", entgegnete der Gendarm leise. „Das war es, was ich Ihnen noch sagen

176 wollte: Man sieht ihn jetzt nicht mehr so wie früher. Die beiden sind immer beisammen, und

178 sehr glücklich miteinander, wie man sieht."

Der Tierarzt blinzelte ratlos. „Wollen Sie sa-

180 gen, der Junge da hat einen Gespensterhund als Begleiter?"

182 „Nein, ganz so ist es nicht", erwiderte der Andere bedächtig. „Sehen Sie, der Tramper

184 wurde vor einer Woche hier in der Nähe tot aufgefunden. Litt an irgendeiner Krankheit,

186 sagte der Arzt, und dann die glühende Hitze und das schwere Gepäck … Kreislaufkollaps.

188 War schon eine Weile tot, als ein Bauer die Leiche entdeckte. Ich war selber dabei, wie sie ihn

190 in den Transportsarg packten. Nun ja, und jetzt haben die beiden einander gefunden, für immer

192 und ewig, wie's aussieht. Schauen Sie sie nur an!"

194 Der Tierarzt hatte aber nicht lange Zeit, sie anzusehen, denn da verblasste das Bild im

196 Scheinwerferlicht, und langsam verschwanden vor seinen Augen der tote Herr und der tote

198 Hund, die jetzt beide nicht mehr verlassen waren.

Von ganz und gar harmlosen Wörtern –
Wortarten bestimmen

AH S. 25 ff.
Wortarten

Welche Wörter es gibt und wie sie genannt werden, hast du zum großen Teil schon gelernt. Folgende Wortarten kennst du bereits: **Nomen** (Namenwörter), **Verben** (Zeitwörter), **Adjektive** (Eigenschaftswörter), **Artikel** (Begleiter), **Präpositionen** (Vorwörter) und **Pronomen** (Fürwörter). Die folgenden Seiten helfen dir, dein Wissen zu überprüfen, den Lernstoff zu wiederholen und auch noch etwas Neues dazuzulernen!

1 Vervollständige die Merktexte, wähle aus der Wortliste die vier Wörter, die als Beispiele zu der jeweiligen Wortart gehören, und schreibe sie auf die leere Zeile.

Monster	auf	fürchterlich	Fluch	jagen
der	das	den	eine	Gespenst
vor	es	sie	unser	seines
riesig	heulen	Friedhof	unheimlich	durch
in	zittern	schleichen		ängstlich

Merke:

Nomen (Namenwörter) bezeichnen **Lebewesen, Gegenstände oder Begriffe**. Vor ein Nomen kann immer ein _____ gesetzt werden. Nomen werden immer _____ geschrieben. Nomen können **dekliniert** (abgewandelt) werden.
Beispiele: *Monster, Fluch* _____
_____

Merke:

Verben (_____) bezeichnen **Tätigkeiten**. An der Form des Verbs erkennt man, wer etwas tut und _____ es passiert.
Verben können **konjugiert** (gebeugt) werden.
Beispiele: _____
_____

Merke:

_____ (_____)
bezeichnen **Eigenschaften** von Lebewesen, Gegenständen oder Geschehen. Sie beantworten die Frage: _____ ist es? Sie können **dekliniert** (abgewandelt) werden und beantworten die Frage: Was für ein?
Beispiele: _____
_____

Merke:

_____ sind **Begleiter des Nomens** (Namenwortes). Man unterscheidet _____ Artikel (*der, die, das*) und _____ Artikel (*ein, eine*).
Beispiele: _____
_____

Merke:

_____ (Vorwörter) geben an, in welchem räumlichen, zeitlichen oder logischen Verhältnis eine Sache oder Person zu einer anderen steht. Sie sind **unveränderlich**.

Beispiele: _____

_____

Merke:

_____ (Fürwörter) können **Nomen ersetzen**. Zwei Arten davon sind _____ (persönliche Fürwörter) und _____ (besitzanzeigende Fürwörter). Pronomen können **dekliniert** (abgewandelt) werden.

Beispiele: _____

_____

2 Bestimme im folgenden Geistergedicht die Wortart bei jedem der fett gedruckten Wörter und schreibe die lateinische Bezeichnung in die Zeile daneben.

Unter Betten, hinterm Fenster

2 **warten** jede **Nacht** um zwei

fünfundzwanzig **Turmgespenster**

4 **auf den** Turmgespensterbrei.

Haben den ganzen Tag gehungert,

6 **haben** niemand, der **sie mag**.

Sind nur **durch die Stadt** gelungert

8 einen lieben langen Tag.

Aber bald, **mit vollem Magen**

10 und **mit neuen Energien,**

werden sie die Gäste plagen

12 und **durch Turmgemächer ziehen.**

Präposition, Nomen, Präposition, Nomen

_____

_____

_____

_____

_____

_____

_____

_____

_____

_____

_____

AH S. 33 f.
Ü 1–5
Pronomen

Eine Wortart sollst du noch genauer kennen lernen: die **Pronomen (Fürwörter)**.

Merke:

Ein **Pronomen** (Fürwort) ist ein **Ersatzwort**. Es gibt sieben unterschiedliche Pronomen:

Personalpronomen (persönliches Fürwort)	*Ich habe dich gestern gesehen.*
Possessivpronomen (besitzanzeigendes Fürwort)	*Mein Haus ist auch dein Haus.*
Demonstrativpronomen (hinweisendes Fürwort)	*Dieses Fahrrad gehört mir.*
Fragepronomen (Fragefürwort)	*Was ist das? Wer ist das?*
Reflexivpronomen (rückbezügliches Fürwort)	*Petra freut sich über das Geschenk.*
Indefinitpronomen (unbestimmtes Fürwort)	*Niemand hat etwas verraten.*
Relativpronomen (bezügliches Fürwort)	*Das Haus, das ich meine, ist gelb.*

3 Lest den Merktext gemeinsam und sucht für jede Pronomenart weitere Beispiele.

4 Die im Merktext gelb unterlegten Pronomen (Fürwörter) sind die drei Arten, die du erkennen solltest. Lies den untenstehenden Text und bestimme, zu welcher der drei Arten die fett gedruckten Beispiele gehören. Schreibe den lateinischen Namen in die Zeile daneben.

Unser Dachboden war ein verlassener und unheimlicher Ort.   *Possessivpronomen*

Wir alle fragten uns, was es dort oben wohl zu sehen gab. _____

Ich fand den Ort spannend, aber auch angsteinflößend. _____

Eines Tages beschloss meine Schwester, sich **diesen** Raum näher anzusehen. _____

So folgte ich **meiner** Schwester in den unheimlichen Raum. _____

Da! Langsam näherte sich eine Gestalt. **Sie** war riesengroß. _____

Meine Schwester schrie. **Ihr** Gesicht war kreidebleich. _____

Nur weg von **dieser** Stätte des Grauens! _____

5 Im folgenden Textauszug aus dem Roman „Gespensterjäger" von Cornelia Funke sind manche Personalpronomen (persönliche Fürwörter) und auch Possessivpronomen (besitzanzeigende Fürwörter) verschwunden. Kannst du sie wiederfinden? Schreibe sie in der richtigen Form auf die Linien.

In dem großen Haus, in dem Tom wohnte, hatte jede Wohnung einen eigenen Keller. Aber Tom

war der festen Überzeugung, dass _____ Keller der dunkelste, unheimlichste,

spinnenverseuchteste war. Und _____ wusste auch, warum. Der Hausmeister,

Egon Riesenpampel, war ein Kinderhasser. Und weil Tom und Lola die einzigen Kinder im Haus

waren, hatte _____ Familie auch den allerschrecklichsten Keller bekommen.

Ganz klar! Als Tom vor der staubigen Tür stand, kniff _____ die Lippen zusam-

men und rückte entschlossen _____ Brille zurecht. Die Tür quietschte scheußlich,

als Tom _____ aufstieß.

6 Die Personalpronomen (persönlichen Fürwörter) verändern sich je nach dem Fall, in dem sie stehen. Vervollständige die Tabelle.

Die Personalpronomen im Nominativ (1. Fall) wer oder was?	Die Personalpronomen im Dativ (3. Fall) wem?	Die Personalpronomen im Akkusativ (4. Fall) wen oder was?
ich	mir	
		dich
er		
sie	ihr	
es	ihm	
		uns
ihr		
sie	ihnen	sie

7 Auch die Possessivpronomen (besitzanzeigenden Fürwörter) verändern sich je nach ihrem Fall. Bestimme bei den Possessivpronomen in grüner Schrift den Fall. Kreise den richtigen Buchstaben ein. Die Buchstaben in die richtige Reihenfolge gebracht zeigen dir, was der Großmutter Angst machte.

	1. Fall	2. Fall	3. Fall	4. Fall
Meine Großmutter lebte in einem alten Haus.	E	I	X	O
Abends hörte sie in ihrem Haus manchmal unheimliche Geräusche.	S	N	R	Ü
Da rief sie ihren Sohn (meinen Vater) um Hilfe.	W	T	Q	U
Dieser wollte seiner Mutter natürlich helfen.	M	Ä	E	G
Das Haus meiner Großmutter hatte einen riesigen Dachboden.	B	F	C	N
Dort glaubte mein Vater die Geräusche zu hören.	D	Z	Y	G
Also stieg er eines Abends mit seinem Jagdgewehr hinauf.	V	Ä	A	J
Meine Großmutter aber schloss sich in ihrem Zimmer ein.	S	P	R	V
Am Morgen fand sie ihren Sohn seelenruhig beim Frühstückstisch.	O	G	I	M
„Unser Feind ist ziemlich harmlos!", sagte er lachend.	L	Q	T	B

AH S. 51
Ü1
njunktionen

Zwei neue Wortarten wollen wir dir hier vorstellen: die **Konjunktionen** (Bindewörter) und die **Adverbien** (Umstandswörter).

8 Suche im Textauszug „Gespensterjäger" auf Seite 34 die Konjunktionen und unterstreiche sie.

9 Schreibe die folgenden Konjunktionen (Bindewörter) an die richtige Stelle.

weil / oder / und / aber / dass

Sie wollte etwas sagen, _____ ihre Kehle war wie zugeschnürt vor Angst.

Ich konnte nicht glauben, _____ das jetzt das Ende sein sollte!

Merke:

Wörter, deren Aufgabe es ist, Wörter, Wortgruppen oder sogar ganze Sätze zu verbinden, nennt man **Konjunktionen** (Bindewörter).
Häufig gebrauchte Konjunktionen (Bindewörter) sind: *und, oder, aber, denn, weil, wenn, dass, als.*

Es war uns verboten, in dem alten Gemäuer zu spielen, _____ es dort viel zu gefährlich war.

Ich wollte nicht alleine zurückbleiben _____ so folgte ich der Gruppe.

Entweder er würde jetzt und hier springen _____ sein Verfolger würde ihn endgültig erwischen.

AH S. 38 f.
Ü1–5
Adverbien

Merke:

Adverbien (Umstandswörter) beschreiben Situationen oder Handlungen genauer. Adverbien sind **unveränderlich** (sie haben keine Endung). Wir unterscheiden:

Lokaladverbien (Umstandswörter des **Ortes**) **Wo? Wohin?** *hier, da, links, vorn, drüben …*

Temporaladverbien (Umstandswörter der **Zeit**) **Wann? Wie lange?** *jetzt, später, heute, immer, nie …*

Modaladverbien (Umstandswörter der **Art und Weise**) **Wie?** *so, anders, zusammen, vielleicht…*

Kausaladverbien (Umstandswörter des **Grundes**) **Warum? Weshalb?** *deshalb, darum, trotzdem…*

(10) In den vier Wolkenhäusern hat ein Geist sein Unwesen getrieben und manche Adverbien (Umstandswörter) vertauscht. Finde in jedem Haus die zwei Adverbien, die falsch eingeordnet sind, streiche sie durch und schreibe sie in dem richtigen Haus auf die freien Linien.

Lokaladverbien

Wo? Wohin?

außen

oben

hier

niemals

irgendwo

rechts

dort

gemeinsam

_____

_____

Modaladverbien

Wie?

darum

besonders

sehr

beinahe

absichtlich

nun

versehentlich

ziemlich

_____

_____

Kausaladverbien

Warum? Weshalb?

trotzdem

rechts

hiermit

demzufolge

somit

dadurch

folglich

allein

_____

_____

Temporaladverbien

Wann? Wie lange?

gestern

spät

gleich

hier

oft

deshalb

jetzt

_____

_____

11 Das folgende Diagramm soll dir helfen, die Übersicht über die verschiedenen Wortarten zu behalten. Schreibe es in dein Heft. Achtung: Zwei der angeführten Wortarten sind noch neu für dich!

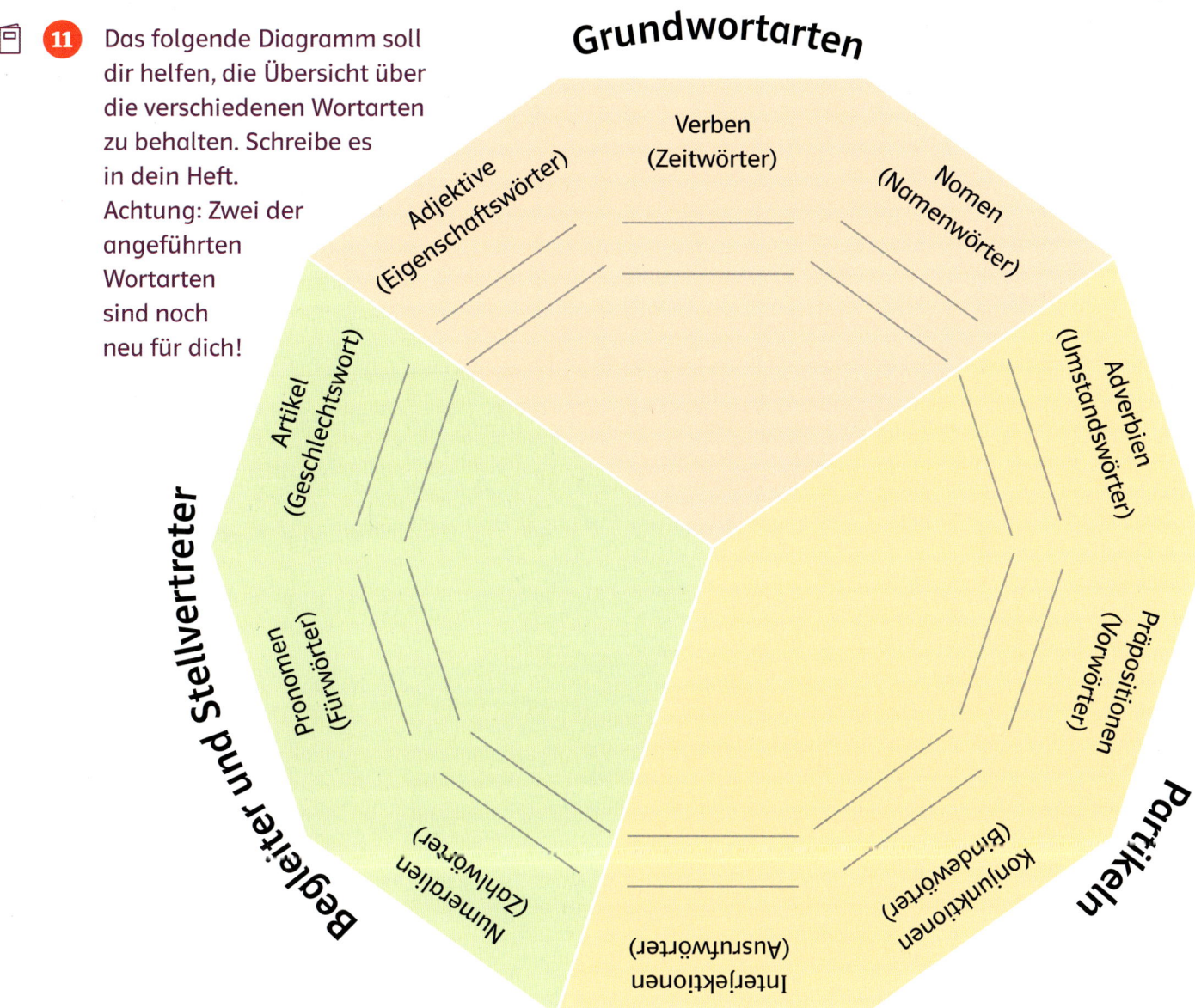

Grundwortarten

Adjektive (Eigenschaftswörter)

Verben (Zeitwörter)

Nomen (Namenwörter)

Adverbien (Umstandswörter)

Artikel (Geschlechtswort)

Präpositionen (Vorwörter)

Pronomen (Fürwörter)

Numeralien (Zahlwörter)

Interjektionen (Ausrufwörter)

Konjunktionen (Bindewörter)

Begleiter und Stellvertreter

Partikeln

12 Schreibe die Beispielwörter zu der Wortart, zu der sie gehören.

Angst / bei / eine / hell / Sehnsucht / ohne / der / auf / grausam / immer / mein / morgen / dieser / ich / eins / oder / sollen / fünf / und / pst / hallo / brüllen / aha / als

13 Und nun überprüfe, ob du bereits alle lateinischen Namen für die verschiedenen Wortarten kennst: Decke das Diagramm oben ab und verbinde die zusammengehörenden Begriffe mit Linien.

Adverbien	Namenwörter
Adjektive	Zeitwörter
Konjunktionen	Eigenschaftswörter
Artikel	Geschlechtswort
Interjektionen	Fürwort
Nomen	Umstandswörter
Präpositionen	Vorwörter
Numeralien	Bindewörter
Verben	Zahlwörter
Pronomen	Ausrufwörter

Von Wörtern, die sich bilden –
Die Wortbildung verstehen und anwenden

 **Merke:**

Wörter, die einen gemeinsamen **Wortstamm** haben, bilden zusammen eine **Wortfamilie**, z.B.: *Nacht, übernachten, Mitternacht, nächtlich, …* zum Wortstamm „nacht".

geistreich

die Geißel

Geistesschwäche

herumgeistern

der Begeisterungssturm

die Geistlichkeit

geisttötend   begeistert

der Geist

der Nachtgeist

geistern

der Geisterfahrer   vergeistigt

geistesgestört

geistig

die Geisel

begeisterungsfähig

der Weingeist

geistlich

begeistern   die Geisterbahn

entgeistert

GEIST

**AH S. 42
Ü1–3**
Wortbildung durch Ableitung

(1) Sieh dir die Wortfamilie mit dem Wortstamm „geist" genau an. Es haben sich zwei Wörter eingeschlichen, die nicht dazugehören. Finde sie und streiche sie durch. Überlege, warum die Wörter nicht zur Familie gehören.

(2) Einige der Wörter aus der Wortfamilie mit dem Wortstamm „geist" enthalten noch einen weiteren Wortstamm. Es sind zusammengesetzte Wörter.

**AH S. 41
Ü1–2**
Wortbildung durch Zusammensetzung

• Schreibe sie in dein Heft und unterstreiche den zweiten Wortstamm.
• Welcher der Wortstämme gibt jeweils dem Wort seine Grundbedeutung? Schreibe die Antwort auf.

(3) Erstellt Wortfamilien für die Wortstämme „schenk", „furcht" und „find". Schreibt in euer Heft. Achtet darauf, dass ihr Nomen (Namenwörter), Adjektive (Eigenschaftswörter) und Verben (Zeitwörter) findet. Selbstverständlich könnt ihr auch Zusammensetzungen bilden.

 Merke:

Der **Wortstamm** kann sich **je nach der Stammform** des Verbs auch **verändern**. Z. B. *-schlaf-, -schläf- / -fahr-, -fuhr-, -führ-, -fähr-/ -greif-, -griff – usw.*

Merke:

Zusammengesetzte Wörter bestehen aus einem **Grundwort** und einem **Bestimmungswort**, das das Grundwort genauer bestimmt. Das **Grundwort** steht immer an letzter Stelle und gibt dem Wort **seine grundsätzliche Bedeutung**.
Beispiel: *das Geisterhaus – der Hausgeist*

Um einen Wortstamm können sich weitere Einheiten von Buchstaben gruppieren, die oft entscheidend für die genaue Bedeutung eines Wortes und für die Art des Wortes sind. Zwei dieser Einheiten sind Präfix (Vorsilbe) und Suffix (Nachsilbe).

AH S.42
Ü3
Wortbildung
mit Präfixen
und Suffixen

4 Entscheide, ob es sich bei den Silben um Präfixe oder Suffixe handelt und übertrage sie in die Tabelle.

über / nis / miss / chen / emp / un / ung / ler / ant / sal / el / schaft / ur / be / ge / ig / bar / er / lich / en / eln / lein / ling / ent / ver / zer

Präfix (Vorsilbe)	Suffix (Nachsilbe)
über-	-nis

 Merke:

Ein **Präfix** ist eine **Vorsilbe**.
Sie wird dem Wortstamm **vorangestellt**.
Beispiel: *erbauen, anbauen*
Ein **Suffix** ist eine **Nachsilbe**.
Sie wird an den Wortstamm **angehängt**.
Beispiel: *bebaubar, die Bebauung*

5 Bilde mit den Präfixen und Suffixen aus der Tabelle Beispielwörter und verwende diese in Sätzen. Arbeite im Heft.

6 Achtung bei der Schreibung der Vorsilbe **ent-** und des Wortstammes **end-**! Suche jeweils zehn Wörter mit ent- und end- im Wörterbuch. Schreibe sie in dein Heft und erkläre, wann man *ent-*, wann man *end-* schreibt.

7 In der Kiste wurden die Wörter aus vier Wortfamilien wild durcheinander verstaut. Schreibe sie geordnet nach Wortfamilien in dein Heft, wähle eine Wortfamilie aus und ergänze sie mit so vielen Wörtern wie möglich.

angsterfüllt / anbieten / Angebot / Angsthase / ängstlich / Ängstlichkeit / aufpicken / auspacken / beängstigen / Bote / Botschaft / entbieten / Gebot / Gepäck / Päckchen / Packeis / packen / packend / Packesel / Packpapier / Pickel / Pickerl / picken / pickig / Picknick / umpacken / verängstigt / verbieten / verboten / Verpackung / zerpicken

Nachdenken
über Sprache

Umgang
mit Texten

Von Großem und Kleinem –
Die Großschreibung wiederholen und anwenden

Das Meislein

Ihr glaubt gar nicht, was mir Unglaubliches
passiert ist! Meine Geschichte hört sich so
unwahrscheinlich an, aber ich schwöre, dass
es sich um die Wahrheit handelt!
    Zu jener Zeit
ging ich jeden
Tag im Park spazieren und
jeden Tag saß dort ein altes Weiblein auf einer
Bank, umgeben von Tauben, die sie fütterte.
Das wäre ja noch kaum etwas Besonderes gewesen, aber unter all den gurrenden Tauben war
immer auch ein kleines Meislein, und dieses
Meislein flog irgendwann hoch, verließ die
Menge der aufgeregt hin und her schwirrenden
Vögel und flog dem alten Weiblein auf die
Schulter! Dort blieb es dann sitzen, pickte noch
ein bisschen an den Krümeln, die sie ihm hin-
hielt, und steckte schließlich sein Köpfchen un-
ter die Federn und schlief seelenruhig auf der
Schulter der alten Frau ein!

    Einige Zeit beobachtete ich dies, dann aber
wollte ich unbedingt die Geschichte dieses Vögelchens erfahren und so überwand ich mein
Zögern und setzte mich zum Weiblein auf die
Bank. Dieses aber war gar nicht überrascht über
mein Erscheinen. Wie erstaunt hingegen war ich,
als es sagte: „Meine liebe Dame, ich weiß wohl,
warum Sie hier sind." Und mit diesen Worten
begann sie, mir ihre Geschichte zu erzählen.
    „Als ich jung war", erzählte das alte Weiblein,
„hatte ich einmal in einer fremden Stadt bei einem Kongress zu tun. Für den Abend plante ich
den Besuch einer Theatervorstellung. In der
Loge fand ich mich neben einem jungen Herrn
wieder, der einen sehr netten Eindruck machte,
und der sich mir als Herr S. vorstellte. Nach der
Vorstellung traf ich ihn wieder und der junge
Herr lud mich zu einem Restaurantbesuch ein.
    Ich sagte zu. Herr S. schien sympathisch zu
sein und er zeigte sich zuvorkommend und an-
ständig. Dennoch ging auch etwas Merkwürdiges und fast ein bisschen Unheimliches von ihm
aus. Je länger der Abend im Restaurant dauerte,
desto blasser wurde er, ja man hätte meinen
können, er werde auch zunehmend dünner und
sein ganzes Wesen bekam fast etwas Durchscheinendes. Gegen Ende nahm er auch nicht
mehr an der Unterhaltung teil. Schließlich begleitete er mich stumm und merkwürdig teil-
nahmslos zu meiner Unterkunft, wo wir gegen
23 Uhr ankamen.
    Am nächsten Tag spürte ich gleich beim Ein-
treten in das Kongresshotel, dass etwas Besonderes passiert sein musste. Eine Kollegin berichtete mir auf meine Nachfrage, dass ein Herr
S. gestern unmittelbar nach der Theatervorstellung beim Überqueren der Straße von einer
Straßenbahn erfasst und getötet worden sei.
Niemand konnte sich erklären, warum ich nach
dem Hören dieser Nachricht in Ohnmacht fiel.
Als ich nach einigen Tagen wieder zuhause an-
kam, saß ein kleines Meislein vor meinem Fens-
terbrett. Das Zwitschern dieses Vögelchens war
allerliebst, mir aber stellten sich bei seinem Anblick die Härchen auf meinen Armen auf."

1 Lies die Geschichte „Das Meislein" und kreuze die drei Aussagen an, die zutreffen.

○ Die Geschichte wird von jemandem erzählt, der darüber in der Zeitung gelesen hat.

○ Eine alte Frau füttert jeden Sonntag eine Schar Tauben und ein kleines Meislein.

○ Die Frau wird auf das Weiblein aufmerksam, weil sich das Meislein außerordentlich zutraulich verhält.

○ Die alte Frau scheint zu wissen, weshalb sich die Dame zu ihr auf die Bank setzt.

○ Die Frau erzählt der Dame eine Geschichte, die vor kurzem passiert ist.

○ Die Frau fällt in Ohnmacht, weil sie weiß, dass der tödliche Unfall von Herrn S. geschehen ist, bevor sie mit ihm im Restaurant gegessen hat.

○ Das Meislein kam erst lange Zeit nach dem unheimlichen Geschehen zu der Frau.

AH S. 57
Ü1
Groß- und
nschreibung

2 Du weißt, dass man Nomen (Namenwörter) großschreiben muss. Nomen erkennt man häufig an sogenannten Signalwörtern, die ihnen vorausgehen.
Schreibe auf, um welche Wortart es sich bei den Signalwörtern vor den folgenden Nomen handelt.

der Baum _____Artikel_____

auf Eis _____Vorwort_____

bei dem Haus _____Vorwort Artikel_____

ihr Fahrrad _____besitzanzeigendes Fürwort_____

dieses Kind _____Nomen_____

drei Gedanken _____Zahlwort_____

ein altes Weiblein _____Artikel & Eigenschaftswort_____

3 Finde im folgenden Text alle Nomen und kreise sie ein.

SPÄTER VERLOR ICH DIE ALTE FRAU WIEDER AUS DEN AUGEN. ERST JAHRE SPÄTER KAM ICH

WIEDER EINMAL DURCH DEN PARK. UND TATSÄCHLICH! DORT WAR DAS ALTE WEIBLEIN IMMER

NOCH UND FÜTTERTE TAUBEN. DAS MEISLEIN ABER SAH ICH NICHT MEHR. ALS ICH MIT SUCHEN-

DEM BLICK AN DER BANK VORBEIGING, SAH MICH DIE ALTE FRAU AN, NICKTE WISSEND UND

SAGTE: „NUN HAT DIE ARME SEELE WOHL IHREN FRIEDEN GEFUNDEN."

AH S. 58 f.
inalisierung

4 Im Text „Das Meislein" werden zwölf Wörter großgeschrieben, obwohl sie nicht zur Wortart der Nomen gehören. Wie nennt man es, wenn ein Wort, das nicht zu den Nomen (Namenwörtern) gehört, wie ein Nomen verwendet wird?

_____

_____

AH S. 58 f.
Nominalisierung

5 Vervollständige den Merktext zur Nominalisierung.

 **Merke:**

Nominalisierungen sind Wörter **anderer Wortarten, die wie Nomen gebraucht werden.** Diese Wörter müssen dann auch wie Nomen _____ geschrieben werden. **Nomina-lisierte Verben** erkennt man daran, dass ein _____ davorstehen könnte.

Z. B. das Essen, das Heulen. Weitere Signalwörter vor nominalisierten Verben sind

_____ + _____ (*z. B. zum, beim, vom*) oder _____

(*z. B. mein, unser, euer*). Auch vor **nominalisierten Adjektiven** (Eigenschaftswörtern) kann ein Artikel stehen. *Z. B. das Gute, das Besondere.* Weitere Signalwörter vor nominalisierten Adjek-tiven sind Indefinitpronomen (unbestimmte Fürwörter), *z. B. alles, etwas, nichts.*

6 Finde nun die zwölf Wörter im Text „Das Meislein", die nominalisiert und deshalb großgeschrie-ben sind, obwohl sie keine Nomen (Namenwörter) sind. Unterstreiche diese Wörter.

7 In den folgenden Sätzen sind die Nominalisierungen verschwunden. Setze sie wieder ein, indem du die Verben aus dem Kästchen zur Hilfe nimmst. Denke an die Großschreibung.

> blinken   erschrecken   ruckeln   telefonieren   leuchten   stottern   warten
> fahren   winken
> erstaunen   umfüllen   starten   rufen   stehen   tanken

Eines Tages passierte uns beim __Fahren__ durch den Wald etwas Unangenehmes. Mein Vater hatte wohl auf das __tanken__ vergessen. Jedenfalls kam unser Auto stotternd zum __Stehen__. Unser __erstaunen__ verwandelte sich schnell in __erschrecken__, denn wir waren ganz allein mitten im tiefsten Nirgendwo! Außerdem war es stockdunkel. Das __telefonieren__ war auch nicht möglich, da keines unserer Handys Empfang hatte. So blieb uns nur das __rufen__ auf Hilfe. Vier Stunden dauerte es, bis wir endlich das __leuchten__ und __ruckeln__ eines sich nähernden Fahrzeugs sahen! Schnell stiegen wir aus und machten uns durch __winken__ und __blinken__ bemerkbar. Und zum Glück blieb das Fahrzeug stehen. Der Fahrer war dann so nett und holte an der nächsten Tank-stelle Benzin für uns. Nach dem __warten__ des Benzins aus dem mitgebrachten Kanister in unseren Tank war es die reinste Freude, als mein Vater das Auto wieder zum __stottern__ brachte. Nach kurzem __umfüllen__ und __starten__ konnte die Fahrt zum Glück weitergehen!

8 In den folgenden Sätzen fehlen die Indefinitpronomen (unbestimmten Fürwörter) vor den nominalisierten Adjektiven (Eigenschaftswörtern). Wähle ein passendes Wort aus und schreibe es auf die Linie.

mehr / genug / wenig / etwas / nichts / alles / viel

1 Letztes Jahr habe ich ____etwas____ Schönes erlebt.

2 Sie hat wirklich sehr ____viel____ Schweres erleben müssen.

3 Ich kann gar nicht ____genug____ Süßes essen, denn ich bin eine richtige Naschkatze.

4 Wir wollen ____nichts____ Falsches tun, also lass uns die Sache gut überlegen!

5 Ich habe mich gelangweilt: Es gab wirklich ____wenig____ Interessantes zu hören.

6 Er sieht sich stündlich die Nachrichten an, damit er immer über ____alles____ Wichtige informiert ist.

7 Versuche in deine Geschichten ____mehr____ Spannendes einzubauen.

9 Setze in die Lücke entweder das fehlende Verb (Zeitwort) oder Adjektiv (Eigenschaftswort) und schreibe klein oder setze die nominalisierte Form ein und schreibe groß.

aufregend Der Start war wie immer ____aufregend____, ansonsten aber passierte auf dem Flug zum Glück nichts ____Aufregendes____

gut Ich hoffe, alles ist ____gut____ ausgegangen! Aber sein Blick verrät leider wenig ____Gutes____.

kochen Bei uns gibt es immer Streit ums ____Kochen____. Niemand hat wirklich Lust zu ____Kochen____.

reden Er liebt es zu ____Reden____. Sein ____reden____ kann dann aber auch ganz schön lange dauern!

spannend Bis jetzt ist leider noch nichts ____spannendes____ passiert! Ich hoffe, dass der Film doch noch ____spannend____ wird.

wichtig Das ist wirklich ____wichtig____ und ____Wichtiges____ solltest du immer gleich erledigen!

gehen Das ____Gehen____ macht mir große Mühe und ich kann auch noch nicht schnell ____gehen____.

üben Ich ____übe____ wirklich viel, aber alles ____Üben____ hat dieses Mal nicht geholfen!

böse Das ____Böse____ und die ____bösen____ Menschen werden im Märchen meistens besiegt.

ticken Die Uhr ____tickt____ und dieses ____Ticken____ machte mich fast wahnsinnig!

André Maurois

Das Haus

Als ich krank war vor zwei Jahren, erzählte sie,
2 wurde mir bewusst, dass ich jede Nacht den
gleichen Traum hatte. Ich ging übers Land; von
4 weitem bemerkte ich ein weißes Haus, niedrig
und lang gestreckt, umgeben von einem Lin-
6 denwäldchen. Zur Linken des Hauses durch-
brach eine von Pappeln begrenzte Wiese an-
8 genehm die Symmetrie des Bildes und ihre
Wipfel, die man von weitem erblickte, wiegten
10 sich über den Linden.

Im Traum fühlte ich mich zu diesem Hause
12 hingezogen und ich schritt darauf zu. Ein weiß
gestrichenes Tor versperrte die Einfahrt. Der
14 Weg war mit Bäumen eingefasst, unter denen
ich Frühlingsblumen fand: Schlüsselblumen,
16 Leberblümchen und Anemonen, die welkten,
sobald ich sie pflückte. Hatte man die Allee
18 durchschritten, war man nicht mehr weit vom
Haus entfernt. Ein breiter Rasen lag davor, nach
20 englischer Art geschoren und beinahe kahl.
Einzig ein Beet violetter Blumen zog sich durch
22 das Grün. Das Haus war aus weißen Steinen er-
baut und trug ein Schieferdach. Zur Tür aus
24 heller Eiche mit geschnitzter Füllung führte
eine Freitreppe hinauf. Ich wollte das Haus be-
26 sichtigen, doch niemand antwortete meinem
Klopfen. Ich war tief enttäuscht, klingelte, rief
28 und wachte endlich auf. Das war mein Traum
– und er kehrte während vieler Monate immer
30 wieder, er wiederholte sich mit einer Stetigkeit
und Genauigkeit, dass ich schließlich dachte,
32 ich hätte in meiner Kindheit dieses Schloss und
den Park schon einmal gesehen. Dennoch
34 konnte ich, wenn ich wach war, mich nicht daran erinnern und das Nachgrübeln wurde zu
36 einer Art von Besessenheit, sodass ich eines
Sommers, als ich gelernt hatte selbst einen klei-
38 nen Wagen zu lenken, beschloss, während
meiner Ferien ganz Frankreich auf der Suche
40 nach dem Haus meines Traumes zu durch-
fahren.

42 Ich erzähle Ihnen nichts von meiner Reise.
Ich durchstreifte die Normandie, die Touraine
44 und das Poitou[1]; nichts fand ich und war darüber nicht erstaunt. Im Oktober kehrte ich nach
46 Paris zurück und fuhr fort, während des ganzen
Winters von meinem weißen Haus zu träumen
48 […]. Doch eines Tages, ich fuhr durch ein be-
nachbartes Tal, überkam mich ein angenehmer
50 Schreck, jene merkwürdige Erschütterung, die
einen ergreift, wenn man nach langer Abwesen-
52 heit Menschen oder Orten wieder begegnet, die
man sehr geliebt hat.

54 Obschon ich niemals in dieser Gegend
gewesen war, erschien mir die Landschaft, die
56 sich zu meiner Rechten dehnte, ganz vertraut.
Pappelwipfel überragten eine Lindengruppe.

58 Durch das Laubwerk hindurch gewahrte man
ein weißes Haus. Da wusste ich, dass ich das
60 Schloss meiner Träume gefunden hatte. Ich
wusste genau, dass hundert Meter weiter ein
62 schmaler Weg die Straße kreuzen musste. Der
Weg war da. Ich schlug ihn ein. Ich folgte ihm
64 bis vor ein weißes Gartentor.

---

[1] Normandie, Touraine, Poitou: Gegenden in Frankreich

Dahinter erstreckte sich die Allee, der ich
66 schon oft gefolgt war. Unter den Bäumen bewunderte ich den Teppich zarter Farben, den
68 die Leberblümchen, Himmelsschlüssel und Anemonen bildeten. Als ich das Lindengewölbe
70 durchschritten hatte, bemerkte ich sogleich den grünen Rasen und die Freitreppe, die zu der
72 hellen, eichenen Tür hinaufführte. Ich stieg aus meinem Wagen, lief eilig die Stufen hinauf und
74 klingelte.

Ich fürchtete sehr, dass niemand kommen
76 würde, jedoch fast im gleichen Augenblick öffnete ein Diener. Er blickte traurig drein, war
78 sehr alt und trug einen schwarzen Rock. Er schien sehr erstaunt mich zu sehen und be-
80 trachtete mich aufmerksam, ohne zu sprechen.

„Ich werde Ihnen jetzt", sagte ich, „eine recht
82 seltsame Bitte vortragen. Ich kenne die Eigentümer dieses Hauses nicht, aber ich wäre glücklich,
84 wenn Sie mir gestatten würden es anzusehen."

„Das Schloss", sprach er wie bedauernd, „ist
86 zu vermieten, gnädige Frau, und ich bin hier, um es bei Besichtigungen zu zeigen."

„Man kann es mieten?", sagte ich. „Welch
88 unerhoffter Zufall ... Warum bewohnen denn
90 die Besitzer nicht selbst ein so schönes Haus?"

„Sie haben es bewohnt, Madame, und sie ha-
92 ben es verlassen, seitdem es hier im Hause spukt."

„Es spukt hier?", fragte ich. Das sollte mich
94 nicht abhalten. „Ich wusste nicht, dass man in Frankreich auf dem Lande noch an Geister
96 glaubt." „Auch ich nicht, Madame", sprach er ernst, „wenn ich nicht selber dem Gespenst, das
98 meine Herrschaft vertrieb, so oft des Nachts im Park begegnet wäre." „Unglaublich!", meinte ich
100 und versuchte zu lächeln.

„Nicht ganz so unglaublich", sagte der
102 Greis in vorwurfsvollem Tone, „dass gerade Sie darüber lachen dürften, denn das Gespenst,
104 Madame, waren Sie."

1 Lies die Geschichte und versuche dem Erzählplan auf die Spur zu kommen, indem du den Text in Erzählschritte unterteilst. Gib den einzelnen Abschnitten Überschriften. Vergleiche deine Lösung mit der deines Sitznachbarn oder deiner Sitznachbarin.

2 Besprecht zu zweit: Welche Stimmung vermittelt der Text? An welchen Stellen ist er besonders spannend?

3 Schreibe die Geschichte nun neu aus der Sicht einer unbeteiligten Person. Mache aus der Ich- eine Sie-Form, kürze die Geschichte und achte dabei darauf, dass auch deine Version spannend bleibt.

Teste dich selbst

1 In welche Einheiten unterteilst du bei einem **Erzählplan** den Hauptteil?

_____

2 Nenne **fünf Elemente** des Spannungsbarometers, die Geschichten spannender machen.

_____

_____

_____

3 Bestimme die **Wortart** der folgenden Wörter:

auf		eisig		unseres	
eines		lauern		niemand	
Kunst		es		gestern	

4 Schreibe Wörter zur Wortfamilie „liegen" auf.

_____

_____

_____

5 Führe je fünf Beispiele an:

Präfix (Vorsilbe): _____

Suffix (Nachsilbe): _____

6 Verwandle die Wörter in Nominalisierungen und verwende sie in einem Satz.

schön _____

reden _____

grausam _____

vertrauen _____

7 Schreibe die folgende Gedichtstrophe **mit Groß- und Kleinbuchstaben** in dein Heft.

ES GESCHAH GESTERN SPÄT IN DER NACHT.

DAS KÄUZCHEN HAT DREIMAL GELACHT.

IRGENDWO HÖRTE MAN DAS KNACKEN VON ZWEIGEN,

EIN FLÜSTERN UND RAUNEN UND PLÖTZLICH SCHWEIGEN.

VON DEN WIESEN STIEG NEBEL AUF.

DA NAHM ALLES SEINEN LAUF.

Wie viel Mensch braucht ein Tier? – Seine Meinung vertreten

Wollen wir ein Haustier? Und welches? Wie geht man mit Tieren um? In diesem Kapitel lernst du, wie du dich mit anderen über Fragen der Tierhaltung sinnvoll austauschen kannst.

In dem folgenden Wortgitter sind zehn Tierbezeichnungen versteckt (waagerecht und senkrecht). Suche sie und schreibe sie in die Tabelle. Unterscheide dabei zwischen Tieren, die du dir als Haustier vorstellen könntest, und solchen, die man besser nicht als Haustier hält.

A	K	A	N	I	N	C	H	E	N
K	H	L	E	O	P	A	R	D	C
O	A	B	D	R	A	T	T	E	E
L	M	F	H	J	P	F	E	R	D
I	S	C	H	L	A	N	G	E	H
B	T	G	U	L	G	M	O	U	A
R	E	I	N	N	E	P	E	R	S
I	R	K	D	F	I	S	C	H	E

Kommt als Haustier in Frage	Kommt nicht als Haustier in Frage

Sprachbetrachtung

- Hauptsatz und Gliedsatz unterscheiden
- Präsens, Perfekt und Futur unterscheiden und richtig gebrauchen

Rechtschreibung

- Gliedsätze durch Beistriche abtrennen

Hunde in der Großstadt –
Meinungen und Argumente unterscheiden

Paul Lindner wünscht sich einen Hund. Tina, seine Schwester, ist dagegen. Beide möchten ihre Eltern von ihren jeweiligen Standpunkten überzeugen. Um das Gespräch mit den Eltern vorzubereiten, schreiben Paul und Tina ihre ganz unterschiedlichen Ansichten über Hunde in der Großstadt auf:

Tina schreibt:

Einen Hund in der Stadt halten? Das ist für mich reinste Tierquälerei. Hunde sind nicht für das Stadtleben geboren, denn sie brauchen viel Auslauf in der Natur. Davon gibt es aber in unserem Stadtviertel nicht sehr viel. Außerdem leben wir in einer Wohnung ohne Garten. So hat der Hund kaum Möglichkeiten, Auslauf zu bekommen. Das wird dazu führen, dass er richtig unzufrieden und unausgeglichen wird. Die Gefahr, dass er sein Geschäft in der Wohnung verrichtet, ist groß. Außerdem stört sein Bellen die Nachbarn. Viele Hausbesitzer haben sowieso etwas gegen Haustiere. In unserem Haus ist es zwar erlaubt, aber der Besitzer mag keine Hunde.

Paul schreibt:

Warum sollten wir nicht einen Hund in der Stadt halten können? Ich sehe da kein großes Problem. In unserer Stadt gibt es Parks, da können wir den Hund mehrmals am Tag ausführen. Am Wochenende können wir aufs Land fahren und einen Spaziergang machen. Das tut dem Hund und unserer ganzen Familie gut. Außerdem ist man mit einem Hund nachts in der Stadt sicherer, sowohl auf der Straße als auch in der Wohnung. Ein Hund ist ein guter Freund für die ganze Familie. Das Tolle an erzogenen Hunden ist auch, dass sie ihr Geschäft draußen in der Natur verrichten und man keinen Ärger damit in der Wohnung hat (z. B. kein stinkendes Katzenklo). Außerdem sind Tiere als Spielkameraden und zum Herumtollen für Kinder in der Stadt ganz wichtig.

Merke:

Man kann **zwischen** Meinungen und Argumenten unterscheiden:
Die **Meinung** ist das, was **jemand** zu einer Sache oder zu einem Problem **denkt**. Andere Personen können dazu ganz andere Meinungen haben (*„Ich halte Hundehaltung in Stadt für Tierquälerei!"*).
Ein **Argument** ist die **Begründung zu einer Meinung.** Die Begründung soll verständlich und sachlich sein und auf andere Personen überzeugend wirken, z. B.: Hundebesitzer/innen sollten ihre Hunde nur auf bestimmten Wegen und in bestimmten Grünanlagen der Stadt frei laufen lassen dürfen (= Meinung), weil die Hunde sonst Spielplätze und Liegewiesen verunreinigen (= Argument).

1 Wo äußern Tina und Paul Meinungen? Markiere diese im Text.

2 Prüfe, welche Meinungen von Tina und Paul begründet werden. Markiere die Argumente mit einer anderen Farbe.

3 Tausche dich mit deiner Sitznachbarin bzw. deinem Sitznachbarn darüber aus, wie die Meinungen noch begründet werden könnten.

Artgerechte Hundehaltung in der Wohnung mit und ohne Garten

Es ist ein Vorteil für Sie bzw. für Ihren Hund,
2 wenn Sie eine Wohnung mit Garten haben. So
hat der Hund immer genügend Auslauf und Sie
4 müssen mit ihm nicht so oft spazieren gehen.
Wenn er noch eine Hundehütte hat, kann er ei-
6 gentlich die ganze Zeit draußen bleiben. Außerdem ist es besser für Ihren Hund, wenn er ent-
8 scheiden kann, ob er sich draußen oder drinnen
aufhalten möchte. Beides hat seine Vor- und
10 Nachteile. Wenn Sie Ihren Hund im Garten lassen, kann er seine Notdurft verrichten oder
12 Passanten durch den Zaun beobachten: eine
willkommene Ablenkung. Außerdem bekommt
14 er draußen viel frische Luft und kann hinter
Vögeln herjagen oder Katzen verscheuchen. Er
16 bleibt fit.

Wenn man den Hund aber die ganze Zeit allein
18 draußen lässt, geht man auch ein Risiko ein.
Der Hund kann sich aus Langeweile ein
20 Schlupfloch suchen und ausbrechen, im
schlimmsten Fall gerade dann, wenn ein Rivale
22 an Ihrem Garten vorbeistreunt.

Drinnen ist Ihr Hund in den meisten Fällen
24 besser aufgehoben. Schon, weil Geräusche, die
ihm draußen Angst machen könnten, drinnen
26 sehr gedämpft ankommen. Hinzu kommt noch,
dass der Hund im Haus und in der Wohnung
28 ein wirksamerer Wächter ist als im Garten.

Sie dürfen allerdings niemals versäumen, dem
30 Hund Gelegenheit zu geben, sein Geschäft zu
verrichten. Und sollte der Hund zu viel allein
32 sein, werden Sie seinen einsamkeitsbedingten
Frust Ihren Möbeln und Teppichen ansehen.

 4 Suche aus dem Text alle Argumente heraus, die für und gegen die Hundehaltung in der Wohnung sprechen.

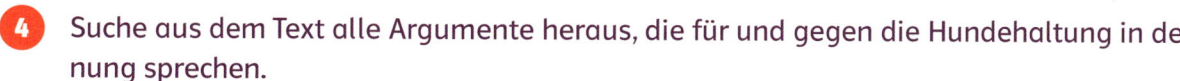

- Lege in deinem Heft eine Tabelle an und trage die Argumente dort ein.
- Finde weitere Pro- und Kontra-Argumente.

Argumente für die Hundehaltung in der Wohnung	Argumente für die Hundehaltung im Freien (= gegen die Haltung in der Wohnung)

  5 Spielt das Streitgespräch der Familie Lindner über die Anschaffung eines Hundes in eurer
Klasse. Benutzt dabei die Pro- und Kontra-Argumente, die ihr gesammelt habt.

Klapperschlangen im Haus? –
Sich informieren und diskutieren

1 Du erfährst, dass deine Mitschülerin Klara sich eine Klapperschlange anschaffen will. Dir ist unklar, ob man ein solches Tier im Haus halten kann. Stelle in der Mindmap zusammen, was du über Schlangen weißt. Beziehe die Informationen aus dem Text „Schlangen" mit ein.

Kriechtiere

Fortpflanzung

tierische Nahrung

Lebensraum/Vorkommen

2 500 Arten

Schlangen

In manchen Teilen der Welt wird die Schlange verehrt, bei uns betrachtet man sie oft mit Abneigung.

Schlangen sind sehr anpassungsfähige Schuppenkriechtiere. Mit Ausnahme der kältesten Regionen sind sie auf allen Erdteilen anzutreffen. Die langen schlanken Tiere können gut klettern und schwimmen. Alle Schlangen leben von tierischer Nahrung. Manche Riesenschlangen wie Python und Boa umschlingen und erdrosseln ihre Beute. Giftschlangen wie Kobras dagegen lähmen ihr Opfer durch Biss mit ihren Giftzähnen. Etwa ein Drittel der rund 2 500 Schlangenarten ist giftig. Der Biss einiger Schlangen, wie der Kobra und der Mamba, ist auch für den Menschen tödlich. Die schnellen Sandschlangen fangen ihre Beute, die vorwiegend aus Eidechsen und Nagetieren besteht, durch festes Umwickeln des Opfers. Blindschlangen ernähren sich vor allem von Ameisen und Termiten.

Die meisten Schlangen legen Eier, aus denen dann die Jungen ausschlüpfen. Pythons betreiben intensive Brutpflege, indem sie sich um die gelegten Eier rollen, bis die Jungtiere geschlüpft sind. Einige Schlangen wie Boas und Klapperschlangen sind lebend gebärend, d. h. sie bringen bereits fertig entwickelte Junge zur Welt.

Klapperschlangen

Die Klapperschlangen sind von Kanada bis Argentinien verbreitet. Sie besiedeln feuchte Wälder ebenso wie Savannen und Wüsten. Die im Südosten der USA heimische Diamantklapperschlange ist mit mehr als zwei Meter Länge die größte unter diesen Giftschlangen. Klapperschlangen ernähren sich hauptsächlich von kleineren Säugetieren wie Ratten und Kaninchen, aber auch von Vögeln.

Die beiden gebogenen und sehr spitzen Zähne im Oberkiefer dieser Klapperschlange sind Giftzähne. Aus einer Giftdrüse wird das Gift in die Zähne geleitet. Die Giftzähne werden stark abgenutzt und müssen deshalb alle paar Wochen durch neue Zähne ersetzt werden.

Klapperschlangen „klappern" mit den beweglichen Hornringen (Klapper/Rassel) am Schwanzende.

2 Lies den Lexikonartikel. Ordne die Informationen zur Klapperschlange aus dem Text in die folgende Tabelle in dein Heft ein.

Eigen-schaften	Aussehen, Größe, Gewicht	Verhal-tenswei-sen	Lebens-raum, -weise	Nahrung	Pflege, Haltung	Krank-heiten	Kosten

**AH S. 5 f.
bes. Ü2**
Stichwort-
kärtchen

3 Dir fehlen noch wichtige Informationen über die Möglichkeit, Klapperschlangen als Haustiere zu halten. Nutze verschiedene Quellen, um dir diese Informationen zu beschaffen (z. B.: Bibliothek, Internet, Befragung eines Experten oder einer Expertin im Zoogeschäft) und vervollständige die Tabelle.

 Tipp

Aus deinem Material (Texte und Bilder) kannst du ein **Infoplakat** zur Klapper-schlange als Haustier gestalten.

4 Leitet aus den Information Pro- und Kontra-Argumente zur Haltung von Klapperschlangen als Haustiere ab und schreibt sie in eure Hefte. Führt in der Gruppe eine Diskussion zur Frage, ob Klapperschlangen als Haustiere gehalten werden sollten.

Ratte und Schwein als Hausgenosse? –
Argumentieren lernen

TIERHANDLUNG

> Ich finde Ratten als Haustiere super.

> Meiner Ansicht nach wären Mäuse besser.

> Ich mag Ratten nicht. Ich kann sie nicht ertragen. Sie sind gefährlich, weil sie Krankeiten übertragen.

1 Untersuche die Sätze. Markiere die Wörter, die deutlich machen, dass es sich um **Meinungen** handelt.

2 Finde andere Wörter oder Ausdrücke, die Meinungen ausdrücken können, und schreibe diese in dein Heft.

3 Eines der Kinder hat auch ein **Argument** genannt. Markiere es mit Rot.

4 Sucht Argumente, die für und gegen Ratten als Haustiere sprechen. Schreibt die Argumente in eure Hefte. Achtet darauf, dass ihr sprachlich abwechslungsreich formuliert und ihr eure Argumente nicht immer mit „weil" einleitet.

Uwe Timm

Rennschwein Rudi Rüssel

Nachmittags als wir aus der Schule kamen, bauten wir
2 eine Schweine-Hütte. Ich hatte bei unserem
Gemüsehändler drei Kisten besorgt. Die Kisten
4 zerlegte ich in Bretter und die nagelte ich dann wieder
neu zusammen: drei Seitenwände und ein richtiges
6 Satteldach[1]. Betti hatte in einem Blumengeschäft
Torfmull gekauft, den wollten wir auf den Boden der
8 Hütte schütten, damit Rudi auch warm lag.
Betti und ich stritten uns gerade, wer den
10 Torfmull in die Hütte schütten dürfe,
sie, nur weil sie den Torfmull gekauft
12 und hergetragen hatte,
oder ich, weil ich die
14 Kisten besorgt hatte.

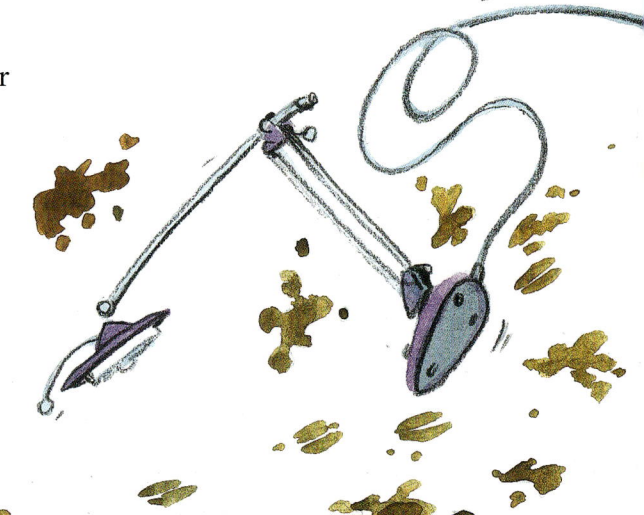

---
[1] „Satteldach": „spitzes" Dach mit zwei entgegengesetzt geneigten Dachflächen, die an der höchsten, waagerechten Kante aufeinandertreffen

Da kam Rudi aus der Verandatür geschossen und rannte in den Garten. Er war Zuppi, als sie im Bad nach ihm sehen wollte, entwischt. Rudi lief sogleich zu einer Pfütze, legte sich hinein, wühlte in dem Schlamm und quiekte begeistert.

Er war über und über mit Schlamm beschmiert, rannte fröhlich durch den Garten und – oh Schreck – in die Wohnung zurück! Wir liefen hinterher, um ihn wieder rauszutreiben, aber Rudi war schon in Vaters Arbeitszimmer gelaufen, über das Sofa gesprungen, hatte die Tischlampe umgerissen, hatte sich auf dem hellgrauen Teppich, den wir Kinder nur mit Socken betreten durften, gewälzt und war dann unter das Sofa gekrochen.

Deutlich sah man die dreckigen Abdrücke seiner Pfoten auf dem Teppich. Vater lag am Boden vor dem Sofa und versuchte mit einem langen Lineal Rudi unter dem Sofa hervorzutreiben. „Dieses kleine Dreckschwein", schrie er.

Da schoss Rudi, als er Zuppi sah, unter dem Sofa hervor. Vater bekam einen Schreck, stieß sich an der Sofakante den Kopf, wollte das Ferkel greifen, griff daneben, denn Rudi machte einen kleinen Satz zur Seite, streifte dabei die weiße Wand und hinterließ darauf einen langen Schmutzstreifen, rannte über das auf dem Boden ausgebreitete Pergamentpapier, mit dem Vater einige Hieroglyphen von einem Stein abgepaust hatte, raste in Mutters Zimmer, warf einen Kasten mit Zetteln um, auf denen Mutter sich die Noten ihrer Schüler notiert hatte, galoppierte ins Kinderzimmer und von da wieder raus, in den Garten, wo er sich abermals im Schlamm suhlte. Wir machten schnell die Verandatür zu, damit er nicht wieder in die Wohnung laufen konnte. Sonderbarerweise war es in Vaters Zimmer ganz still.

„Vielleicht ist er in Ohnmacht gefallen", sagte Betti. Leise gingen wir in Vaters Zimmer. Er stand da und starrte auf das am Boden liegende Pergamentpapier, über das Rudi gelaufen war und auf dem seine dreckigen Klauen ihre Spuren hinterlassen hatten. Wie kleine Keile und Balken standen sie zwischen den anderen Schriftzeichen.

„Papa", sagte Zuppi ganz leise, „ist dir nicht gut?" Und dann sagte sie noch: „Schweine sind doch sehr lustige Tiere, nicht?" […]

5 Zuppi fällt so schnell kein Argument ein, warum Rudi als Haustier bei ihnen bleiben soll, trotzdem will sie ihren Vater überreden. Diskutiert, was sie zu ihm sagen könnte.

6 Wenn sie ihren Vater wirklich überzeugen wollte, welche Argumente könnte sie anführen, und welche berechtigten Gegenargumente könnte ihr Vater vorbringen? Tauscht euch aus.

7 Spielt ein Streitgespräch zwischen Zuppi und ihrem Vater über die Frage: „Kann das Schwein Rudi in der Wohnung bleiben?"

Superhenne Hanna –
Hauptsatz und Gliedsatz unterscheiden

Felix Mitterer

Superhenne Hanna (gekürzt)

Hanna ist ein Superhuhn. Sie ist neunundneunzig Jahre alt und kann nicht nur sprechen, sondern auch schreiben.

Ich lebe auf einem kleinen Bergbauernhof, zu-
2 sammen mit sehr lieben Menschen. […]

An Tieren sind auf dem Hof zurzeit acht
4 Milchkühe, drei Kälber, sechs Schweine, vierzehn Hühner und ein Hahn.

6 Wir Hühner wohnen im Sommer in einem
Stall neben den Schweinen. Das ist ein sehr ge-
8 mütlicher Raum mit Strohnestern und hölzernen Stangen, auf denen wir sitzen können. In
10 der Mauer befindet sich ein Schlupfloch, durch
das wir aus- und eingehen dürfen, wie wir wol-
12 len. Nur in der Nacht wird das Loch verschlossen. Das geschieht, damit der Fuchs Bartho-
14 lomäus nicht herein kann. Es wäre aber gar
nicht nötig. Der Bartholomäus – ich nenne ihn
16 Bartl – hat nämlich riesigen Respekt vor mir.
Ich habe ihn einmal ordentlich verhauen, als er
18 ein Huhn verschleppen wollte. Aber es ist halt
so üblich, dass das Loch am Abend geschlossen
20 wird, und es stört uns nicht.

Im Winter wohnen wir in einer geräumigen
22 Steige in der Küche, weil auch wir Hühner es
ganz gern warm haben.

24 Zum Spazierengehen steht uns natürlich der
ganze Hof zur Verfügung. Oberhalb des Hauses
26 halten wir uns besonders oft auf, denn dort besteht der Boden aus wunderbarem, feinem
28 Sand. Und es gibt nichts Herrlicheres, als in diesem Sand zu baden, wenn er von der Sonne an-
30 genehm erwärmt ist.

Mit meinen Schwestern habe ich mich im-
32 mer gut verstanden. Nur die Hähne – ja, die
Hähne! […]

34 Ich habe in meinem Leben schon viele Hähne gekannt und alle waren meistens wütend auf
36 mich. Wahrscheinlich störte es sie, dass ich die
menschliche Sprache beherrsche und deshalb
38 ein bisschen bevorzugt werde. Ich halte mich ja
sehr viel in der Stube bei den Bauersleuten auf.
40 Wir bereden alles Mögliche und ich werde von
ihnen sozusagen als ihresgleichen behandelt.
42 Das mögen die Hähne nicht. Alle haben versucht, mir einzureden, mein Platz sei im Hüh-
44 nerstall und nirgendwo sonst. Alle haben gemeint, weil sie Hähne sind seien sie die Herren
46 und die Hühner müssten machen, was der Herr
befiehlt. Das ist bei uns aber nicht so. Die Hüh-
48 ner betrachten mich als Anführerin und der
Hahn hat überhaupt nichts zu sagen. […]

50 Jeder Hahn der auf den Hof kam hat anfangs
versucht, mich unterzukriegen. Jeder dachte:
52 Na, die werde ich einmal ordentlich verprügeln,
dann pariert sie schon! Das ist aber noch kei-
54 nem gelungen. Blutend und zerrupft mussten
sie wieder abziehen. […] Schließlich haben sich
56 aber alle daran gewöhnt, dass sie nicht der Herr
im Hause sind, sondern ich. Es hat auch nichts
58 genützt, dass manche versucht haben, die anderen Hühner gegen mich aufzuhetzen.

60 Einmal war ein besonders hübscher junger Hahn bei uns, der hielt sich für den größten
62 Frauenhelden des ganzen Tales. Zuerst war er zärtlich, dann sagte er: „Aber glaub ja nicht,
64 dass du eine Ausnahmestellung hier hast. Ich verlange unbedingten Gehorsam! Und wenn du

66 nicht spurst, dann zerhack ich dich, dass dir Hören und Sehen vergeht!"

68 Daraufhin habe ich ihm sämtliche Federn ausgerupft und er hat sich so geschämt, dass er
70 in den Wald lief und nicht mehr zurückkehrte.

1 Lies den Auszug aus Felix Mitterers Buch und erkläre, was das Besondere an der Superhenne Hanna ist.

AH S.54
Hauptsatz und
Gliedsatz

> ### Merke:
>
> **Hauptsätze** erkennst du daran, dass in ihnen die **Personalform** z. B. im Aussagesatz **an zweiter oder** bei Entscheidungsfragen **an erster Satzgliedstelle** steht.
> Z. B.: *Ich lebe auf einem kleinen Bergbauernhof. Lebe ich auf einem Bauernhof?*
> Hauptsätze können alleine stehen.
>
> **Gliedsätze** erkennst du daran, dass in ihnen die **Personalform** fast immer **an letzter Satzgliedstelle** steht. Gliedsätze haben ein **Einleitungswort** wie *weil, damit, nachdem* usw.
> Z. B.: *Das geschieht, damit* (Einleitungswort) *der Fuchs Bartholomäus nicht herein kann.*
> Gliedsätze können nicht alleine stehen, sie hängen inhaltlich von einem anderen Satz ab.

2 Unterstreiche in den folgenden Hauptsätzen aus dem Text die Personalform.

a) Wir Hühner wohnen im Sommer in einem Stall neben den Schweinen.

b) Nur in der Nacht wird das Loch verschlossen.

c) Es wäre aber gar nicht nötig.

AH S.54
Ü1

3 Die folgenden Sätze bestehen jeweils aus einem Haupt- und einem Gliedsatz (einmal kommen zwei Gliedsätze vor). Unterstreiche überall die Personalform und kreise in den Gliedsätzen das Einleitungswort ein.

a) Ich habe ihn einmal ordentlich verhauen, als er ein Huhn verschleppen wollte.

b) Aber es ist halt so üblich, dass das Loch am Abend geschlossen wird.

c) Weil auch wir Hühner es ganz gern warm haben, wohnen wir im Winter in einer geräumigen Steige in der Küche.

d) Und es gibt nichts Herrlicheres, als in diesem Sand zu baden, wenn er von der Sonne angenehm erwärmt ist.

4 In dem Textauszug aus „Superhenne Hanna" findest du noch weitere Gliedsätze. Schreibe die Gliedsätze aus Zeile 6 bis 14 in dein Heft.

5 Ergänze die Liste um weitere Einleitungswörter für Gliedsätze. Nutze dazu zunächst dein Arbeitsergebnis aus Übung 3. Überlege anschließend, ob dir noch weitere Wörter einfallen.

Einleitungswörter für Gliedsätze: weil, damit, nachdem, _____

Hanna und die Hähne –
Sätze durch Beistriche richtig gliedern

 Merke:

Gliedsätze werden durch **Beistriche** vom Hauptsatz oder weiteren Gliedsätzen abgetrennt, z. B.:

- Im Winter wohnen wir in einer geräumigen Steige in der Küche, *weil auch wir Hühner es ganz gern warm haben.*
- *Weil auch wir Hühner es ganz gern warm haben,* wohnen wir im Winter in einer geräumigen Steige in der Küche.
- Im Winter wohnen wir, *weil auch wir Hühner es ganz gern warm haben,* in einer geräumigen Steige in der Küche.

1 Verbinde die Sätze wie im Beispiel mit der in der Klammer angegebenen Konjunktion (Bindewort). Achte auf die Beistrichsetzung.

Beispiel: Im Winter wohnen wir in einer geräumigen Steige in der Küche. Wir Hühner haben es auch ganz gern warm. (weil)

→ Im Winter wohnen wir in einer geräumigen Steige in der Küche, weil auch wir Hühner es ganz gern warm haben.

a) Die Hühner betrachten Hanna als Anführerin. Hanna ist stark und klug. (*weil*)

_____

b) Die Hähne flüchteten. Hanna hatte sie ordentlich verprügelt. (*nachdem*)

_____

c) Die Hähne mussten Hanna die Herrschaft lassen. Sie dachten, sie könnten Hanna vertreiben. (*obwohl*)

_____

d) Ein hübscher junger Hahn wollte sich bei Hanna einschmeicheln. Er war zuerst ganz zärtlich. (*indem*)

_____

2 Vertausche in den beiden Sätzen die Reihenfolge von Haupt- und Gliedsatz. Schreibe die neuen Sätze auf. Achte auf die Zeichensetzung.

a) Ich habe ihn einmal ordentlich verhauen, als er ein Huhn verschleppen wollte.

_____

_____

b) Aber es ist halt so üblich, dass das Loch am Abend geschlossen wird.

_____

_____

> ### Merke:
>
> Die Verbindung von mindestens einem **Hauptsatz** mit mindestens einem **untergeordneten** (d.h. inhaltlich anhängigen) **Satz** nennt man **Satzgefüge**.
> Um komplexe Satzgefüge zu verstehen, solltest du dir zunächst klar machen, ob und wie die verschiedenen Sätze eingeleitet werden. Dann suchst du zu den Satzanfängen die passenden Personalformen, z. B.:
> *Im Winter wohnen die Hühner, die auf dem Hof leben, in einer Steige in der Küche, weil auch wir Hühner es gerne warm haben.*
> Die Verbindung von mindestens zwei **aufeinanderfolgenden einfachen Hauptsätzen** nennt man **Hauptsatzreihe**.
> Die Hauptsätze können entweder durch Beistriche (z. B. *Hanna ist 99 Jahre alt, sie lebt auf einem Bauernhof*) abgetrennt oder durch ein Bindewort verbunden sein (z. B. *Hanna ist 99 Jahre alt und (sie) lebt auf einem Bauerhof*).

AH S. 55
Ü1, 2
Satzzeichen in Hauptsatz-reihen

3 Das nachfolgende Satzgefüge ist bereits in die verschiedenen Teilsätze zerlegt. Schreibe hinter jeden Teilsatz, ob es sich um einen (Teil des) Hauptsatzes oder um einen untergeordneten Satz handelt.

Auf einem Rundflug = Anfang Hauptsatz

den sie zur Stärkung ihrer Flugmuskeln unternimmt = _____

entdeckt Hanna eines Tages eine große Hühnerfabrik und erfährt = _____

dass in solchen Hallen viele Hühner leben müssen = _____

die noch nie das Tageslicht gesehen haben = _____

4 Schreibe nun das ganze Satzgefüge in dein Heft ab und ergänze die fehlenden Beistriche.

5 Untersuche die beiden folgenden Satzgefüge und markiere alle Personalformen. Ergänze die fehlenden Beistriche und schreibe die Sätze anschließend mit allen Beistrichen ab.

a) Nachdem sie nach Hause zurückgekehrt ist fragt Hanna den Bauern bei dem sie lebt was es mit diesen Hühnerfabriken von denen sie gerade eine gesehen hatte auf sich hat.

_____

_____

_____

b) Der Bauer der in einer Zeitschrift einmal einen Bericht über solche Legebatterien gelesen hat klärt Hanna die noch immer nicht glauben kann was sie gesehen hat auf.

_____

_____

_____

Hunde gehören an die Leine! –
Schriftlich appellieren

1 Lest die Texte und bestimmt im Klassengespräch die **Textsorte** (z. B. Anzeige, Plakat, Brief, Bekanntmachung, Schild, Flugblatt, Aushang usw.), zu der sie gehören, möglichst genau.

Sehr geehrte Damen und Herren!

Für die Schule bereite ich gerade ein Referat über Lipizzaner vor und bin dabei auf Ihr Informationsbüro aufmerksam geworden.

Ich würde mich sehr freuen, wenn Sie mir kostenloses Informationsmaterial (z. B. ein Plakat) über die Spanische Hofreitschule schicken könnten!

…

Boxerrüde Jimmy verschwunden!

Seit gestern ist Jimmy nicht mehr nach Hause gekommen. Wenn Sie meinen Jimmy gesehen haben, bitte setzen Sie sich mit mir in Verbindung (Tel.: 0669/123456, Adresse: Bachgasse 4, Krems)! **Tolle Belohnung!**

Mischlingswelpen zu verschenken!

4 Mischlingswelpen (1 weibl., 3 männl.) im Alter von 6 Wochen an tierliebe Menschen zu verschenken.
Tel.: 0123/445566

An alle Hundebesitzer/innen!

Innerhalb dieser Parkanlage sind Hunde außerhalb der eigens ausgewiesenen Flächen an der Leine zu führen. Auf dem Kinderspielplatz besteht für alle Hunde Beißkorbpflicht.

Magistrat der Stadt Innsbruck

Merke:

Unter **Appellen** (vom lateinischen Wort *appellare* für „anrufen, anreden") versteht man **Bitten, Aufforderungen, Befehle, Wünsche, Fragen** usw., durch die andere Menschen veranlasst werden sollen, etwas Bestimmtes zu tun.

2 Schreibe für alle vier Texte in dein Heft,

- an wen appelliert wird (= Adressat),
- welchen Befehl, Wunsch usw. der Appell beinhaltet,
- wie sie sprachlich gestaltet sind (z. B. *höflich, direkt, sachlich, freundlich* usw.).

3 Sammle mit deinem Sitznachbarn bzw. deiner Sitznachbarin weitere Beispiele für schriftliche Appelle. Tauscht euch mündlich aus.

In der Straße, in der auch eure Schule liegt, lässt ein Mann morgens seinen großen Rottweiler immer ohne Leine spazieren gehen. Dabei hat der Hund schon mehrere Schülerinnen und Schüler auch aus eurer Klasse auf ihrem Schulweg „beschnuppert". Passiert ist zwar noch nichts, trotzdem ist euch der freilaufende Hund unangenehm. Ihr beschließt, dem Besitzer einen Beschwerdebrief zu schreiben. Tanja (Brief A) und Robert (Brief B) haben einen Ent- wurf angefertigt.

Der ist ganz lieb und will nur spielen!

 4 Lies die beiden Briefentwürfe und bewerte sie mit Hilfe des Merktextes im Gespräch mit deinem Sitznachbarn bzw. deiner Sitznachbarin.

Brief A

Linz, 5. Mai 2018

An den Rottweiler-Besitzer!

Wir finden es unverschämt, dass Sie Ihren riesigen Hund immer ohne Leine auf der Straße herumlaufen lassen. Alle Schülerinnen und Schüler, die an dem Riesenvieh vorbei müssen, haben Angst, weil Ihr Köter uns Kinder immer beschnuppert und abschleckt. Sie müssen dem Hund künftig eine Leine anlegen, sonst greifen wir zu ganz anderen Methoden und melden das der Polizei!
Hochachtungsvoll
Die Schülerinnen und Schüler der 2. Klasse

Brief B

Linz, 5. Mai 2018

Lieber Hundefreund!

Wir wären Ihnen sehr dankbar, wenn Sie künftig Ihren Hund anleinen könnten, wenn er auf der Straße ist. Ihr Hund hat noch nie einem von uns Schülerinnen und Schülern etwas getan und ist auch bestimmt ein braves Tier. Trotzdem haben viele Kinder Angst, wenn Ihr Hund sie „beschnuppert". Wir alle mögen Hunde sehr. Aber einen so großen Hund mögen wir am liebsten, wenn er an der Leine ist. Bitte haben Sie Verständnis!
Mit freundlichen Grüßen
Die Schülerinnen und Schüler der 2. Klasse

 5 Sicher gibt es in eurer Umgebung etwas, das euch stört oder über das ihr euch schon geärgert habt. Verfasst dazu einen Beschwerdebrief (ihr müsst diesen natürlich nicht absenden). Beachtet die Hinweise im Merktext und die formalen Merkmale von Briefen (Absenderangaben, Ort/Datum, Empfängerangaben, Anrede, Grußformel).

Merke:

Bei **Beschwerden** musst du dich
- an den richtigen Adressaten wenden,
- eine angemessene Textsorte wählen (z. B. einen persönlichen Brief),
- im Stil bzw. Ton höflich bleiben,
- dich beherrschen und auf Beleidigungen verzichten.

Was ist, sein wird und gewesen ist –
Präsens, Futur und Perfekt richtig gebrauchen

1 Kreuze an, welche Aufgabe das **Präsens** in den Sätzen jeweils erfüllt.

		gerade ablaufendes Geschehen	allgemein gültige Tatsache	sich wieder-holender Vorgang	zukünftiges Geschehen
a)	Pferde <u>zählen</u> zu den sogenannten Unpaar-hufern.				
b)	Sie <u>machen</u> sonntags immer einen Ausritt.				
c)	Hier <u>kommt</u> Matthias ja endlich.				
d)	Sie <u>bekommt</u> zu Pfingsten ein Fohlen.				

 **Merke:**

Das **Futur** (die „Zukunft") wird gebraucht, um
- einen **zukünftigen Vorgang** bzw. Zustand zu bezeichnen,
  z.B.: *Das Reitturnier <u>wird</u> nächstes Jahr wieder <u>stattfinden</u>.*
- **Vermutungen** oder **Erwartungen** auszudrücken,
  z.B.: *Das Pferd <u>wird</u> den Zuschauerinnen und Zuschauern bestimmt <u>gefallen</u>.*
- einen **Befehl** zu formulieren,
  z.B.: *Du wirst jetzt endlich still stehen!*

2 Markiere in den folgenden Sätzen die beiden Teile der Futurform und gib an, welche Aufgabe das Futur in den Sätzen jeweils erfüllt.

		Aufgabe des Futurs
a)	Nach der Schule wird sie gleich zum Reitstall fahren.	
b)	Sie werden hoffentlich bald kommen.	
c)	Das wirst du doch verstehen.	
d)	Ihr werdet euch alle noch wundern.	
e)	Du wirst das jetzt sofort machen!	

3 Formuliere im Futur (Zukunft), was im Reitstall alles geschehen wird.

AH S. 28
Ü6
Bildung von
Verbformen

Beispiel: Kinder – Stall ausmisten → Die Kinder werden den Stall ausmisten.

a) Mia – erste Reitstunde bekommen:

_____

b) Jakob – vom Pferd fallen:

_____

c) Mia und Jakob – ihre Pferde füttern:

_____

4 Kreuze an, welche Aufgabe das **Perfekt** in den Sätzen jeweils erfüllt.

		Verbindung von der Vergangenheit zur Gegenwart der Sprecherin oder des Sprechers herstellen	ausdrücken, was unmittelbar zuvor geschehen ist (in Verbindung mit dem Präsens im Hauptsatz)	über Vergangenes ohne Gegenwartsbezug erzählen bzw. berichten
a)	Nachdem wir das Pferd gestriegelt haben, können wir es (jetzt) in seine Box bringen.			
b)	Ich bin letzte Woche ausgeritten.			
c)	Ich habe das Pferd gerade gestriegelt (und bin jetzt fertig damit).			

5 Schreibe einen kurzen Tagesbericht über das, was du heute alles schon gemacht hast. Verwende nur Personalformen im Perfekt, du kannst so beginnen.

Heute Morgen bin ich um 6.30 Uhr aufgestanden und habe gefrühstückt. Dann …

_____

_____

_____

_____

_____

6 Bildet in der Gruppe je drei Beispielsätze zum Präsens, Perfekt und Futur. Achtet darauf, dass die Zeitformen möglichst unterschiedliche Funktionen haben. Tauscht anschließend eure Sätze mit einer andren Gruppe und bestimmt bei allen Sätzen die Zeitform und die Funktion. Nun könnt ihr wieder tauschen und euch gegenseitig korrigieren.

Teste dich selbst

1 Schreibe auf, welche Meinung Anja vertritt und wie ihr Argument lautet.

Anja: Durch das Halten eines Haustieres können Kinder Verantwortung lernen. Und natürlich haben sie dann auch jemanden zum Spielen. Deshalb sollten eigentlich alle Kinder ein Haustier haben, und wenn es bloß ein Vogel oder ein Hamster ist. Es muss ja nicht gleich ein Hund sein!

Meinung von Anja: _____

_____

Argument: _____

_____

2 Erkläre, was man unter einem „Appell" versteht.

_____

_____

3 Nenne vier Möglichkeiten, wie du dich z. B. über eine bestimmte Hunderasse informieren könntest.

_____

_____

4 Bestimme in dem folgenden Satzgefüge den Hauptsatz und unterstreiche ihn. Rahme alle Personalformen farbig ein.

Sie sucht dringend jemanden, der ihren Hund für einige Tage in Pflege nimmt, weil sie häufig verreisen muss.

5 In den folgenden Sätzen fehlen an manchen Stellen Beistriche. Setze die fehlenden Beistriche.

a) Hunde sollte man besser nicht alleine in der Wohnung lassen weil sie sonst eine ziemliche Unordnung anrichten können.

b) Als er nach Hause kam sah er dass sein Hund die ganze Wohnung durcheinandergebracht hatte.

6 Bestimme in den folgenden Sätzen das Tempus (Präsens, Perfekt oder Futur) und nenne den Grund für den Gebrauch dieser Zeitform.

a) Ratten gehören zu den Nagetieren.

b) Meine Ratte wird sich beim mir sicher wohlfühlen.

c) Bisher habe ich noch nie ein Haustier gehabt.

7 Sollte der Besitz von gefährlichen Haustieren (z. B. Kampfhunden oder giftigen Schlagen) in Österreich verboten werden? Formuliere deine Meinung und begründe sie. Arbeite in deinem Heft.

Aus aller Welt –
Berichte und berichten

Ob in der Zeitung, im Fernsehen oder im Internet – Berichte aus aller Welt begegnen uns ständig. Was Berichte sind und wie man selbst richtig über Erlebtes berichtet, das erfährst du in diesem Kapitel.

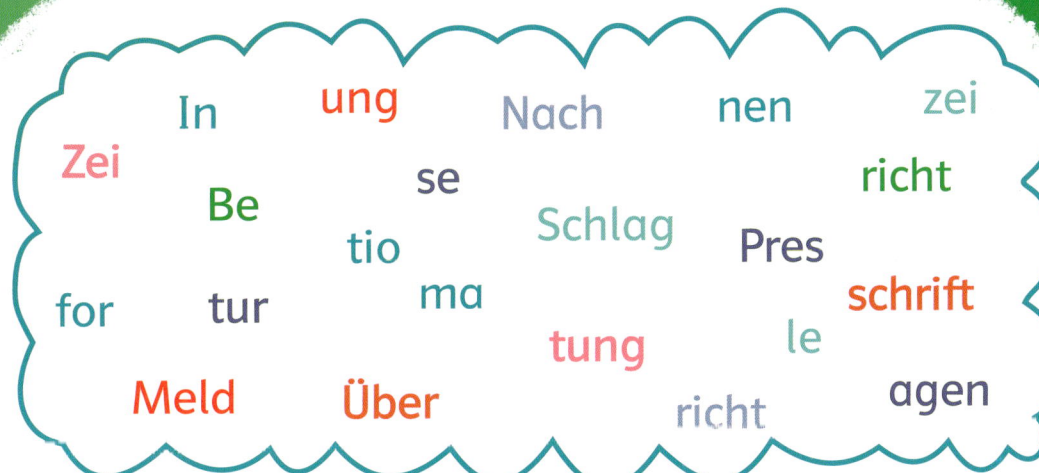

In der Wolke findest du viele Silben. Richtig zusammengesetzt ergeben sie acht Wörter, die alle mit der Zeitung zu tun haben. Kannst du die Wörter zusammensetzen? Probiere es und schreibe sie auf.

Wort 1: _____   Wort 2: _____

Wort 3: _____   Wort 4: _____

Wort 5: _____   Wort 6: _____

Wort 7: _____   Wort 8: _____

Sprachbetrachtung
- Plusquamperfekt und Präteritum unterscheiden und richtig gebrauchen

Rechtschreibung
- s-Laute richtig schreiben

Was täglich geschieht –
Elemente eines Berichts kennen lernen

1 Lies den Bericht „Fensterputzer überlebt Sturz von Hochhaus". Tausche dich mit deinem Sitznachbarn bzw. deiner Sitznachbarin mündlich darüber aus, was geschehen ist.

Fensterputzer überlebt Sturz von Hochhaus

Ein Fensterputzer in New York hat einen spektakulären Arbeitsunfall überlebt. Aus 150 Metern Höhe stürzte er von einem Wolkenkratzer. In einem Jahr könnte sich der Mann komplett erholt haben.

Ein Fensterputzer, der in New York den Sturz
2 von einem 47 Stockwerke hohen Wolkenkratzer
überlebt hatte, befindet sich auf dem Weg der
4 Besserung. Nach Einschätzung seiner Ärzte
wird der 37 Jahre alte Mann nach weiteren
6 Operationen wieder gehen können, berichtete
die „New York Times". „Wenn man an Wunder
8 glaubt, dann ist dies bestimmt eins", zitierte die
Zeitung einen behandelnden Arzt.
10 Der Mediziner verglich den Sturz aus 150
Metern Höhe mit seltenen Fällen, in denen Fall-
12 schirmspringer bei Unfällen den Aufprall aus
großer Höhe überlebten. Deutlich weniger als
14 ein Prozent derartiger Stürze endeten nicht mit
dem Tod, so der Arzt.
16 Der Arbeitsunfall in Manhattan ereignete
sich am 7. Dezember. Eine Plattform an dem
18 Hochhaus hatte sich gelöst und den aus Ecuador
stammenden Mann und dessen Bruder in die
20 Tiefe gerissen. Der Bruder war auf der Stelle tot.
Der Überlebende trug schwere Verletzungen
22 davon, darunter zahlreiche Knochenbrüche,

Kopf- und innere Verletzungen. Nach mehreren
24 Operationen sprach er an Weihnachten die ersten Worte. „Was habe ich getan?", fragte er. Am
26 Freitag wollten die Ärzte einen weiteren Eingriff am Rücken des Patienten vornehmen. In
28 etwa einem Jahr – so die Prognose – könnte
sich der Mann wieder ganz erholt haben. (dpa)

AH S. 16 ff.
Berichte
verfassen

Merke:

Berichte sind informierende Texte. Sie entsprechen der Wahrheit und geben genaue Informationen über Zeit, Ort, Dauer und Art eines Geschehens. Berichte geben Antwort auf die sogenannten **W-Fragen**: Was? Wer? Wo? Wann? Wie? Warum? Mit welchen Folgen? Das Ereignis wird Schritt für Schritt **sachlich** dargestellt. Persönliche Eindrücke werden vermieden. Berichte beschreiben Vergangenes und werden daher im **Präteritum** (in der Mitvergangenheit) verfasst.

2 AH S.18
Ü2
W-Fragen Untersuche den Bericht „Fensterputzer überlebt Sturz von Hochhaus" mit Hilfe der W-Fragen. Schreibe auf, welche Antworten der Bericht auf die W-Fragen gibt.

Was? _____

Wer? _____

Wo? _____

Wann? _____

Wie? _____

_____

Warum? _____

Mit welchen Folgen? _____

3 Untersuche noch einmal den Bericht „Fensterputzer überlebt Sturz von Hochhaus". Welche Informationen beziehen sich auf die Vergangenheit, welche auf die Gegenwart und welche auf die Zukunft? Markiere die Informationen mit unterschiedlichen Farben im Text.

4 Berichte können dir auch außerhalb einer Zeitung begegnen. Sammle Beispiele, wo und bei welcher Gelegenheit überall berichtet wird.

_____

_____

_____

Was da genau los war –
Berichte auswerten

Pizzabrötchen schmecken nicht – Frau ruft Polizei

Weil ihre Pizzabrötchen nicht so mundeten wie gedacht, täuschte eine Frau der Oberhausener Polizei eine Notsituation vor, um sich bei den Beamten beschweren zu können. Für die 50-Jährige dürfte der Anruf ein Nachspiel haben.

Weil sie mit Pizzabrötchen unzufrieden war, hat
2 eine Frau in Oberhausen die Polizei alarmiert und eine Notsituation vorgetäuscht. Die 50-Jäh-
4 rige wählte am Dienstagabend den Notruf und gab an, sie habe sich eingeschlossen und könne
6 sich nicht befreien, wie die Polizei am Mittwoch mitteilte. Als Beamte bei der Anruferin im
8 Stadtzentrum von Oberhausen eintrafen, war von einer Notlage keine Rede mehr. Stattdessen
10 gab die Frau an, sie habe sich nicht in einer Notlage befunden, sondern sich lediglich über
12 die Pizzabrötchen beschweren wollen.

Die Polizei erstattete Anzeige gegen sie
14 wegen missbräuchlicher Nutzung von Not-rufen. Der 50-Jährigen droht nun eine Geld-
16 strafe. Besonders drastische Missbrauchsfälle können in Deutschland gar mit einer Freiheits-
18 strafe von bis zu einem Jahr geahndet werden. Den Angaben der Ermittler nach zeigte sich die
20 Frau dennoch uneinsichtig und erklärte, in ei-ner ähnlichen Situation würde sie wieder den
22 Notruf wählen.

1 Lies den Bericht „Pizzabrötchen schmecken nicht – Frau ruft Polizei" und schreibe die Bedeutung der beiden folgenden Sätze in deinen eigenen Worten auf:

Für die 50-Jährige dürfte der Anruf ein Nachspiel haben. *Aus grund der folgen Ein Nachspiel wird es für die 50-jährige auf grund des anrufes geben*

Die Polizei erstattete Anzeige gegen sie wegen missbräuchlicher Nutzung von Notrufen. *Wegen missbräuchlicher Nutzung von Notrufen wegen der erstattete die Polizei eine Anzeige gegen sie.*

> **Tipp**
>
> Um einen Bericht in allen seinen Einzelheiten zu erschließen, soll-test du zunächst sicherstellen, dass du alle Wörter und Formulierungen des Textes richtig verstehst. Oft hilft dir dabei der Textzusammen-hang; in Zweifelsfällen benutze ein **Wörterbuch**.
> Im nächsten Schritt kannst du den Bericht mithilfe der W-Fragen untersuchen.

2 Stelle zu den vorgegebenen Antworten aus dem Text die passenden W-Fragen.

a) Eine 50-jährige Frau.

W-Frage: *Wer?*

b) In Oberhausen.

W-Frage: *Wo?*

c) Die Frau hat die Polizei alarmiert.

W-Frage: *Wann? Was?*

d) Weil ihr die Pizzabrötchen nicht geschmeckt haben.

W-Frage: *Was? Warum?*

Arbeitstechnik

Um dir den genauen Ablauf von Ereignissen bzw. den Zusammenhang zwischen Informationen klarzumachen, kannst du die <mark>Angaben im Text übersichtlicher anordnen</mark>. Du kannst z. B. eine **Tabelle** anlegen, um etwa Zahlenangaben miteinander zu vergleichen, oder du markierst Zusammenhänge zwischen einzelnen Informationen durch **Pfeile**.

„Wir werden Sie wegen missbräuchlicher Nutzung von Notrufen anzeigen!" – satz

Der Frau schmecken die Brötchen nicht. – sa

Eine Polizeistreife fährt zur Wohnung und trifft dort die Frau an. Sie ist nicht eingeschlossen. – li

„Sie können doch nicht wegen Pizzabrötchen, die Ihnen nicht schmecken, die Polizei alarmieren. Das ist strafbar!" – zei

„Das ist mir egal, ich werde auch zukünftig die Polizei anrufen, wenn mir meine Pizzabrötchen nicht schmecken." – ein

Die Frau ruft den Polizeinotruf. – mer

„Bitte kommen Sie und helfen Sie mir! Ich habe mich eingeschlossen und komme nicht mehr aus meiner Wohnung." – Po

Eine 50-jährige Frau aus Oberhausen isst am Dienstagabend Pizzabrötchen. – Selt

3 Bringe mithilfe des Berichts auf Seite 66 die Sätze oben in die richtige Reihenfolge, sodass sie dem zeitlichen Ablauf der Ereignisse genau entsprechen. Schreibe dazu die Silben hinter den Sätzen in der richtigen Reihenfolge auf. Es ergibt sich ein Lösungswort.

Lösungswort: _Seltsamer Polizeieinsatz_

4 Schreibt einen kurzen Dialog, wie er sich zwischen den [...] könnte. Arbeitet in eure Hefte. Lest anschließend eure D[...]

5 Beschreibe deiner Sitznachbarin bzw. deinem Sitznach[...] eines der beiden Polizisten. Stelle dir dazu vor, deine [...] der/die Vorgesetzte des Polizisten, der/die er nun übe[...] so beginnen:

Gestern wurden wir gegen 20 Uhr von der Notrufzentr[...] angeblich …

Was war und gewesen war –
Präteritum und Plusquamperfekt

> **Merke:**
>
> Das **Präteritum** (die „Mitvergangenheit") ist die Zeitform, in der **schriftliche Berichte** ge-schrieben werden, z. B.: *Letzten Sommer waren meine Familie und ich in Italien. Wir besichtig-ten viele Sehenswürdigkeiten, badeten aber auch oft im Meer.*
> Das Präteritum wird vom **Wortstamm des Verbs** und den **Personalendungen** gebildet. **Unre-gelmäßige** Verben haben hierbei einen eigenen Stamm, bei **regelmäßigen** Verben wird ein „t"
> zwischen Stamm und Personalendung eingefügt.
>
> 1. Person Singular: ich frag-t-e – ich ging   1. Person Plural: wir frag-t-en – wir ging-en
> 2. Person Singular: du frag-t-est – du ging-st   2. Person Plural: ihr frag-t-et – ihr ging-t
> 3. Person Singular: er, sie, es frag-t-e – er, sie,   3. Person Plural: sie frag-t-en – sie ging-en
> es ging

—— *(Mit)vergangenheit* ——————— *Zeitpunkt des Sprechens* ————→

1 Kreuze an, ob die Verben das Präteritum regelmäßig oder unregelmäßig bilden.

Beispiel: geben → er *gebte → unregelmäßig → gab

a) malen   regelmäßige Bildung mit „t" ☐   unregelmäßige Bildung ☐
b) singen   regelmäßige Bildung mit „t" ☐   unregelmäßige Bildung ☐
c) lieben   regelmäßige Bildung mit „t" ☐   unregelmäßige Bildung ☐
d) antworten   regelmäßige Bildung mit „t" ☐   unregelmäßige Bildung ☐
e) binden   regelmäßige Bildung mit „t" ☐   unregelmäßige Bildung ☐
f) graben   regelmäßige Bildung mit „t" ☐   unregelmäßige Bildung ☐

2 Bilde wie im Beispiel zu den unregelmäßigen Präteritum-Stämmen den Infinitiv (Nennform).

Beispiel: gewann → gewinnen

a) brach: _____   b) fing: _____

c) briet: _____   d) wich: _____

e) tat: _____   f) steigen: _____

g) schlich: _____   h) schlug: _____

i) roch: _____   j) hing: _____

3 Gib die folgenden Sätze wie im Beispiel im Präteritum (Mitvergangenheit) wieder.

Beispiel: Sie laufen schnell nach Hause. → Sie liefen schnell nach Hause.

a) Wir fahren weg: _____

b) Der Hund bellt den ganzen Tag: _____

c) Er ruft schon zum dritten Mal an: _____

d) Ich kaufe eine CD: _____

Merke:

Das **Plusquamperfekt** (die „Vorvergangenheit") wird gebraucht, um im Präteritum die Vorzeitigkeit in der Vergangenheit auszudrücken, z.B.: *Nachdem wir den Schiefen Turm von Pisa besichtigt hatten, fuhren wir* (= Verbform im Präteritum) *an die Küste.*
Das Plusquamperfekt wird mit einer **Präteritumform** von *haben* oder *sein* und dem **Partizip II** (2. Mittelwort) eines Vollverbs gebildet.

1. Person Singular:	ich hatte gefragt – ich war gegangen
2. Person Singular:	du hattest gefragt – du warst gegangen
3. Person Singular:	er, sie, es hatte gefragt – er, sie, es war gegangen
1. Person Plural:	wir hatten gefragt – wir waren gegangen
2. Person Plural:	ihr hattet gefragt – ihr wart gegangen
3. Person Plural:	sie hatten gefragt – sie waren gegangen

—— *Vorvergangenheit* ———— *(Mit)vergangenheit* ———— *Zeitpunkt des Sprechens* ——→

AH S.19
Ü5
eritum und
Plusquam-
perfekt

4 Forme die Sätze aus Aufgabe 3 ins Plusquamperfekt (Vorvergangenheit) um und bilde einen passenden zweiten Satz im Präteritum (Mitvergangenheit). Beginne die Sätze mit „Nachdem". Arbeite in deinem Heft.

Beispiel: Sie liefen schnell nach Hause. → Nachdem sie schnell nach Hause gelaufen waren, schalteten sie sofort den Fernseher ein.

5 Bestimme im Bericht „Fensterputzer überlebt Sturz von Hochhaus" (S. 64) die Zeitformen aller Prädikate (das Wort „könnte" darfst du auslassen).

Was es nicht alles gibt –
Den Aufbau von Zeitungsberichten untersuchen

1 Einer der beiden folgenden Artikel ist am 14.12.2007 erschienen (in der Zeitung „Die Presse"), der andere am 29.01.2009 (in der „Kleinen Zeitung"). Lies die beiden Berichte genau und ordne ihnen die Erscheinungsdaten zu. Begründe deine Meinung in der Klasse.

Trauerschwan Petra: Aus für die Tretboot-Liebe

Mehr als eineinhalb Jahre hatte das Tier ein weißes Tretboot begleitet. Nun hat Petra einen Neuen – aus Fleisch und Blut.

Der bekannteste Schwan Deutschlands ist of-
2 fenbar neu verliebt: Trauerschwan Petra aus Münster hat ihren Partner – ein weißes Tret-
4 boot in Schwanenform – gewechselt. Ein weißer Schwan aus Fleisch und Blut ist der Neue an
6 ihrer Seite, berichtet die „Münstersche Zeitung" (Freitagsausgabe).
8   Der Münsteraner Allwetterzoo bestätigte, dass sich Petra mit einem Höckerschwan ange-
10 freundet hat. „Sie duldet ihn und lässt ihn auch aus ihrem Napf fressen", sagte eine Sprecherin.
12 Die Herkunft von Petras Neuem ist übrigens ungeklärt: „Er ist einfach hier aufgetaucht", sag-
14 te die Zoo-Sprecherin.
    Petra war wegen ihrer ungewöhnlichen Liebe
16 zu dem weißen Tretboot in Schwanengestalt im Mai 2006 zu einem Medienstar geworden. Der
18 Trauerschwan war erst vergangene Woche ge-
meinsam mit dem Tretboot vom Münsteraner

20 Aasee in den Allwetterzoo gezogen, um dort zu überwintern.

erschienen am: _____

Münsters Trauerschwan „Petra" verzweifelt gesucht

Petra wurde durch ihre Liebe zu einem Tretboot berühmt. Jetzt ist das Tier seit Tagen verschwunden.

Münsters berühmte Trauerschwänin „Petra"
2 bleibt trotz intensiver Suche weiter verschwunden. „Es rufen Leute vom Niederrhein und von
4 der Nordseeküste an", berichtete der Sprecher des Freundeskreises „Schwarze Petra", Reinhold
6 Wiens, am Donnerstag. Auch eine Spur nach Xanten, wo vor einigen Tagen ein schwarzer
8 Schwan aufgetaucht war, habe sich in Luft auf-
gelöst.
10   **Falscher Alarm.** Nach einer eingehenden Prüfung von Fotos dieses Trauerschwans kam

12 der Direktor von Münsters Allwetterzoo, Jörg Adler, zu dem Schluss: „Der Schwan in Xanten
14 ist nicht ‚Petra'." Der Vogel vom Niederrhein habe im Gegensatz zu „Petra" gesunde Füße,
16 eine andere Federzeichnung und sei kräftiger.
    Liaison mit Tretboot. Der Trauerschwan
18 war vor knapp drei Jahren in Münster gelandet. „Petra" wurde berühmt durch eine Liaison mit
20 einem riesigen weißen Tretboot in Schwanen-
gestalt: Der schwarze Schwan wich dem Tret-
22 boot lange Zeit nicht von der Seite.

Plakataktion. Auf der Suche nach dem Tier 24 will der Freundeskreis in den nächsten Tagen im Umland von Münster mit seiner Plakatakti- 26 on weitermachen. Sprecher Wiens sagte, ursprünglich habe man am Wochenende nach 28 Xanten fahren wollen, um zu prüfen, ob es sich bei dem dortigen Trauerschwan um „Petra" 30 handle. Doch dies sei nach der Prüfung überflüssig, zudem sei der Vogel seit einigen Tagen 32 verschwunden.

erschienen am: _____

2 Ordne alle Informationen aus den beiden Zeitungsberichten über Petra zeitlich. Schreibe in Stichworten.

2006: _____

_____

2007: _____

_____

2009: _____

_____

Merke:

==Zeitungsberichte== wollen den Leserinnen und Lesern einen schnellen Überblick über ein Ereignis geben. Deshalb haben Berichte einen **typischen Aufbau**:
- Überschrift: beantwortet meist die Was-Frage,
- Unterzeile und/oder erster Absatz: beantworten die Wer-, Wo- und Wann-Frage,
- Berichtmitte: beantwortet die Wie- und Warum-Frage und gegebenenfalls die Frage „Mit welchen Folgen?",
- Berichtende: liefert Zusatzinformationen, nennt die Hintergründe bzw. Details.

3 Überprüfe den Aufbau der beiden Zeitungsberichte über Petra. Schreibe dazu neben die Textabsätze die W-Fragen, die beantwortet werden, bzw. die Stichwörter „Hintergrund" oder „Zusatzinformation".

4 Schreibe aus den beiden Berichten alle Wörter und Wortgruppen heraus, die den Schwan Petra bezeichnen. Bestimme die Wortart der Wörter. Arbeite in deinem Heft.

5 Bestimmt im Bericht „Trauerschwan Petra: Aus für die Tretboot-Liebe" die Zeitformen aller Prädikate. Erklärt, warum die Formen jeweils verwendet werden.

Zeitform der Prädikate: _____

Warum die Zeitform verwendet wird:

_____

_____

Was einem selbst widerfahren kann –
Einen Bericht verfassen

Stefans mündlicher Erlebnisbericht:

„Eigentlich war unsere Fahrt super! Bis auf meinen Unfall eben …

2 Wir sind in Doppelreihe hintereinandergefahren. Karin und Gerd waren hinter mir. Neben mir war Ursula. Ich weiß nicht warum, aber plötzlich bin ich nach links aus der Reihe gefahren. Ich

4 glaube, mich hat gestört, dass ich dauernd auf den Rücken meines Vordermannes schauen musste. Ich wollte freie Sicht haben. Plötzlich ging alles so schnell. Es war wunderschön, und da ist ein

6 anderer Skifahrer gekommen, ich habe etwas gespürt, und dann bin ich verdreht auf dem Boden gelegen. Auf meinem rechten Arm! Das hat ganz schön wehgetan! Na, und dann sind schon die

8 anderen gekommen. Prof. Huber hat geschimpft, aber das war natürlich nur der erste Schreck. Dann kam eine Ärztin, die war ganz nett, und sie hat gesagt, dass ich Glück gehabt habe. Klar

10 konnte ich nicht mehr Ski fahren, aber schlecht ist es mir nicht gegangen!"

Karins Beobachtung (schriftlich ausformuliert):

„Prof. Huber hatte uns gesagt, dass wir zusammenbleiben sollten. Plötzlich merkte ich, wie Stefan

2 vor uns ausscherte. Ich rief noch: ‚Halt, du musst hier bleiben!', da war er schon fort. Ich sah, wie er nach links quer zu unserer Piste davonfuhr, als plötzlich ein einzelner Skifahrer auftauchte. Ich

4 dachte, hoffentlich geschieht nichts, doch da fuhr der andere haarscharf hinter Stefan vorbei. Wahrscheinlich hat er Stefan gerempelt, denn der hatte eine hohe Geschwindigkeit. Stefan flog in

6 hohem Bogen hin. Ich rief laut: ‚Halt, da ist etwas passiert.' "

Schriftliche Notiz der Ärztin Dr. Lagler:

12.02., 15.15 Uhr; Notrufeinsatz an Talstation der Kabinenbahn Sonnenkopfpiste; Skiunfall;

2 Handgelenksprellung bei Stefan Leitgeb: Überweisung an Hausarzt; Abrechnung mit AUVA; Kontakt und weitere Angaben: Prof. Huber, Tel. 01234/12345678

1 Lest die Texte und macht euch klar, was genau geschehen ist. Beantwortet stichwortartig die W-Fragen zu diesem Ereignis.

Wer? _____

Wo? _____

Wann? _____

Was? _____

Wie? _____

_____

Warum? _____

Welche Folgen? _____

> ### Merke:
>
> Willst du selbst einen **Bericht verfassen** , so musst du Folgendes beachten:
> - Beantworte in deinem Bericht alle **W-Fragen** (soweit das möglich ist).
> - **Beginne** deinen Bericht mit den wichtigsten Informationen.
> - Schreibe **sachlich**, d.h. verzichte auf persönliche Meinungen und Kommentare.
> - Verwende als Zeitform des Berichts das **Präteritum** (Mitvergangenheit).

2 Lest noch einmal den Erlebnisbericht von Stefan und prüft ihn mithilfe des Merkkastens. Beantwortet die folgenden Fragen zu Stefan Bericht stichwortartig.

Auf welche W-Fragen geht Stefan nicht ein?

_____

_____

Wie beginnt Stefan seinen Bericht?

_____

An welchen Stellen ist Stefan unsachlich?

_____

_____

Welche Zeitform verwendet Stefan hauptsächlich?

_____

_____

3 Sieh dir noch einmal die Überschriften der verschiedenen Berichte in diesem Kapitel an. Notiere, auf welche W-Fragen Überschriften zu Berichten oft eine Antwort geben.

4 Stefan hat sich sein rechtes Handgelenk geprellt und kann im Moment nicht schreiben. Prof. Huber bittet dich, anstelle von Stefan für die Versicherung einen sachlichen Bericht des Unfalls zu verfassen. Schreibe diesen Bericht in dein Heft. Orientiere dich an den folgenden Arbeitsschritten.

- Formuliere zunächst eine Überschrift für deinen Bericht.
- Schreibe einen Einleitungssatz, der die W-Fragen „Wer?", „Wo?", „Wann?" und „Was?" beantwortet.
- Schildere nun den Unfallhergang genau und Schritt für Schritt. Du musst dabei die Fragen „Wie?" und „Warum?" beantworten.
- Schreibe abschließend einen Satz, in dem du die unmittelbaren Folgen des Unfalls benennst.

Beachte, dass du in deinem ganzen Text aus der Sicht von Stefan schreiben sollst („ich" = Stefan). Verwende als Zeitform des Berichts das Präteritum.

5 Tausche deinen Bericht mit deiner Sitznachbarin bzw. deinem Sitznachbarn. Lest eure Berichte gegenseitig und prüft in mehreren Lesedurchgängen gesondert:

- Wurden alle W-Fragen beantwortet?
- Wurde die richtige Reihenfolge (vgl. Aufgabe 4) eingehalten?
- Sind die Perspektive („ich" = Stefan) und die Zeitform (Präteritum) richtig?
- Ist der Bericht sachlich und enthält keine Wertungen?
- Enthält der Bericht Rechtschreib- oder Grammatikfehler?

Weise deine Sitznachbarin bzw. deinen Sitznachbarn auf mögliche Fehler hin und mache ihr bzw. ihm konkrete Verbesserungsvorschläge.

6 Prüfe die Hinweise, die du von deiner Sitznachbarin bzw. deinem Sitznachbarn erhalten hast, und überarbeite deinen Bericht entsprechend. Schreibe ihn in der korrigierten Fassung in dein Heft.

7 Sieh dir das Formblatt auf der gegenüberliegenden Seite genau an. Beschreibe deiner Sitznachbarin bzw. deinem Sitznachbarn mündlich, wie es aufgebaut ist.

Formular drucken | Lokales Speichern | Formular zurücksetzen

Unfallmeldung für Schüler/innen

gemäß § 363 Abs. 4 des Allgemeinen Sozialversicherungsgesetzes (ASVG)

AUVA

WICHTIG: Bei jeder körperlichen Schädigung besteht gesetzliche Meldepflicht innerhalb von fünf Tagen. Unfälle mit Zahnschäden oder Beschädigung von prothetischen Hilfsmitteln sind jedenfalls zu melden.

!

1. Unfallzeitpunkt — Datum / Uhrzeit
☐ Mo ☐ Di ☒ Mi ☐ Do ☐ Fr ☐ Sa ☐ So — 14.6.23 — 11:00 Uhr

DATEN DER SCHULE

2. Schule (Anschrift, PLZ/Ort)

Schulkennzahl

3. Klasse: 6 Klasse

4. Für Rückfragen (Ansprechperson/Tel.)

5. Schultyp
☐ VS ☐ BMS ☐ Sonderschule
☒ HS ☐ BHS ☐ polytechn. Schule
☐ AHS ☐ BAKI ☐ andere:

6. Privatschule: ☒ ja ☐ nein

DATEN DES/DER VERUNFALLTEN SCHÜLERS/SCHÜLERIN

7. FAMILIENNAME
Vorname: Pauline
Wohnanschrift: Löwengasse 29/31 1030 Wien

8. Vers.-Nr. Geburtsdatum (Tag Monat Jahr): 14 4 2010

9. Geschlecht
☐ männlich
☒ weiblich

10. Name und Anschrift des/der gesetzlichen Vertreters/Vertreterin
Pauline Felgenhauer Frau Hofmacher

11. Staatsbürgerschaft
☒ Österreich ☐ andere:

12. In der gesetzl. Krankenversicherung mitversichert?
☒ ja ☐ nein ☐ konnte nicht erhoben werden

13. (geplante) Anwesenheitszeit des/der Verletzten am Unfalltag Beginn: 8:00 Uhr Ende: 12:00 Uhr

14. Dauer der Unterrichtsstunde, in der der Unfall passierte Beginn: 8:00 Uhr Ende: 14:00 Uhr

ANGABEN ZUM UNFALLGESCHEHEN UND ZU DEN UNFALLFOLGEN

15. Unterrichtsart (bitte auch Angabe: Welche?)
☒ Pflichtgegenstand ☐ Schulveranstaltung
☐ Freigegenstand ☐ schulbezogene Veranstaltung
☐ unverbindliche Übung ☐ Nachmittagsbetreuung
☐ Pause ☐ Sonstige
Welche: Deutsch, English, Mathematik

16. Unfallstelle (bitte genau angeben, z.B. welcher Raum, wenn nicht ident mit der o. a. Anschrift, auch die Adresse)
Turnsaal, Klasse

17. Sportunfall ☒ ja ☐ nein

18. Unfallhergang (bitte unbedingt Tätigkeit, verletzungsbewirkenden Gegenstand/Arbeitsstoff und Unfallursache angeben)
Beim Sport gelaufen und hingefallen

Bericht über das Unfallgeschehen durch ☐ Verletzte/n selbst ☐ Mitschüler/in ☒ Lehrer/in ☐ andere Person

19. Bei Wegunfällen
☐ zur Schule ☒ von der Schule
☐ sonstiger Weg
Ausgangsort:
Zielort:
Zweck des Weges:

20. Bitte um Angabe bei Verkehrsunfällen:
Wie bzw. womit war der/die Verletzte unterwegs?
☒ Fußgänger/in ☐ Fahrrad
☐ PKW ☐ Skateboard
☐ öffentl. Verkehrsmittel ☐ Inline-Skates
☐ Moped/Motorrad ☐ anderes

21. Rettungseinsatz? ☒ ja ☐ nein ☐ nicht bekannt

22. Unfall mit tödlichem Ausgang? ☐ ja ☒ nein

23. Erhebung durch Polizei? ☐ ja, Dienststelle: ☐ nein ☐ nicht bekannt

24. Verletzter Körperteil (Körperseite?)
Rechter Arm Gebrochen

25. Verletzungsart
Arm Gebrochen

21. Rettungseinsatz? ☒ ja ☐ nein ☐ nicht bekannt

22. Unfall mit tödlichem Ausgang? ☐ ja ☒ nein

23. Erhebung durch Polizei? Nein ☐ ja, Dienststelle: ☒ nein ☐ nicht bekannt

24. Verletzter Körperteil (Körperseite?)
Rechter Arm

25. Verletzungsart
Arm Gebrochen

26. Behandlung im Krankenhaus ☒ ja ☐ nein
Wann und welches? ☐ ambulant ☐ stationär
Am 14.6.23 Um 12:15 Uhr

27. Ärztl. Behandlung (außerhalb eines Krankenhauses)
☐ ja (Name, Anschrift u. Datum angeben) ☒ nein

28. Ort, Datum der Ausfertigung
Dienstsiegel und Unterschrift des Schulleiters/der Schulleiterin
Pauline Felgenhauer

U.-Nr. Ursula Ried

SCH
ZVA-003SCH-01/2009e
DVR: 0024163

Unterstützen Sie uns bei der Unfallverhütung, um möglichst Unfälle zu vermeiden.
Zur Vorbeugung von Unfällen bietet Ihnen das Expertenteam der AUVA gerne Rat und Hilfe an.
Wenden Sie sich bitte mit Ihren Fragen und Wünschen an die für Ihren Bereich zuständige Landesstelle!

AH S.18 Ü3
Bericht für Unfallanzeige

8 Drucke das Formblatt aus (www.auva.at/cdscontent/load?contentid = 10008.544344 & version = 1459928257) und fülle es so aus, als ob du selbst Stefans Unfall gehabt hättest. Angaben, die dir fehlen, kannst du sinngemäß erfinden.

Merke:

Für den **Unfallbericht an die Versicherung** gibt es ein eigenes Formblatt, weil dieser Bericht strengen Regeln unterliegt (z. B. für eine Gerichtsverhandlung).

Verrückte Geschichten aus aller Welt–
s-Laute richtig schreiben

1 Lies die folgende Kurzmeldung. Äußere gegenüber deiner Sitznachbarin bzw. deinem Sitznachbarn eine Vermutung dazu, was dem Mann durch den Kopf gegangen sein könnte, sodass er schließlich sein Auto vergessen hat.

Autofahrer vergisst Wagen beim Tanken

Offensichtlich ein klarer Fall von geistiger Abwesenheit[1]: Ein Autofahrer aus Remscheid hat seinen Wagen an der Tankstelle vergessen. Der 63-Jährige bezahlte die Spritrechnung, um sich daraufhin zielstrebig zu Fuß zu seiner Wohnung in der Nachbarschaft aufzumachen.

2 Ist dir auch schon einmal etwas Kurioses passiert? Berichte davon in der Klasse.

3 Lest euch die folgenden Wortpaare gegenseitig vor. Achtet darauf, dass ihr das „s", das markiert ist, weich (stimmhaft) aussprecht.

fließen – Fliesen   reißen – reisen   Wissen – Wiesen

4 In dem kurzen Text „Autofahrer vergisst Wagen beim Tanken" findest du für jede der drei folgenden „s"-Schreibungen ein weiteres Beispiel (daneben kann „s" natürlich auch noch in anderen Fällen geschrieben werden, u.a. wenn im Wortstamm wie bei „geistig" ein Konsonant folgt). Trage die Beispiele in die Tabelle in.

s-Schreibung eines stimmhaften „s" nach langem Vokal oder Diphthong (Zwielaut)	ß-Schreibung eines stimmlosen „s" nach langem Vokal oder Diphthong (Zwielaut)	ss-Schreibung eines stimmlosen „s" nach kurzem Vokal
Fliesen, Wiesen, reisen,	fließen, reißen,	Wissen,

5 Findet für jede „s"-Schreibung zehn weitere Beispiele und schreibt sie in die Tabelle.

---

[1] d.h. er war mit seinen Gedanken nicht bei der Sache

6 Im Auslaut der Silbe (wie in „Maßanzug") oder des Wortes (wie in „Maus") ist der Unterschied zwischen stimmlos und stimmhaft nicht hörbar. Verlängere die folgenden Wörter so, dass der Unterschied hörbar wird.

AH S.74
Ü6
ß vs. ss

a) er fließt → <u>sie fließen</u>　　b) sie liest → _____　　c) Maus → _____

d) Beißkorb → _____　　e) Maßanzug → _____　　f) Gießkanne → _____

7 Setze in den folgenden Sätzen die fehlenden Wörter richtig ein.

AH S.74
Ü8
s vs. ß

Rasen – lasen – Blasen – Masse – blassen – Rassen – lassen – Maße

Sie mussten den _____ im Frühling jede Woche mähen.

Sie _____ in der Schule jetzt ein spannendes Buch.

Um bei Hunden gute Charaktereigenschaften zu bekommen, hat man verschiedene

_____ miteinander gekreuzt.

Die Schülerinnen und Schüler _____ sich die Aufgabe noch einmal erklären.

Sie waren so lange gewandert, dass sie jetzt _____ an den Füßen hatten.

Sie nahmen die genauen _____ ihrer neuen Wohnung.

Nach seiner Krankheit hatte er noch einen _____ Gesichtsausdruck.

Wenn viele Menschen zusammenkommen, spricht man von _____.

8 Ergänze in der Kurzmeldung die fehlenden s-Laute in der richtigen Schreibung.

H S.72 ff.
-Schreibung

„Im Einrichtung_____hau_____ zu Hau_____e"

Zwei Jugendliche lie_____en sich am Abend in einem Möbelhau_____ einschlie_____en. Sie

probierten unterschiedliche Sofa_____, Betten und Se_____el aus. Die Burschen verbrachten

ihre Zeit mit Ki_____enschlachten, Fern_____ehen und Umstellen der Acce_____oires

(= Zubehör, dekorative Kleinigkeiten).

In der Lampenabteilung zauberten sie mithilfe sämtlicher Lu_____ter eine Fe_____tbeleuchtung.

Sie hatten auch Getränke und Spei_____en mitgebracht und beschlo_____en, Eier für das

späte Abende_____en zu kochen. Schlie_____lich wollten die beiden Buben in einer

Au_____stellungsküche jau_____nen. Doch der Brandmelder schlug aufgrund des

Wa_____erdampfes Alarm, soda_____ kurz später die Feuerwehr anbrau_____te und den

selt_____amen Au_____flug der Jugendlichen beendete. Die Eltern hatten bereit_____ eine

Vermi_____tenanzeige gemacht.

Die Polizei lä_____t dies aber nicht als lu_____tigen Lau_____bubenstreich durchgehen, den

beiden droht vielmehr eine Anklage wegen Hau_____friedensbruchs.

9 Findet zu den folgenden Wörtern möglichst viele Mitglieder der Wortfamilie.

lassen: verlassen, unerlässlich, Zulassung, _____

_____

Last: _____

_____

vergessen: _____

_____

gewiss: _____

_____

Lust: _____

_____

das oder dass?

AH S. 75 f.
Schreibung
das/dass

10 Schreibe die beiden folgenden Sätze ab und ersetze in den Sätzen das Wort „das" richtig entweder durch „dieses", „jenes" oder „welches".

Er hat *dieses* das Auto, das er betankt hatte, einfach vergessen.

Er hat dieses Auto, welches er betankt hatte, einfach vergessen.

Das Kind, das der Mann auf dem Parkplatz des Supermarkts zurückgelassen hatte, wurde von Passanten bemerkt.

Dieses Kind, welches der Mann auf dem Parkplatz des Supermarkts zurückgelassen hatte, wurde von Passanten bemerkt.

11 Ergänzt die Cluster um weitere typische Einleitungen für „dass"-Sätze. Bildet anschließend mündlich für jede Einleitung einen Beispielsatz.

„Es ist klar, dass …"

dass

„Ich glaube, dass …"

AH S.76
Ü3
das vs. dass

12 Setze richtig *das* oder *dass* ein.

Affen-Selfie: Tierschützer von Peta wollen Copyright für Makaken gerichtlich erstreiten

2011 fertigte ein Makake Fotos von sich selbst. Die Tierschutzorganisation Peta klagt nun gegen den

Fotografen David Slater, der ___das___ Copyright für die Fotos beansprucht.

Der Streit um Copyrights für die Fotos, die ein Affe von sich selbst gemacht hat, geht nun vor Gericht. Die Tierschutzorganisation Peta klagt vor dem Bezirksgericht in San Francisco gegen den Fotografen David Slater, der ___das___ Copyright für Bilder beansprucht, die 2011 ein Naruto genannter Makake selbst von sich geschossen hat. Mit der Klage wollen die Tierschützer erreichen, ___dass___ Naruto zum „Autor" und Eigentümer der Fotos erklärt wird.

Voriges Jahr brandete der Streit über die Affen-Selfies auf, als Wikimedia sich weigerte, einer Aufforderung des britischen Fotografen David Slater nachzukommen, Fotos des Makaken aus ihrer Fotosammlung zu entfernen. Slater meint, ___dass___ er ___das___ Urheberrecht an diesen Bildern habe, während Wikimedia ___das___ bestreitet. Sie bezeichnet die Bilder als lizenzfrei. Später stellte sich ___das___ US Copyright Office auf die Seite von Wikimedia und konstatierte, ___dass___ es keine Werke registrieren kann, die von der Natur, von Tieren oder Pflanzen hergestellt wurden. In Großbritannien dagegen wurde ___das___ Urheberrecht Slaters anerkannt.

Für Peta ist die Klage wichtig, denn im Erfolgsfall wäre es ___das___ erste Mal, ___dass___ ein nichtmenschliches Tier – wie es die Tierschützer nennen – selbst zu einem Besitzer erklärt würde – und nicht zu einem Gegenstand.

Teste dich selbst

Einen Python von mehr als sieben Meter Länge haben Dorfbewohner in Malaysia gefangen. Die Schlange hatte in den vergangenen drei Monaten elf Hunde verspeist, die eine Obstplantage bewachen sollten. Deren Besitzer hatte vermutet, Raubtiere hätten seine Hunde gefressen. Jetzt fand er in einem Sumpfgelände in der Nähe seines Anwesens den Python, berichtete die in Kuala Lumpur erscheinende „New Straits Times" am Freitag. […]

1 Untersuche den Kurzbericht mit Hilfe der folgenden W-Fragen. Schreibe stichwortartig auf, welche Antworten der Bericht auf die W-Fragen gibt.

Was? _____

Wo? _____

Wer? _____

Warum? _____

2 Der Bericht über den Fang des Pythons ist gekürzt. Welche weiteren Angaben könnte der Bericht noch enthalten? Berücksichtige in deiner Antwort, wie Berichte normalerweise aufgebaut sind.

_____

_____

_____

3 Bestimme das Tempus (Zeitform) der folgenden Verbformen.

haben gefangen: _____   fand: _____

hatte verspeist: _____   berichtete: _____

4 Verfasse einen Kurzbericht über das rätselhafte Verschwinden der elf Hunde, wie er vor der Entdeckung des Pythons hätte in der Zeitung stehen können. Angaben, die dir fehlen, kannst du erfinden.

5 Ergänze in der folgenden Kurzmeldung die fehlenden s-Laute in der richtigen Schreibung.

Vater lä_____t Kind nach dem Einkaufen zurück

In Stuttgart i_____t ein Vater nochmal mit dem Schrecken davongekommen. Vor lauter Einkaufsstre_____ verga_____ er seinen einjährigen Sohn auf dem Parkplatz de_____ Supermarkts. Da_____ Kind lag in seinem Kindersitz und wurde von Pa_____anten bemerkt, die daraufhin die Polizei riefen. Er_____t zu Hau_____e bemerkte der Vater, da_____ er nur die Einkäufe, nicht aber seinen Sohn mitgenommen hatte.

Es lebe der Sport! –
Beschreiben und informieren

Ob man Sport aktiv betreibt oder anderen lieber dabei zusieht – für Sport begeistern sich fast alle. Aber selbst wenn man sich nicht so für Sport erwärmen kann, Interessantes rund um den Sport gibt es allemal zu erfahren ...

Bastelt mithilfe des Bildes ein eigenes Memory-Spiel:

- Schreibt alle abgebildeten Sportarten auf jeweils zwei kleine Kärtchen (viertel Postkartengröße). Kontrolliert sicherheitshalber die Schreibungen vorher im Wörterbuch.
- Dreht die Kärtchen um, mischt sie gut und schon könnt ihr mit dem Sitznachbarn oder der Sitznachbarin spielen.
- Tipp: Die Kärtchen könnt ihr anschließend immer wieder einmal durchsehen. So lange, bis ihr sicher wisst, wie man „Eishockey" oder „Inlineskating" richtig schreibt.

Sprachbetrachtung

- Aktiv und Passiv unterscheiden und richtig verwenden
- Attribute erkennen und verwenden

Rechtschreibung

- schwierige Wörter richtig schreiben und im Wörterbuch nachschlagen

„Ich sage nur: No sports!" – Informationen vergleichen und ordnen

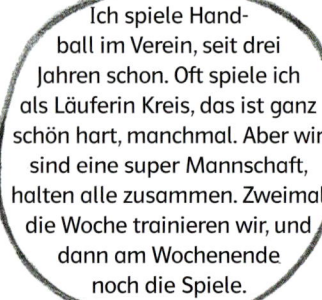

Ich spiele Handball im Verein, seit drei Jahren schon. Oft spiele ich als Läuferin Kreis, das ist ganz schön hart, manchmal. Aber wir sind eine super Mannschaft, halten alle zusammen. Zweimal die Woche trainieren wir, und dann am Wochenende noch die Spiele.

Ich sage nur: No sports! Und schon gar nicht im Fernsehen. Ich versteh eh nicht, wieso irgendwelche Trotteln Millionen kassieren, bloß weil sie auf zwei Bretterln einen Hang runterrutschen oder halbwegs gerade gegen einen Ball treten können.

Ich bin Rapid-Fan, schon immer. Schon als ich noch klein war, hat mich mein Papa immer mal wieder mit ins Stadion mitgenommen. War immer eine fantastische Stimmung. Und seit ich sechs bin spiele ich selbst aktiv Fußball. Nicht nur im Verein, auch mit den Kindern aus der Nachbarschaft auf dem Sandplatz hinter der Sporthalle. Ich bin richtig gut! Hoffentlich kann ich irgendwann mal für Rapid spielen.

Jannis

Valentina

Also ich schau mir gern Skirennen im Fernsehen an, am liebsten Abfahrtsrennen, die Abfahrt auf der Streif beim Hahnenkammrennen, da freu' ich mich schon immer drauf.

Jakob

Mein Lieblingssport ist Badminton. Das ist so schnell und dynamisch, da schaue ich schon gerne zu. Ich selbst bin aber total unsportlich. Das macht mir aber nichts aus, ich spiele dafür sehr gut Geige. Und Musik hören ja auch viele Menschen gern, auch wenn sie vielleicht kein Instrument spielen können und vielleicht sogar unmusikalisch sind. Und so ist das bei mir mit Sport.

Fabian

Sport, also Leistungssport, ist fad. Mein Bruder zum Beispiel schwimmt. Dreimal die Woche schwimmt der so vier, fünf Kilometer. Immer die Bahn rauf und wieder runter, rauf, runter, wie gesagt, nur fad. Aber Fahrradfahren oder am Donauufer ein bisschen skaten, das mach ich auch gerne.

Juliana

Sophia

---

 1 Lies die Aussagen der Schülerinnen und Schüler auf dieser Seite. Erkläre deiner Sitznachbarin bzw. deinem Sitznachbarn mündlich, welche Aussage deiner Einstellung zum Sport am nächsten kommt und warum.

2 Leite aus den Aussagen die Frage ab, die den Schülerinnen und Schülern wahrscheinlich gestellt worden ist. Formuliere die Frage schriftlich.

_____

_____

3 Vergleicht die Antworten der Schülerinnen und Schüler und ordnet sie schriftlich in Gruppen an, indem ihr die Namen notiert. Beachtet dabei, dass alle Aussagen zwar den Sport zum Thema haben, aber teilweise unterschiedliche Gesichtspunkte des Themas betonen. Vergleicht und besprecht eure Anordnungen in der Klasse.

4 Führt in der Klasse eine kleine anonyme Umfrage durch: Alle beantworten auf einem Zettel anonym die beiden folgenden Fragen und geben ihr Geschlecht an.

Umfrage zum Thema „Sport"

Geschlecht: weiblich ◯   männlich ◯

1. Schreibe bis zu drei Sportarten auf, die du am häufigsten aktiv betreibst (außer Schulsport).

_____

2. Schreibe die drei Sportarten auf, für die du dich am meisten interessierst und die du regelmäßig verfolgst (im Fernsehen, in der Zeitung, im Internet, …).

_____

---

5 Wertet die Umfrage aus:

- Schreibt zunächst auf, welche Sportarten bei Frage 1 genannt wurden und wie oft. Unterscheidet dabei Burschen und Mädchen.
- Notiert in gleicher Weise die Antworten zu Frage 2.

6 Veranschauliche das Umfrageergebnis zu einer der beiden Fragen als Balkendiagramm. Zeichne für jede genannte Sportart zwei Balken (einen für die Antworten der Burschen und einen für die der Mädchen), jede Nennung verlängert den Balken um einen halben Zentimeter. Wenn also zehn Burschen und 13 Mädchen bei Frage 1 „Fahrradfahren" genannt haben, wird der Balken der Burschen 5 Zentimeter, der Balken der Mädchen 6,5 Zentimeter lang.

Tipp

Wenn du **Informationen** sammeln oder für andere **übersichtlich darstellen** willst, kannst du die verschiedenen Angaben in **Tabellen**, **Schaubildern** oder **Diagrammen** veranschaulichen.

Freude an der Bewegung –
Diagramme und Tabellen verstehen

1 Lies das folgende Diagramm und beschreibe mündlich in der Klasse seinen Aufbau. Orientiere dich dabei an den folgenden Leitfragen:

- Worum geht es in dem Diagramm, was ist das Thema?
- Was ist dargestellt? Worauf beziehen sich die Zahlenangaben?
- Was sind die wichtigsten Einzelaussagen?

Die populärsten Sportarten in Österreich

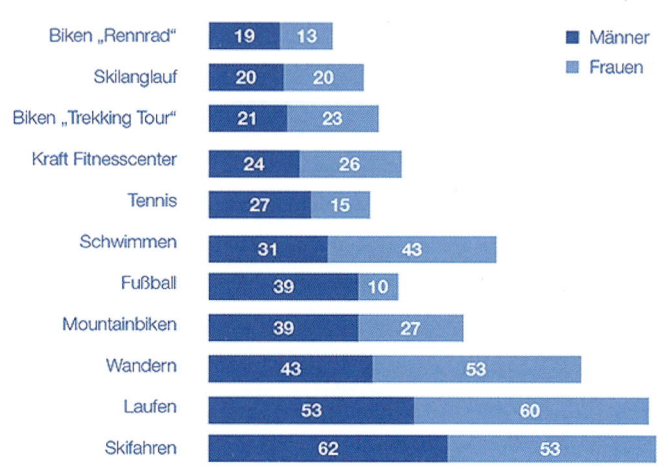

	Männer	Frauen
Biken „Rennrad"	19	13
Skilanglauf	20	20
Biken „Trekking Tour"	21	23
Kraft Fitnesscenter	24	26
Tennis	27	15
Schwimmen	31	43
Fußball	39	10
Mountainbiken	39	27
Wandern	43	53
Laufen	53	60
Skifahren	62	53

Merke:

Auch **Schaubilder, Tabellen, Grafiken** usw. kann man **„lesen"** . Dazu macht man sich am besten zunächst klar, worum es in einer Abbildung geht (Thema). Anschließend wertet man die verschiedenen Informationen im Einzelnen aus.

http://www.alle-achtung.at/index.php?id

2 Leite aus dem Diagramm „Die populärsten Sportarten in Österreich" ab, welche Frage den interviewten Männern und Frauen gestellt worden ist. Schreibe die Frage auf.

Sportausübung nach Sportarten, Angabe in %

Rang	Sportart	%	Männer	Frauen
1	Radfahren	53	55	51
2	Schwimmen	45	43	47
3	Wandern	34	31	37
4	Skifahren/Langlauf	28	33	22
5	Laufen/Joggen	26	26	27
6	Inline-Skaten	12	14	10
7	Mountain-Biking	8	12	3
8	Fußball	8	14	2

3 Welche Aussagen über die Informationen der Tabelle „Sportausübung nach Sportart" treffen zu? Kreuze die richtigen Antworten an.

		richtig	falsch
a)	Mehr als die Hälfte der Männer und Frauen in Österreich fahren zur sportlichen Betätigung Rad.		
b)	Schwimmen ist bei allen Männern und Frauen in Österreich der zweitbeliebteste Sport, der aktiv betrieben wird.		
c)	In Österreich spielen mehr Männer aktiv Fußball als Frauen joggen.		
d)	Rund ein Drittel der Männer und Frauen in Österreich wandern zur sportlichen Betätigung.		

4 Lies die folgende Tabelle und formuliere eine passende Überschrift für sie.

_____

	1	2	3	4	5	Mw.
Freude an Bewegung	49	35	9	2	6	1,62
Um gesund zu bleiben	49	34	10	1	5	1,62
Entspannung, Stressabbau	39	39	12	3	7	1,78
Naturerlebnis	33	37	18	6	6	1,97
Erhaltung der Leistungsfähigkeit	27	40	20	6	8	2,04
Um einen schönen Körper zu haben	21	30	31	8	9	2,29
Bekanntschaften machen, Kontakte pflegen	10	29	27	25	9	2,71

(4-teilige Skala: 1 = trifft genau zu, 2 = trifft eher zu, 3 = trifft weniger zu, 4 = trifft nicht zu; 5 = keine Beurteilung, Mw. = Mittelwert), Angabe in % (n = 669)

5 Formuliert wie in Aufgabe 3 vier Aussagen zur Tabelle oben. Achtet darauf, dass mindestens eine Aussage falsch ist. Tauscht eure Aussagen mit einer anderen Gruppe und kreuzt dann an, welche Aussagen richtig und falsch sind. Besprecht anschließend die Ergebnisse.

		richtig	falsch
a)			
b)			
c)			
d)			

Auf der Piste –
Personen beschreiben

1 Beschreibt mündlich in der Klasse, wie sich Bekleidung und Ausrüstung der Skifahrer und Skifahrerinnen verändert haben. Nutzt dazu unter anderem die folgenden Wörter.

Kleidung: Kniebundhose – Kniestrümpfe – Krawatte – Kragen – Helm – Skibrille

Skistock: Scheibe – Schlaufe – Metall – Skier: Bindung

2 Vergleicht die unterschiedlichen Formulierungen in den Satzpaaren A–C. Haltet jeweils in Stichworten fest, welche Formulierung genauer, einfacher oder sachlicher ist.

Satzpaar A

| Skifahrer um das Jahr 1900 hatten noch keine Skistöcke wie wir heute, sondern nur eine Stange. | Skifahrer um das Jahr 1900 hatten noch keine zwei Skistöcke wie wir heute, sondern nur eine etwa körperlange Holzstange ohne Schlaufe und Scheibe. |

_____

_____

Satzpaar B

| Damals trugen Skifahrer lustige Hosen und lange Strümpfe. | Als Beinbekleidung wurden damals wollene Kniebundhosen und Kniestrümpfe getragen. |

_____

_____

Satzpaar C

| Die Jacken waren früher so geschnitten, dass man die Krawatte sehen konnte. | Die Jacken heute haben einen großen Kragen, der den Hals schützt, und sind dicker und auch etwas weiter geschnitten, sodass sie lockerer sitzen, allerdings enden sie oberhalb der Hüfte, während die Jacken früher über die Hüften hinausgingen und auch den Becken-bereich schützten. |

_____

_____

3 Vergleicht noch einmal das Satzpaar C. Schreibt stichwortartig auf, in welcher Zeitform bzw. in welchen Zeitformen die Sätze stehen und warum diese Zeitformen gewählt wurden.

Satz 1: Zeitform: _____ – Begründung: _____

Satz 2: Zeitformen: _____ – Begründung: _____

 Merke:

Beim **Beschreiben** erzählt man keine Geschichte, sondern man wählt eine **informierende, sachliche** Darstellungsweise, d.h. man
• benutzt treffende und **genaue Ausdrücke** (auch Fachwörter),
• schreibt im **Präsens** (Gegenwart), wenn die Aussage heute noch gültig ist,
• **vermeidet Wertungen** und Kommentare,
• verwendet einen **einfachen Satzbau**.
Außerdem sollte man bei der Beschreibung eine nachvollziehbare **Reihenfolge** einhalten, z. B. indem man jemanden oder etwas von oben nach unten beschreibt.

AII S. 21
Ü1
Personen-
beschreibung

4 Im folgenden Text wird das Gesicht des Skifahrers Marcel Hirscher beschrieben. Ergänze die fehlenden Adjektive (Eigenschaftswörter). Du kannst die Übersicht auf Seite 88 (Aufgabe 5) benutzen.

Marcel Hirscher trägt _____,
kurze und glatte Haare, die teilweise etwas
abstehen und die Ohren _____
lassen; er trägt kurze Koteletten. Hirschers
Gesichtsform ist oval und kantig. Er besitzt
eine _____ Stirn und
geschwungene Augenbrauen in der Farbe der
Haare. Seine Augen sind _____
und vermitteln einen aufgeweckten, listigen
Eindruck. Hirscher hat eine lange, _____
Nase, eine dünne, geschwungene Oberlippe
und eine _____ Unterlippe.
Sein Kinn ist _____,
markant und leicht gekerbt. Seine Haut ist hell.
Das Bild zeigt ihn mit einem Dreitagebart.

Marcel Hirscher (* 1989 in Annaberg/Bezirk Hallein) gehört zu den bekanntesten und besten Skifahrern Österreichs: Hirscher ist mehrfacher Weltmeister und gewann – als erster alpiner Skirennläufer überhaupt – den Gesamtweltcup fünfmal in Folge (von 2012 bis 2016).

AH S. 22
Ü4
Adjektive für Personen-beschreibung

5 Ergänzt die Tabelle um weitere mögliche Adjektive bzw. Ausdrücke. Nutzt dazu auch das Bild von Anna Veith.

Beschreibung von	Adjektive
Kopfform	oval, kantig,
Haare/Frisur	kurz, glatt,
Stirn	glatt, hoch,
Augen/Augenbrauen	grün, mandelförmig,
Wangen	schlaff, mit Grübchen,
Nase	gerade, schmal,
Mund/Lippen	dünn, voll,
Kinn	breit, mit einer Kerbe,

Anna Veith (* 1989 in Hallein) gehört zu den bekanntesten und besten Skifahrerinnen Österreichs: Sie war Gesamtweltcup-Siegerin, ist dreifache Weltmeisterin und Olympiasiegerin.

6 Auch wenn meist das Gesicht einer Person am genauesten beschrieben wird, ist es oft auch nötig, auf weitere Merkmale einzugehen. Ergänzt die Tabelle um weitere mögliche Adjektive bzw. Ausdrücke.

Körperbau/Figur	groß, schlank, sportlich,
Haltung/Gang	steif, gebeugt, federnd,
Kleidung (Wirkung)	elegant, schlampig, lässig,

AH S. 21 f.
Personen
beschreiben

 Merke:

Eine **Person beschreibt** man in der Regel **für einen bestimmten Adressaten und Zweck** (z. B. Vermisstenanzeige für die Polizei, Fahndung …). Die Beschreibung dient oft dem Erkennen oder Wiedererkennen eines Menschen. Deshalb muss man die Person genau mit ihren unverwechselbaren Merkmalen beschreiben.
Je nach Zweck und Adressat beschreibt man z. B.:

- die **allgemeine Erscheinung** und deren Auffälligkeiten
- das **Geschlecht**, das **Alter** und die **Größe**
- **Einzelheiten**, wobei man in der Regel von oben nach unten vorgeht, z. B. Kopfform, Haare, Augen, Mund usw.

Beim **Verfassen einer Personenbeschreibung** versucht man,
- die einzelnen Merkmale nicht nur aufzulisten, sondern in Beziehung zu setzen, so dass für den Leser ein **lebendiges Bild** entsteht
- überwiegend **Hauptsätze** zu benutzen
- treffende und anschauliche **Adjektive** zu finden
- Vergleiche oder **bildhafte Ausdrücke** zu verwenden (z. B. „ein etwas watschelnder Gang wie bei einer Ente")
- im **Präsens** zu schreiben.

7 Beschreibe schriftlich **entweder** das Gesicht von Anna Veith **oder** das Gesicht eines Sportlers bzw. einer Sportlerin deiner Wahl.

_____

_____

_____

_____

_____

_____

_____

_____

_____

_____

Ein karierter Skistock mit Rädern –
Attribute unterscheiden und verwenden

1 Bildet mit Hilfe der drei Wortwolken zehn möglichst lustige (unsinnige) Ausdrücke, z.B. *ein karierter Skistock mit Rädern.*

leicht	Skistock	mit Rädern
schnell	Taucherbrille	ihrer Urgroßmutter
hölzern	Fußball	eines Angebers
weich	Tischtennisschläger	aus Kaugummi
dick	Reckstange	mit antiken Mustern
breit	Rennrad	mit der Zukunftsformel
fad	Diskus	aus unbekanntem Material
kariert	Schwimmflosse	für besonders Unsportliche
neumodisch	Wanderstiefel	aus Zahnseide
frisch	Speer	für Neugeborene

 Merke:

Attribute (Beifügungen) können aus einem oder mehreren Wörtern bestehen und liefern eine Zusatzinformation zu einem Nomen (Namenwort), z.B. *ein **karierter** Skistock, ein Skistock **mit Rädern**.*
Attribute sind **keine Satzglieder**. Du kannst Attribute daran erkennen und von den Satzgliedern unterscheiden, dass sie **nicht frei im Satz verschoben werden können**, sondern nur zusammen mit ihrem Bezugswort.

2 Bildet zu einem eurer Ausdrücke aus Aufgabe 1 einen vollständigen Satz, z.B. *Sie kaufte sich gestern zum Spaß einen karierten Skistock mit Rädern.*

3 Führt für euren Satz aus Aufgabe 2 die Verschiebeprobe durch.

- Schreibt zwei Varianten auf, z. B. *Zum Spaß kaufte sie sich gestern einen karierten Skistock mit Rädern.*
- Unterstreicht anschließend in beiden Varianten das Bezugswort und unterkringelt die beiden Attribute dazu, z. B. *Gestern kaufte sie sich zum Spaß einen karierten Skistock mit Rädern.*

Variante 1:

_____

_____

Variante 2:

_____

_____

4 Unterstreiche in allen deinen Ausdrücken aus Aufgabe 1 Varianten das Bezugswort und unterkringle jeweils die beiden Attribute dazu.

5 Bestimme in dem Satz (Aufgaben 2 und 3) das Subjekt (Satzgegenstand), Prädikat (Satzaussage) und das bzw. die Objekte (Satzergänzungen im 3. und 4. Fall).

6 Unterstreiche in den folgenden Ausdrücken das Bezugswort und unterkringle jeweils die Attribute dazu.

die begeisterten Sportler – eine bekannte Sportlerin aus Österreich – der fünffache Weltmeister

Marcel Hirscher – die Olympiasiegerin aus Hallein – ein neues Fahrrad aus Aluminium –

ein teures Geschenk meines Onkels – ein großer sportlicher Erfolg

> **Merke:**
>
> **Attribute** (Beifügungen) lassen sich meist in bedeutungsgleiche **Attributsätze** (Beifügesätze) umwandeln, z. B.
> - *ein karierter Skistock → ein Skistock, der kariert ist*, … (= Attributsatz)
> - *ein Skistock mit Rädern → ein Skistock, der Räder hat*, … (= Attributsatz)

7 Forme die markierten Attribute in bedeutungsgleiche Attributsätze um.

a) Er bekam ein Fahrrad <u>mit Alufelgen</u> zum Geburtstag. _____

_____

b) Sie meldeten sich in der <u>neuen</u> Tanzsportgruppe an. _____

_____

c) Sie war mit Abstand die schnellste Schwimmerin <u>des Vereins</u>. _____

_____

Jetzt wird gespielt –
Einen Vorgang beschreiben

AH S. 23 f.
Vorgangs-
beschreibung

1 Sammelt in der Klasse einige Bewegungsspiele. Schreibt die Namen der Spiele an die Tafel und erklärt euch gegenseitig mündlich, wie sie gespielt werden.

2 Ein beliebtes Bewegungsspiel ist Völkerball. Eine Spielanleitung findest du im Folgenden. Allerdings ist die Beschreibung durcheinander geraten. Diskutiert, in welcher Reihenfolge man die Texte am besten anordnet, damit sich eine sinnvolle Reihenfolge ergibt. Notiert dann die Reihenfolge mithilfe der Buchstaben A bis E.

A – Übersicht Völkerball

Art:	Ballspiel
Spieleranzahl:	10–20
Ort:	auf allen Flächen
Material:	Ball, Grenzmarkierungen
Dauer:	beliebig
Vorbereitung:	keine

B – Völkerball ist ein bekanntes Ballspiel (Abschießspiel) für zwei Teams. Es ist ab etwa 8 Spielern spielbar, mit mehr natürlich lustiger.

C – Material

• Ball, normalerweise in Größe eines Fußballes, aber weicher (etwa Schaumstoff)
• eventuell Feldmarkierungen (drei längere Seile)

D – Regeln

- Die Spieler werden in zwei gleich große Teams eingeteilt. Beide Teams wählen jeweils einen *König* oder *Freigeist*.
- Das Spielfeld wird in vier Bereiche abgeteilt:

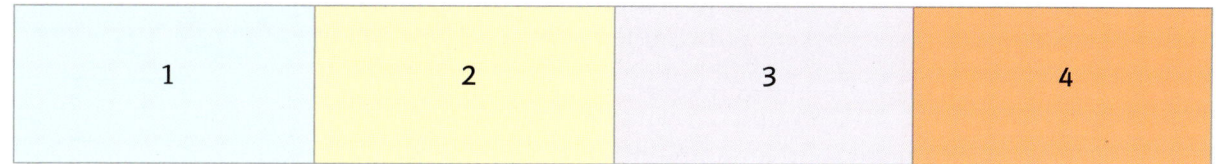

| 1 | 2 | 3 | 4 |

- Die Bereiche 2 und 3 sind die eigentlichen Spielfelder. Dort befinden sich die aktiven Spieler. König und Freigeist spielen in den beiden Randbereichen 1 und 4. Im Feld 1 steht dabei der König des Teams aus Feld 3, im Feld 4 der Freigeist des Teams aus Feld 2.
- Nach Spielbeginn versuchen sich die Spieler der beiden Teams gegenseitig abzuschießen. Wer abgeschossen ist, muss in das Feld seines Königs oder seines Freigeists gehen. Auch von dort aus darf man in das gegnerische Feld schießen und Spieler abschießen.
- König und Freigeist können jederzeit – normalerweise, wenn nur mehr 1 oder 2 Feldspieler übrig sind – in das Feld wechseln und ganz normal mitspielen. Sie haben dabei zwei Leben, können also einmal ohne Konsequenzen abgeschossen werden.
- Das Spiel ist beendet, wenn von einem Team alle Spieler abgeschossen sind.

E – Varianten

- Die Spielfeldgrenzen sind normalerweise strikt einzuhalten. Ein Ball gehört immer zu dem Team, auf dessen Spielfeld er liegt. Es kann allerdings auch das „Fischen" erlaubt sein, also der Griff über die Grenze und das Nehmen des dort liegenden Balles.
- Der König und der Freigeist können mehr als zwei Leben haben.
- Um das Spiel zu verlängern, kann das „Freischießen" erlaubt werden: Wenn ein abgeschossener Spieler aus den Randzonen (1 oder 4) einen gegnerischen Spieler in dessen Spielfeld abschießt, so darf der abschießende Spieler wieder in sein Feld und dort wieder normal mitspielen.

Reihenfolge: _____

 (3) Erkläre mündlich deiner Sitznachbarin bzw. deinem Sitznachbarn mithilfe des Merkkastens, warum die Spielanleitung zum Völkerball zugleich eine Vorgangsbeschreibung darstellt.

(4) Verfasse eine Spielanleitung zu einem Spiel deiner Wahl (es muss kein Bewegungsspiel sein).

 Merke:

Eine <mark>Vorgangsbeschreibung</mark> sollte
- klar und verständlich formuliert sein
- den Ablauf des Vorgangs genau und vollständig beschreiben und erklären
- „**Fachausdrücke**" verwenden
- sachlich gehalten sein und auf persönliche Äußerungen verzichten
- die verschiedenen Schritte des Vorgangs knapp und klar verknüpfen
- das **Präsens** verwenden.

Jetzt wird geschwommen! –
Aktiv und Passiv verwenden

Spaß für Kleine, Gesundheit für Große

Schwimmen macht Spaß. Aber Schwimmen
2 kann mehr: Es senkt den Blutdruck und zu
hohe Cholesterinwerte, trainiert Herz und
4 Muskeln und macht richtig fit.

Ob Brust- oder Rücken: Schwimmen ist das
6 beste Training, um sich fit und in Form zu halten. […] Schon 60 Minuten Schwimmen pro
8 Woche haben einen spürbaren Effekt!

Egal, ob jung und fit, ob gesundheitlich an-
10 geschlagen oder schon im fortgeschrittenen Alter – von den Vorteilen dieser Ausdauersportart
12 kann jeder profitieren. Schwimmen tut gerade
denen gut, die eine Entlastung des Bewegungs-
14 apparates brauchen […]. Denn die Auftriebs-
kraft des Wassers entlastet Bänder, Sehnen und
16 Gelenke. Das verringert übrigens auch die Verletzungsgefahr: Im Schwimmbecken kann man
18 sich, anders als auf dem Sportplatz oder Trimm-
dich-Pfad, kaum den Knöchel verknacksen.

20 Aber: Nur mit der richtigen Technik ist das
Schwimmen gesund. Richtig Brustschwimmen
22 beherrschen nur die wenigsten. Denn: Was viele als Brustschwimmen bezeichnen, ist oftmals
24 nur ein „Überwasserhalten". Tatsache ist: Falsches Brustschwimmen schädigt die Halswir-
26 belsäule. Doch auch auf dem Rücken kann man
Fehler machen, die Wirbelsäule und Gelenken
28 schaden.

1 Lies den Text und beantworte die beiden folgenden Fragen zum Text jeweils möglichst in einem Satz.

a) Warum wird im Text das Schwimmen als Sport empfohlen?

_____

_____

_____

b) Was muss beim Schwimmen beachtet werden?

_____

_____

_____

2 Vergleiche die beiden Formulierungen und beschreibe deiner Sitznachbarin bzw. deinem Sitznachbarn mündlich die Unterschiede. Nutze den Merkkasten.

Schwimmen senkt den Blutdruck.   Der Blutdruck wird durch Schwimmen gesenkt.

AH S. 29 ff.
Passiv

Merke:

Meist wird ein Geschehen aus der Sicht des Handelnden bzw. des Verursachers beschrieben:
*Paul **stoppt** die Zeit.* → AKTIVsatz
Manchmal steht nicht der Handelnde bzw. der Verursacher im Vordergrund, sondern das, was geschieht.
*Die Zeit **wird** (von Paul) **gestoppt**.* → PASSIVsatz
Das Passiv eines Verbs (Zeitwortes) wird mit einer Form von „werden" (z. B. „wird") und dem Partizip II (2. Mittelwort, z. B. „gestoppt") des Verbs gebildet.

AH S. 30
Ü5

3 Formuliere die Vorzüge des Schwimmens wie im Beispiel in Passivsätzen.

Schwimmen ...	Durch Schwimmen ...
entlastet den Bewegungsapparat.	*wird der Bewegungsapparat entlastet.*
entlastet Bänder, Sehnen und Gelenke.	
trainiert Herz und Muskeln.	
verringert die Verletzungsgefahr.	

4 Wodurch wird die Halswirbelsäule geschädigt? Beantworte die Frage mithilfe des Textes in einem vollständigen Passivsatz.

_____

_____

5 Ergänze die Tabelle um die fehlenden Formulierungen.

Infinitiv	3. Person Singular	Imperativ (Befehlsform)	Passiv
Wettkampf vorbereiten			Der Wettkampf wird vorbereitet.
Startposition einnehmen	Man nimmt die Startposition ein.		
Startzeichen geben		Gib das Startzeichen!	
100 Meter Kraul schwimmen			100 Meter Kraul werden geschwommen.

Achillessehne und Syndesmoseband –
Häufige Rechtschreibfehler vermeiden

 Tipp

Es gibt viele Wörter, die man normalerweise nie schreibt, die dann aber doch plötzlich einmal wichtig werden, z. B. wenn nach einem Sportunfall **die Achillessehne** oder der **Meniskus** verletzt ist.
Wenn man solch seltene und schwierige Wörter schreiben soll, ist das ==Wörterbuch== der beste Ratgeber.

1 Übe den Umgang mit dem Wörterbuch und suche dort die folgenden Wörter. Schreibe zu jedem Wort aus dem Wörterbuch ein Kompositum (zusammengesetztes Wort) mit diesem Wort oder eine Ableitung zu diesem Wort heraus, z. B. *Adduktor → Adduktorenzerrung* (Kompositum), *Ästhetik → ästhetisch* (abgeleitetes Adjektiv).

Ballett: _____   Gymnastik: _____

Rhythmus: _____   Revanche: _____

Fitness: _____   Aggression: _____

Aber auch häufig gebrauchte Wörter haben in der Schreibung ihre Schwierigkeiten. Zwar kannst du auch diese Wörter im Wörterbuch nachschlagen, doch einfacher ist es, du lernst sie. Weitere solche Wörter findest du dann auch im Kapitel „Alles selbst erlebt!" (S. 124 f.).

2 Schreibe die fehlenden Wörter an die richtige Stelle in den Merkkasten.

endgültig – Entschuldigung – entschließen – Ende

> **Merke:**
>
> ==**end- / ent-**==
> *ent-* ist eine **Vorsilbe für Verben**, z. B.: *entschuldigen* oder _____ ; aus diesen
>
> Verben können auch **Substantive** (z. B.: *die _____* , *der Entschluss*) und
>
> **Adjektive** (z. B.: *unentschuldbar*) abgeleitet werden.
>
> *end-* kommt dagegen von _____ ; mit *end-* gibt es nur die beiden Verben
>
> *enden* und *endigen* und davon abgeleitete Nomen. Weitere häufige Wörter mit *end-* sind:
>
> *endlich, endlos* und _____ .

3 Ergänze in den folgenden Sätzen richtig „t" oder „d".

a) Die Polizei konnte die En _____ führer en _____ lich verhaften.

b) Er musste sich nun en _____ gültig en _____ scheiden.

Merke:

gar

gar in der Bedeutung von *überhaupt* steht immer alleine und getrennt von anderen Wörtern.

4 Schreibe die Verbindungen mit „gar" in den folgenden Sätzen in der richtigen Getrenntschreibung auf.

a) Das solltest du nicht (gar/so) _____ tragisch nehmen.

b) Das ist doch (gar/nicht) _____ so schwer, also eigentlich (gar/kein)

_____ Problem!

Merke:

tot/Tod

„Tod" ist ein Nomen (Namenwort) und wird mit „d" geschrieben, „tot" ist dagegen das entsprechende Adjektiv (Eigenschaftswort) und wird mit „t" geschrieben (davon auch z. B. *die Tote*).
Schwierigkeiten verursacht oft, dass es viele Adjektive mit dem Bestimmungswort „tod-" gibt,
z. B. „todlangweilig" (d. h. „langweilig wie der Tod").

5 Sucht gemeinsam möglichst viele Adjektive mit dem Bestimmungswort „tod-". Ihr könnt auch
das Wörterbuch benutzen.

_____

_____

Merke:

der Spaß

Auch wenn man manchmal (v. a. in Deutschland) das „a" in *Spaß* kurz ausspricht, schreibt man
das Wort dennoch fast immer mit ß. Merktipp: Ein Spaß sollte lang sein!

6 Schreibe jeweils richtig „Spaß" bzw. „spaß-".

a) Er war ein großer (SPASS) _____ vogel.

b) Er machte mit allen Leuten seine (SPÄSSCHEN) _____ , doch nicht alle

fanden seine Einfälle auch (SPASSIG) _____ .

Mein Lieblingssport –
Ein Referat schrittweise vorbereiten

1 Welches der folgenden Themen eignet sich für ein etwa fünfzehnminütiges Referat? Begründe deine Meinung.

Thema 1: Ägypten – Geschichte, Land und Leute

Thema 2: Lipizzaner – Die berühmtesten Pferde der Welt

Thema 3: Zoologische Gärten, Tierparks und Naturschutzgebiete in Österreich und Europa

2 Entscheide dich für eine Sportart, die du im Rahmen eines Referates vorstellen willst. Formuliere Fragen zu dem von dir gewählten Thema, z. B.: *Wie unterscheidet sich Bouldern vom Bergsteigen? Wie funktioniert ein Indoor-Boulder-Wettkampf? Welche bekannten Sportler gibt es?*

Die österreichische Doppelweltmeisterin Anna Stöhr (*1988 in Reith im Alpbachtal) klettert bei der Boulder-EM in Innsbruck zu Silber.

3 Der Weg zu einem gelungenen Referat umfasst sechs Arbeitsschritte. Bringt sie in die richtige Reihenfolge und schreibt die Schritte dann in eure Hefte (Überschrift: „Arbeitsschritte zu einem gelungenen Referat"):

Visualisierungen vorbereiten. – Das **Thema** bestimmen und eingrenzen. – Das Referat **einüben.** – Das Referat **ausarbeiten.** – Einen **Arbeitsplan** erstellen. – **Informationen** sammeln und auswerten.

4 Besprich mit deinen Mitschülerinnen und Mitschülern, welche Informationsquellen es gibt. Notiere dir, welche davon für dein Referatsthema besonders geeignet sind.

> **Tipp**
>
> ==Informationen sammeln und auswerten==
> - Überlege dir vor dem Lesen, was du von einem Text erwartest. **Halte alle Informationen, die auf deine Fragen antworten, stichwortartig fest**. Schreibe immer auch auf, woher du eine Information hast.
> - Sei vor allem bei **Informationen aus dem Internet** vorsichtig. Bei wichtigen Informationen solltest du überprüfen, ob sie wirklich stimmen (z. B. indem du im Internet nach einer zweiten Quelle suchst).

5 Recherchiert im Internet zum Sport „Bouldern". Besprecht gemeinsam, was eine gute Informationsquelle ausmacht und woran man sie erkennen kann. Tauscht euch anschließend mit den anderen Gruppen aus.

AH S.7
Ü2
Visualisierung

 Tipp

Ein Referat ausarbeiten

Deinen Vortrag hältst du am besten auf Karteikarten fest (Karteikarten sind nicht zu groß; außerdem sind die Hände während des Sprechens „beschäftigt"). Dabei solltest du beachten:

- keine ganzen Sätze (außer bei Zitaten), sondern nur **Stichwörter** notieren
- Überschriften und andere wichtige Textstellen oder Wörter **unterstreichen**
- Karteikarten **durchnummerieren** und nur einseitig beschriften

 Tipp

Visualisierungen vorbereiten

Unter **Visualisierungen** versteht man bei einem Referat Fotos, Diagramme oder Folien, mit denen der Vortragstext veranschaulicht wird.
Wenn du eine **Folie** zu einem Aspekt deines Vortrags gestaltest, solltest du:

- nur das Wichtigste (in Stichwörtern) aufschreiben
- deine Folie durch Überschriften gliedern
- für jeden Gesichtspunkt deines Themas eine eigene Folie erstellen
- darauf achten, dass deine Folien gut zu lesen sind

 6 Besprecht in der Gruppe, welche Vorteile Visualisierungen haben. Denkt dabei sowohl an die Zuhörerinnen und Zuhörer als auch an die Vortragenden. Entwerft gemeinsam eine Folie, mit der ihr in ein Referat zum Sport „Bouldern" einsteigen könntet.

7 Beim Einüben des Referats helfen dir die folgenden Tipps, die du aber erst noch um die richtigen Wörter ergänzen musst. Schreibe die Wörter an die richtigen Stellen in den Tipps.

Hauptteil – verständlich – Einleitung – frei – Gliederung – Pausen – Visualisierungen – Schluss

Tipps zum Einüben eines Referats

- Die _____ deines Referates in Einleitung, Hauptteil und Schluss sollte für die Zuhörerinnen und Zuhörer erkennbar sein.

- In der _____ solltest du das Interesse des Publikums wecken.

- Sowohl die Einleitung als auch den _____ solltest du mit Visualisierungen unterstützen.

- _____ sollen das Referat auflockern und den Zuhörern helfen, die wesentlichen Punkte zu erfassen. Zu viele oder unwichtige Visualisierungen lenken dagegen ab.

- Zum _____ solltest du entweder eine Zusammenfassung oder einen Ausblick geben. Du kannst auch eine Diskussion mit Fragen anregen.

- Achte darauf, dass dein Referat _____ ist. Verwende nicht zu viele Fremdwörter und erkläre diese. Vermeide lange und komplizierte Sätze.

- Sprich auf jeden Fall _____ und wende dich an das Publikum (sowohl in deiner Körperhaltung als auch mit Anreden oder Fragen).

- Sprich laut und deutlich und nicht zu schnell. Baue kleine _____ ein und variiere deine Sprechweise (Betonungen, Lautstärke, Tonhöhe).

8 Erarbeite dein eigenes Referat. Beginne mit der Materialrecherche.

Teste dich selbst

Einschätzung der Stimmungslage

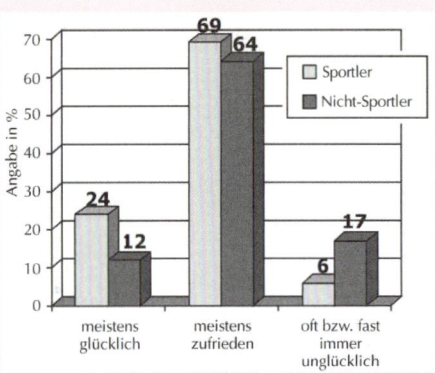

1 Welche Aussagen über die Informationen der Grafik treffen zu? Kreuze die richtigen Antworten an.

		richtig	falsch
a)	Sportler sind insgesamt zufriedener bzw. glücklicher als Nicht-Sportler.		
b)	Laut Grafik sind genau doppelt so viele Sportler „meistens glücklich" wie Nicht-Sportler.		
c)	17 Prozent der Sportler sind „oft bzw. fast immer unglücklich".		
d)	Ca. zwei Drittel aller Sportler wie Nicht-Sportler sind „meistens zufrieden".		

2 Nenne vier Merkmale von Beschreibungen (Vorgangs- wie Personenbeschreibungen).

_____

_____

3 Unterstreiche in den beiden folgenden Ausdrücken das Bezugswort und unterkringle jeweils die Attribute dazu.

die stolze Gewinnerin des Wettkampfs – ein neuer Schläger aus Kunststofffasern

4 Forme in der Wendung „ein spannendes Spiel" das Attribut in einen Attributsatz um.

_____

_____

5 Ergänze die Tabelle um die entsprechenden Formulierungen.

Infinitiv	3. Person Singular	Imperativ (Befehlsform)	Passiv
Sportfest organisieren			
Siegerinnen und Sieger ehren			

Die Welt der Medien – Umgang mit modernen Medien

Vom Radio über das Smartphone bis zum Fernseher oder Videospiel: Medien spielen eine wichtige Rolle in unserem Leben. In diesem Kapitel geht es um Medien und darum, wie sie genutzt werden.
Dabei dürfen natürlich die Medienstars nicht fehlen.

Was bedeuten die folgenden Wörter? Suche die richtige Bedeutung. Wenn du die richtigen Bedeutungen gefunden hast, ergeben die Silben hinter den Bedeutungsangaben ein Lösungswort.

Medien: 1. elektrische Geräte (Su); 2. Sammelbegriff für Radio und Fernsehen (Com); 3. Mittel zur Informationsvermittlung (Me)

Link: 1. Verknüpfung zu anderen Dateien (Dateistellen) (di); 2. medialer Täuschungsversuch (ner); 3. Verbindung in einem sozialen Netzwerk (ter)

Mediathek: 1. Medienabteilung in Kaufhäusern und Fachmärkten (be); 2. Sammlung audiovisueller Medien (en); 3. Internetbestellformular (nen)

Casting: 1. Rolle in einem Werbefilm (fei); 2. Moderation einer Sendung durch zwei oder mehr Personen (seh); 3. Auswahl einer Person für eine Rolle (rum)

zappen: 1. einen Online-Kontakt abbrechen (se); 2. im Internet kränkende Kommentare verfassen (ter); 3. mit der Fernbedienung schnell die Kanäle wechseln (mel)

Lösungswort: _____

Sprachbetrachtung
- adverbiale Bestimmungen erkennen und unterscheiden

Rechtschreibung
- höfliche Anredepronomen richtig schreiben
- Getrennt- und Zusammenschreibung beim Grundwort Verb (Zeitwort)

Wie Medien genutzt werden –
Eine Umfrage durchführen

1 Tausche dich mit deiner Sitznachbarin bzw. deinem Sitznachbarn aus: Welche Medien nutzt ihr (fast) täglich?

Merke:

Medien: ist abgeleitet vom lateinischen Wort „medium" und bedeutet **„Mittel, Mittler, Mittelglied"**.

2 Stelle dir vor, die folgenden drei Fragen werden in einer Umfrage an dich gestellt. Beantworte zunächst die Fragen. Tausche dich mit deiner Sitznachbarin bzw. deinem Sitznachbarn darüber aus, auf welche Art von Antwort die Fragen zielen.

Frage 1:   Nutzt du das Internet mehrmals wöchentlich?

Frage 2:   Wofür nutzt du das Internet?

Frage 3:   Welche Vor- und Nachteile hat das Internet gegenüber anderen Informationsmedien wie Zeitung oder Fernsehen?

3 Untersuche mit Hilfe des Merktextes (S. 105) die Fragen des Fragebogens. Welche der Fragen sind geschlossen, halb-offen oder offen? Notiere die Nummern der Fragen.

Fragebogen „Mediennutzung durch Kinder und Jugendliche"

Geschlecht   männlich ◯   weiblich ◯

1. Wie alt bist du?   11 J. ◯   12 J. ◯   13 J. ◯   14 J. ◯

2. Welche der folgenden Medien nutzt du mindestens einmal pro Woche?

Radio ◯   Fernsehen ◯   Internet ◯   Zeitung ◯   Handy ◯

andere ◯ , welche: _____

3. Auf welches Medium würdest du auf keinen Fall verzichten wollen?

_____

4. Warum ist dir dieses Medium (Frage 3) besonders wichtig?

_____

_____

_____

5. …

…

---

geschlossen: _____   halb-offen: _____

offen: _____

Merke:

Bei Fragebogen und Interviews unterscheidet man zwischen

1. Entscheidungsfragen
- **geschlossene Fragen**: die möglichen Antworten sind vorgegeben (die Antwort ist oft nur ein „Ja" oder „Nein", ein einziges Wort oder eine Zahl).

2. Ergänzungsfragen
- **halb-offene Fragen**: ein möglicher Antwortbereich ist vorgegeben, kann aber ergänzt werden; die Fragen lassen nur eingeschränkte Antworten zu;
- **offene Fragen**: die mögliche Antwort kann ganz unterschiedlich ausfallen und ist nicht vorhersehbar; bei offenen Fragen sind auch längere Antworten möglich.

 (4) Welche Vor- und Nachteile haben die einzelnen Fragearten? Tauscht euch in der Gruppe aus.

 (5) Sammelt weitere Fragen zum Thema „Mediennutzung von Kindern und Jugendlichen", die euch interessant und wichtig zu sein scheinen.

 6 Gestaltet einen Fragebogen, den ihr bei einer Umfrage einsetzen könnt. Beachtet auch die Gründe für die Mediennutzung (z. B. SMS/E-Mail schreiben, twittern usw.).

 7 Führt die Umfrage in euren Parallelklassen oder auch in anderen Klassen durch. Überlegt euch zuvor, wie ihr eure Mitschülerinnen und Mitschüler ansprechen könnt.

🔑 **Tipp**

Die Ergebnisse der Auswertung der geschlossenen und halb-offenen Fragen könnt ihr **mit Hilfe eines Computers** auch in **Tabellen** oder **Diagrammen** darstellen. Bittet eure Lehrerin oder euren Lehrer um Hilfe.

 8 Wertet eure Umfrage aus und besprecht die Ergebnisse. Fasst anschließend die wichtigsten und interessantesten Ergebnisse in einem kurzen Text zusammen.

Medienstatistik –
Diagramme verstehen und beschreiben

1 Sieh dir das Diagramm „Welche Medien besitzen Jugendliche selbst?" genau an und schreibe auf, wozu das Diagramm Angaben macht.

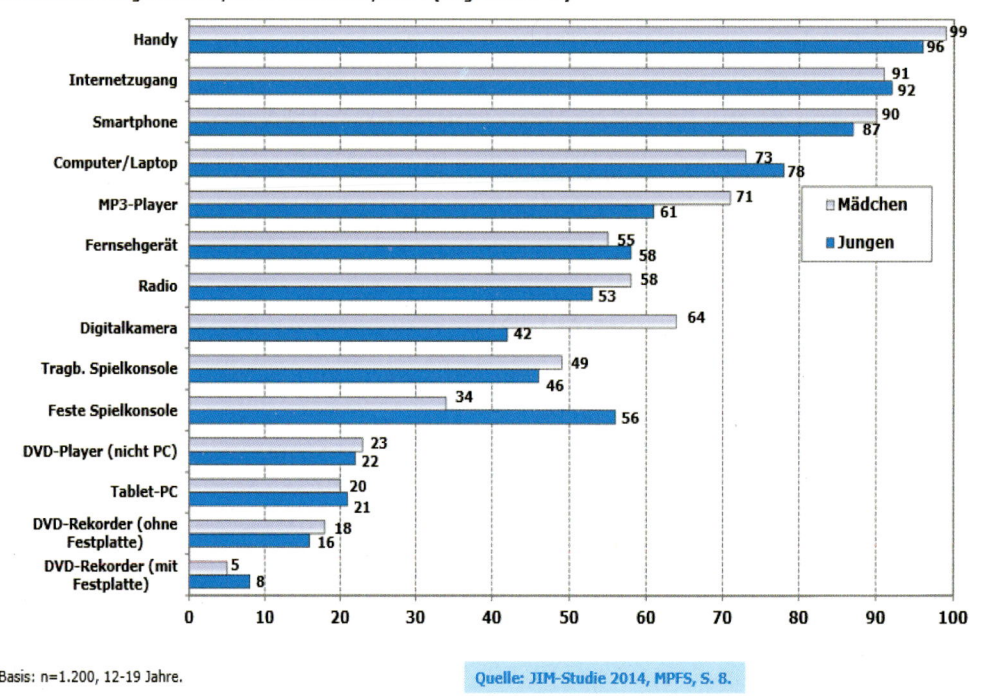

Welche Medien besitzen Jugendliche selbst?

Gerätebesitz Jugendlicher, nach Geschlecht, 2014 (Angaben in %)

	Mädchen	Jungen
Handy	99	96
Internetzugang	91	92
Smartphone	90	87
Computer/Laptop	73	78
MP3-Player	71	61
Fernsehgerät	55	58
Radio	58	53
Digitalkamera	64	42
Tragb. Spielkonsole	49	46
Feste Spielkonsole	34	56
DVD-Player (nicht PC)	23	22
Tablet-PC	20	21
DVD-Rekorder (ohne Festplatte)	18	16
DVD-Rekorder (mit Festplatte)	5	8

Basis: n=1.200, 12-19 Jahre.

Quelle: JIM-Studie 2014, MPFS, S. 8.

2 Kreuze an, welche Aussagen in dem Diagramm „Welche Medien besitzen Jugendliche selbst?" enthalten sind und welche nicht. Stelle anschließend im Klassengespräch falsche Aussagen mündlich richtig.

		richtig	falsch
a)	Mehr als die Hälfte aller Mädchen und Jungen verfügen über ein eigenes Fernsehgerät.		
b)	Jungen sind häufiger im Besitz eines Tablet-PC als Mädchen, haben aber dafür seltener einen Computer bzw. einen Laptop.		
c)	Weniger als 10 Prozent aller Mädchen und Jungen verfügen über keinen eigenen Internetzugang.		
d)	Deutlich mehr Jungen als Mädchen besitzen eine feste Spielkonsole.		
e)	Mädchen telefonieren mehr als Jungen.		
f)	Das Radio ist beliebter als das Fernsehen.		

3 Beschreibt einander mündlich das Diagramm „Mit welchen Medien beschäftigen sich Jugendliche täglich bzw. mehrmals pro Woche?" mithilfe der Fragen aus dem Merktext.

Merke:

Um **ein Diagramm zu verstehen**, richtet man am besten **folgende Fragen** an die Darstellung:
- Welche Frage will das Diagramm beantworten, was genau stellt es dar?
- Welche Werte (Mengenangaben, Prozentangaben usw.) werden dargestellt?
- Welche Höchst-, Mindest- und Durchschnittswerte ergeben sich?
- Sind weitere Angaben wichtig? Welche und warum?

 (4) Notiere im Heft, welche Fragen die Interviewerinnen bzw. die Interviewer den Kindern gestellt haben müssen, um die Daten, die in den beiden Diagrammen dargestellt sind, zu erhalten.

 5 Vergleicht die in den Diagrammen genannten Zahlen mit den Ergebnissen aus eurer Umfrage. Besprecht im Klassengespräch, welche Gemeinsamkeiten und Unterschiede es in der Mediennutzung gibt.

6 Sich im Fernsehen informieren, im Internet recherchieren, mit dem Handy telefonieren. Verben auf -ieren kommen relativ oft vor. Finde weitere zehn Wörter auf -ieren und schreibe neben dem Infinitiv (z. B. „*telefonieren*") auch das Partizip II auf (z. B. *ich habe „telefoniert"*).

Medien bewusst nutzen – **Adverbiale Bestimmunger (Umstandsbestimmungen) kennen lernen**

AH S. 44 f.
Adverbiale
Bestimmung

1 Lest die folgenden Äußerungen der Schülerinnen und Schüler. Besprich dich mit deiner Sitznachbarin bzw. deinem Sitznachbarn darüber, welche Medien ihr mehr oder weniger nutzt.

Christina: Nach der Schule höre ich im Bus zur Entspannung gerne Musik auf meinem iPod.

Rukiye: Ich lese für mein Leben gern. Am liebsten Fantasy-Romane und Freundschaftsgeschichten. Am Wochenende lese ich oft gleich zwei Bücher nacheinander.

Jonas: Manchmal sehe ich mir nachmittags in meinem Zimmer aus Langeweile einfach ein paar Youtube-Videos an.

Michael: Samstags darf ich mir aus der Mediathek einen Film aussuchen und den dann schauen. Sonst gilt in unserer Familie: Entweder schauen alle oder keiner.

Ruben: Nach dem Abendessen spiele ich zur Unterhaltung jeden Tag eine Stunde ein Videospiel. Das darf ich aber nur, wenn ich alle Hausübungen erledigt habe.

Clara: Ich chatte täglich ausgiebig mit meinen Freundinnen. Das ist viel billiger als zu telefonieren.

2 Lies die Äußerungen der Schülerinnen und Schüler nochmals. Ergänze dann stichwortartig die Tabelle. Beachte, dass nicht überall alle Angaben gemacht werden.

	Medium	Wann? Wie oft?	Grund der Nutzung
Christina	iPod	nach der Schule	
Rukiye	Bücher		
Jonas			
Michael			
Ruben			
Clara			

Merke:

Adverbiale Bestimmungen oder **Umstandsbestimmungen** geben die näheren Umstände eines Geschehens an. Sie antworten häufig auf folgende Fragen:

- Wann?, Wie lange? – **temporale** adverbiale Bestimmung = **Zeitergänzung (ZE):**
  Nach der Schule höre ich im Bus zur Entspannung gerne Musik auf meinem iPod.

- Wo?, Wohin?, Woher? – **lokale** adverbiale Bestimmung = **Ortsergänzung (OE):** _Nach der Schule höre ich im Bus zur Entspannung gerne Musik auf meinem iPod._

- Wie?, Wie sehr? – **modale** adverbiale Bestimmung = **Artergänzung (AE):** _Nach der Schule höre ich im Bus zur Entspannung gerne Musik auf meinem iPod._

- Warum? – **kausale** adverbiale Bestimmung = **Begründungsergänzung (BE):** _Nach der Schule höre ich im Bus zur Entspannung gerne Musik auf meinem iPod._

(3) Lies den Merkekasten und bilde zu den unterstrichenen adverbialen Bestimmungen jeweils die richtige Satzgliedfrage.

Beispiel: <u>Nach der Schule</u> höre ich im Bus zur Entspannung gerne Musik auf meinem iPod. →
Wann höre ich im Bus zur Entspannung gerne Musik auf meinem iPod?

_____

_____

_____

_____

(4) Wann und warum nutzen die Schülerinnen und Schüler Jonas, Michael, Ruben und Clara welches Medium? Bilde dazu einfache Aussagesätze. Formuliere die Zeitangaben und die Gründe als adverbiale Bestimmung. Orientiere dich an den Beispielsätzen.

Christina	Christina nutzt ihren iPod nach der Schule zur Entspannung.
Rukiye	Rukiye liest am Wochenende Bücher.
Jonas	
Michael	
Ruben	
Clara	

 Tipp

Es gibt eine Reihe von grammatischen Erscheinungen, die du noch nicht kennen gelernt hast. Lass dich also nicht irritieren, wenn du etwas nicht bestimmen kannst, sondern halte dich an die dir bekannten **W-Fragen zur Satzgliedbestimmung** (Wer, Wem? Wann? …).

5 Ermittle in den von dir in Aufgabe 4 gebildeten Sätzen jeweils das Prädikat, das Subjekt und das Objekt und trage die Satzglieder in die Tabelle ein.

	Subjekt	Prädikat	Objekt
Jonas			
Michael			
Ruben			
Clara			

6 Lest noch einmal die Äußerungen der Schülerinnen und Schüler auf Seite 106 und sucht in ihnen nach adverbialen Bestimmungen des Ortes und der Art und Weise. Tragt die adverbialen Bestimmungen in der Tabelle ein (die adverbialen Bestimmungen aus der Äußerung von Christina sind bereits eingetragen.)

Adverbiale Bestimmungen des Ortes	Adverbiale Bestimmung der Art und Weise
im Bus, auf meinem iPod,	gerne,

AH S. 44 f.
Adverbiale
Bestimmung

7 Im Folgenden findest du jeweils ein weiteres Beispiel für die verschiedenen adverbialen Bestimmungen. Schreibe die Sätze hinter die richtige Bestimmung. Wenn du die Sätze richtig angeordnet hast, ergibt sich aus den Silben dahinter ein Lösungswort, dessen Übersetzung „Verbindung von mehreren Medien" bedeutet.

Sie weinten vor Freude. (dia) – Er las das Drehbuch sofort. (Mul) – Sie trinkt den Kaffee ohne Zucker. (me) – Sie sind im Studio. (ti)

temporale adverbiale Bestimmung (Zeitergänzung): _____

lokale adverbiale Bestimmung (Ortsergänzung): _____

modale adverbiale Bestimmung (Artergänzung): _____

kausale adverbiale Bestimmung (Begründungsergänzung): _____

Lösungswort: _____

8 Formuliere für die adverbialen Bestimmungen aus Aufgabe 7 die entsprechenden Satzgliedfragen.

Beispiel: Warum weinten sie? → Vor Freude.   (= kausale adverbiale Bestimmung, BE)

9 Ermittle und bestimme in den folgenden Sätzen die adverbiale Bestimmung.
Beispiel: Ich will dort wohnen. → dort = lokale adverbiale Bestimmung (Ortsergänzung).

a) Sie probten seit dem frühen Morgen. _____

_____

b) Wegen des schlechten Wetters fiel die Veranstaltung aus. _____

_____

c) Sie trafen sich um 9 Uhr. _____

_____

d) Sie las das Interview mit großem Interesse. _____

_____

e) Er trat ihr auf den Fuß. _____

_____

f) Einige Theaterbesucher schliefen vor lauter Langeweile ein. _____

_____

g) Die Band kam gestern aus London zurück. _____

_____

h) Er arbeitete wie verrückt. _____

_____

10 Lege ein Medientagebuch über zwei Tage an, in das du einträgst, wann du welches Medium wie lange nutzt. Schreibe stichwortartig den Grund der Mediennutzung auf. Werte anschließend dein Medientagebuch aus: Rechne aus, wie lange du welches Medium genutzt hast. Stelle das Ergebnis in Form einer Tabelle dar.

Tag, Zeit	Medium	Nutzungsdauer	Nutzungsgrund
Montag, 6.30 Uhr	Radio	1–2 Minuten	Wecker
Montag, 7.00 Uhr	Handy	3 Minuten	Verabredung
…			

Ein Weltstar aus Österreich – **Anredepronomen in der höflichen Anrede richtig schreiben**

1 Tausche dich mit deiner Sitznachbarin bzw. Sitznachbar aus: Was macht eurer Meinung nach einen Weltstar aus?

Stuttgarter Zeitung: Als junger Schauspieler haben Sie Ihr Geld in einem Restaurant in New York verdient. Was haben Sie da fürs Leben gelernt?

Christoph Waltz: Ich weiß nicht, ob ich da etwas fürs Leben gelernt habe. Aber als Schauspieler ist der Beruf des Kellners ja schon beinahe fester Bestandteil der Biografie.

Stuttgarter Zeitung: Sie haben einmal gesagt, Sie lernen mit jeder neuen Arbeit auch etwas Neues dazu. Was lernen Sie, wenn Sie eine Komödie machen?

„Der zweifache Oscarpreisträger Christoph Waltz (*4.10.1956 in Wien)

Christoph Waltz: Wie traurig die Welt ist. Aber im Ernst: Man lernt, wie selten unser Alltag komische Situationen zulässt. Wir nehmen uns gar nicht mehr die Zeit zu erkennen, was komisch ist. Denn wir sind so damit beschäftigt, unkomisch, produktiv, ernsthaft und erfolgreich zu sein. […]

Stuttgarter Zeitung: Woher nehmen Sie nach dreißig Jahren immer noch die Leidenschaft für Ihren Beruf?

Christoph Waltz: Wer sagt, dass ich leidenschaftlich bin? Meine Leidenschaft besteht eher darin, herauszufinden, ob ich eine Rolle spielen kann, ob ich das Mark und das Herz treffe. Das heißt nicht, dass ich das immer schaffe. Aber das interessiert mich. Ich bin froh, dass ich heute mehr so arbeiten kann, wie es mir gefällt. […] Früher musste ich den nächsten Job annehmen, heute kann ich auch mal Nein sagen. Wenn mir junge Menschen erzählen, sie wollen Schauspieler werden, sind mir immer die verdächtig, die sagen, sie lieben die Schauspielerei. Dann frage ich: Was lieben Sie denn daran? Die Arbeitslosigkeit oder das Kellnern?

2 Lies den Interviewauszug mit Christoph Waltz. Was erfährst du über sein Leben und seine Arbeit? Mache dir dazu stichwortartige Notizen.

Leben	Arbeit
• hat in New York gekellnert	• spielt in Komödien

Merke:

Als **Anredepronomen** werden alle Personal- und Possessivpronomen bezeichnet, mit denen Personen direkt angesprochen werden können.

Das **Anredepronomen *Sie*** und das entsprechende Possessivpronomen ***Ihr*** (*Ihre, Ihres, Ihren, …*) schreibt man immer groß.
Beispiel: *Als junger Schauspieler haben **Sie Ihr** Geld in einem Restaurant in New York verdient.*

Die **Anredepronomen *du* sowie *ihr*** und die entsprechenden Possessivpronomen ***dein*** (*deine, deines, deiner, …*) und ***euer*** (*eure, eures, euren, …*) schreibt man klein.
Beispiel: *Als junge(r) Schauspieler hast **du dein** / habt **ihr euer** Geld in einem Restaurant in New York verdient.*

In Briefen kann man die Anredepronomen *du* und ihre Formen auch großschreiben.
Beispiel: *Lieber Christoph, hiermit möchten wir **dich/Dich** herzlich … Wir hoffen, **du/Du** hast Zeit, und freuen uns auf **deinen/Deinen** Besuch. …*

3 Markiert im Interview alle Anredepronomen der höflichen Anrede. Erklärt euch gegenseitig, welche Person damit jeweils angesprochen wird.

4 Schreibe den folgenden zweiten Teil des Interviews in dein Heft und ergänze die Pronomen in der jeweils richtigen Schreibung.

Stuttgarter Zeitung: Was ist das Schönste an (ihrem/Ihrem) Erfolg?

2 **Christoph Waltz:** Zu den schönsten Dingen gehört, dass ich Menschen, die ich immer bewundert habe, einfach anrufe, um (sie/Sie) zu treffen. Bisher hat noch niemand ein Treffen abgelehnt.

4 **Stuttgarter Zeitung:** Wen haben (sie/Sie) denn schon alles getroffen?

Christoph Waltz: Den Oscarpreisträger und Komponisten Stephen Sondheim, Mel Brooks, Julian
6 Schnabel, David Byrne oder Daniel Barenboim.

Stuttgarter Zeitung: Wie funktioniert das genau?

8 **Christoph Waltz:** Na, ich rufe (sie/Sie) einfach an. Denn ich finde diese Menschen einfach spannend und verfolge (ihre/Ihre) Karrieren seit langer Zeit. Ich frage dann: Haben (sie/Sie) Lust, mich zu
10 treffen? Die finden das dann ein bisschen seltsam. Aber dann sagen (sie/Sie): Warum nicht? Ich habe immer eine wundervolle Zeit mit (ihnen/Ihnen).

5 Tausche dein Heft mit deinem Sitznachbarn bzw. deiner Sitznachbarin und prüfe, ob die Pronomen richtig geschrieben sind. Überprüft anschließend bei Schreibungen, zu denen ihr unterschiedliche Auffassungen habt, gemeinsam, ob und ggf. wer mit dem Satz angesprochen wird.

6 Formuliere in deinem Heft fünf Fragen an einen Star deiner Wahl, die du als Interviewer bzw. als Interviewerin an ihn stellen könntest. Achte auf die Großschreibung der höflichen Anredepronomen (natürlich solltest du den Star siezen!).

Aus der Werbetrommel –
Werbeanzeigen untersuchen

1 Notiere spontan, wo und in welcher Form dir überall Werbung begegnet (z. B. als Plakat an der Bushaltestelle, als Aufdruck auf einem Kugelschreiber usw.).

_____

_____

_____

2 Halte stichwortartig in der Tabelle die Vor- und Nachteile von Werbung, ihren Nutzen und ihre Gefahren fest. Tauscht euch anschließend in der Klasse über eure Ergebnisse aus.

Vorteile von Werbung (Nutzen)	Nachteile von Werbung (Gefahren)

Merke:

Werbeanzeigen bestehen in der Regel aus vier Hauptteilen:
- **Headline:** der Aufmacher, die Überschrift oder Schlagzeile; sie soll die Aufmerksamkeit der Betrachter/innen wecken
- **zentrales (Produkt-)Bild**
- **Werbetext**
- **Slogan:** meist ein kurzer Satz (z. B. *Iss was Gscheit's!*), der eng mit dem Produkt oder dem Unternehmen verbunden ist; im Gegensatz zur Headline bleibt der Slogan oft über Jahre gleich; der Slogan steht häufig nahe beim Logo, dem Firmenzeichen eines Unternehmens.

3 Sammelt Werbeanzeigen aus verschiedenen Printmedien (Zeitungen, Illustrierten usw.) und untersucht ihren Aufbau (Headline, Bild, Werbetext usw.).

4 Seht euch die beiden Buchcovers auf Seite 113 an. Besprecht, welches euch mehr anspricht und warum.

5 Haltet stichwortartig fest, wie sich die Buchcover im Aufbau von den von euch gesammelten Werbeanzeigen (Aufgabe 3) unterscheiden.

_____

_____

Merke:

Wichtige **Werbestrategien** sind:

- Argumente für den Nutzen eines Produkts
- Versprechen und positive Bewertungen
- Appelle an (unbewusste) Wünsche und deren Erfüllung
- Appelle an Gefühle
- (versteckte) Kaufaufforderungen

Oft werden mehrere dieser Punkte in einem **Leitbild** zusammengefasst. Ein Leitbild vermittelt eine Wunschvorstellung (z. B. Schönheit, Geborgenheit, glückliche Familie, Reichtum …). Die Werbebotschaft ist: Wer dieses Produkt besitzt oder benutzt, hat seine Wunschvorstellung – zumindest teilweise – bereits verwirklicht.

6 Untersucht die von euch gesammelten Werbeanzeigen (Aufgabe 3) auf ihren Inhalt:

- Welche Werbestrategien werden benutzt?
- Welche Leitbilder werden genutzt?

Haltet eure Ergebnisse stichwortartig im Heft fest.

7 Tausche dich mit deiner Sitznachbarin bzw. deinem Sitznachbarn über konkrete Werbungen aus: Welche Werbung hat dir in letzter Zeit gefallen, warum?

8 Gestaltet selbst ein Werbeplakat in Form einer Collage zu einem Produkt eurer Wahl. Überlegt, welcher Star zu diesem Produkt passen würde und wie er für das Produkt werben könnte. Erläutert anschließend den anderen Gruppen, wie ihr eure Anzeige aufgebaut habt und warum.

Die Stars unter den Verben (Zeitwörtern) – **Getrennt-/**
Zusammenschreibung beim Grundwort Verb

Auch unter den Verben gibt es so etwas wie Stars: Verben, die jeder kennt und mit denen man sich beschäftigt, die in den Medien (nämlich den Schul- und Wörterbüchern) einen besonderen Platz einnehmen und für die andere Regeln gelten.

> ### Merke:
>
> Bei der Verbindung **Verb und Verb** ist die **Getrenntschreibung** der Regelfall (z. B. *spazieren gehen, laufen lernen*).
> **Zusammenschreibung** ist möglich bei *kennen lernen* sowie Verbindungen mit „lassen" und „bleiben" als zweitem Bestandteil, wenn die Verbindung eine **übertragene Bedeutung** hat. Um herauszufinden, ob du zwei Verben zusammenschreiben darfst, musst du also darauf achten, ob du eine „übertragene" Bedeutung vorliegt. „Übertragene" Bedeutung heißt, dass die Bedeutung nicht wörtlich zu verstehen ist, z. B.:
> (im Bett) *liegen bleiben* = wörtliche Bedeutung (man liegt wirklich)
> *liegenbleiben* = übertragene Bedeutung (die Arbeit „liegt" nicht, sondern bleibt unerledigt).

(1) Markiere in den folgenden Satzpaaren die Verben, die eine übertragene Bedeutung haben.

a) Auch als die gehbehinderte Dame in die Straßenbahn eingestiegen ist, sind alle auf ihren Sesseln sitzen geblieben. – Selbst der berühmte Schriftsteller Thomas Mann (Nobelpreis für Literatur im Jahr 1929) ist in der Schule einmal <u>sitzen geblieben</u>.

b) Obwohl ihm das Bild nicht gefiel, hat er es im Wohnzimmer hängen lassen. – Auch in schwierigen Situationen hat er nicht einen seiner Freunde hängen lassen.

c) Nur was gründlich geübt wurde, kann gut im Gedächtnis haftenbleiben. – In den Schuhsohlen ist bei dem Wetter viel Dreck haften geblieben.

d) Sie ist mit ihrer neuen Jacke an einem hervorstehenden Nagel hängen geblieben. – Vor den Erklärungen der Lehrerin ist bei einigen Schülerinnen und Schülern nicht viel hängengeblieben.

(2) Schreibe die Verbverbindungen aus den Sätzen zu Aufgabe 1 in die Tabelle in dein Heft.

wörtliche Bedeutung: Getrenntschreibung verpflichtend	übertragene Bedeutung: Zusammenschreibung möglich
sitzen bleiben (auf dem Sessel)	sitzenbleiben (in der Schule)

 **3** Bilde selbst zu den folgenden Verbverbindungen jeweils einen Beispielsatz. Trage anschließend die Verbverbindungen in die Tabelle in deinem Heft aus Aufgabe 2 ein.

	Beispielsatz wörtliche Bedeutung	Beispielsatz übertragene Bedeutung
gehen/lassen		
sitzen/lassen		

4 Tausche dein Buch mit deiner Sitznachbarin bzw. deinem Sitznachbarn. Überprüft gegenseitig eure Arbeitsergebnisse zu Aufgabe 3.

Für die Party hat Julie die Getränke kalt gestellt/kaltgestellt.

Julie hat den frechen Jonas kaltgestellt.

 Merke:

Eine Verbindung aus **Adjektiv (Eigenschaftswort) und Verb (Zeitwort)** wird in der Regel getrennt geschrieben (z. B. *früh aufstehen*).

Das Adjektiv kann mit dem Verb **zusammengeschrieben** werden, wenn das Adjektiv das **Ergebnis der Handlung** bezeichnet (z. B. *etwas kalt stellen/kaltstellen*).

Die Verbindung aus Adjektiv und Verb muss zusammengeschrieben werden, wenn eine neue, **übertragene Bedeutung** entsteht (z. B. *jemanden kaltstellen*).

5 Lies den Merkekasten und mache dir klar, was mit der Formulierung „Adjektiv bezeichnet das Ergebnis der Handlung" gemeint ist. Vervollständige dazu die beiden folgenden Sätze.

Wenn man ein Getränk kaltstellt, dann wird es dadurch _____ .

Wenn man früh aufsteht, dann wird es dadurch _____ früh.

6 Prüfe für die folgenden Verbindungen aus Adjektiv und Verb, ob die Verbindung eine übertragene Bedeutung ergibt oder das Adjektiv das Ergebnis der Handlung bezeichnet. Trage die Verbindungen dann in die richtige Spalte der Tabelle ein.

schnell/gehen – schlecht/hören – leer/essen – warm/laufen – klein/schneiden – laut/reden – heilig/sprechen – krank/lachen – glatt/hobeln – kaputt/machen – lang/schlafen – krank/schreiben – locker/lassen

gewöhnliche Verbindung aus Adjektiv und Verb: muss getrennt geschrieben werden	Adjektiv bezeichnet das Ergebnis der Handlung: kann zusammengeschrieben werden	Verbindung aus Adjektiv und Verb ergibt eine neue, übertragene Bedeutung: muss zusammengeschrieben werden

7 Bildet mit den Verbindungen aus Übung 6, die eine übertragene Bedeutung haben oder bei denen das Adjektiv das Ergebnis der Handlung bezeichnet, sinnvolle Sätze. Arbeitet in eurem Heft.

8 Wie müssen die Verbindungen in den folgenden Sätzen geschrieben werden? Entscheide, ob die Verbindung eine übertragene Bedeutung hat oder nicht, und schreibe die Sätze vollständig in der richtigen Schreibung auf.

a) Nachdem sie sich gut vorbereitet hatte, dürfte ihr die Mathematikarbeit nicht schwer/fallen.

b) Weil er zögerte, mussten sie ihn auf sein früheres Versprechen fest/nageln.

c) Paula hat ein gutes Referat gehalten und auch frei/gesprochen.

d) Nach seinem Herzinfarkt musste der Manager beruflich kürzer/treten.

Merke:

Die Verbindung **Nomen** (Namenwort) **und Verb** (Zeitwort) wird in der Regel <mark>getrennt geschrieben</mark> (z. B. *Ski fahren, Gesetz brechen*).
Wenn das **Nomen verblasst** ist, man es also nicht mehr so einfach als Nomen erkennt, schreibt man dagegen **zusammen**. Dies betrifft die folgenden Verben: *eislaufen, kopfstehen, leidtun, nottun, standhalten, stattfinden, stattgeben, statthaben, teilhaben, teilnehmen, wunderneh-men.* Z. B. *Sie läuft gut eis.*
Ebenfalls mit dem Verb zusammengeschrieben werden folgende Bestandteile: *fehl-, feil-, heim-, irre-, kind-, preis-, wahr-, weis- und wett-*, z. B. *heimkommen, kundtun, weissagen.*

AH S. 61 Ü2
Zusammen- und Getrennt-schreibung

9 Im Folgenden findest du Verben mit verblassten Nomen. Diese werden in der Grundform (Infinitiv) zusammengeschrieben, in der flektierten Form aber getrennt, wobei das Nomen kleingeschrieben wird (siehe Beispiel). Bilde wie im Beispiel Sätze, in denen die beiden Bestandteile einmal zusammenbleiben und einmal voneinander getrennt sind.

	Bestandteile bleiben zusammen	**Bestandteile sind getrennt**
nottun	Hier würde schnelle Hilfe nottun.	Hier tut schnelle Hilfe not.
teilnehmen		
leidtun		
standhalten		
stattfinden		

10 Übernehmt die folgende Tabelle in euer Heft und erweitert sie entsprechend. Sucht dann zu den Bestandteilen *fehl-, feil-, heim-, irre-, kund-, preis-, wahr-, weis-* und *wett-* möglichst viele Verben. Tauscht euch nach einer Weile mit den anderen Gruppen aus und schreibt alle gefundenen Verben in die Tabelle.

Bestandteil	**Verben**
fehl-	fehlgehen, fehldeuten, …
feil-	…
…	

 Tipp

Die Getrennt- und Zusammenschreibung ist einer der schwierigsten Bereiche der Rechtschreibung. Benutze deshalb in Zweifelsfällen immer ein **Wörterbuch**.

Teste dich selbst

1 Um welche Frageart handelt es sich bei den Fragen jeweils? Kreuze an!

	offen	halb-offen	geschlossen
Welche Fernsehformate siehst du am liebsten?			
Hast du einen eigenen Fernseher in deinem Zimmer?			
Wie stehst du zu Reality-Shows?			

2 Beschreibe das Diagramm. Arbeite in deinem Heft.

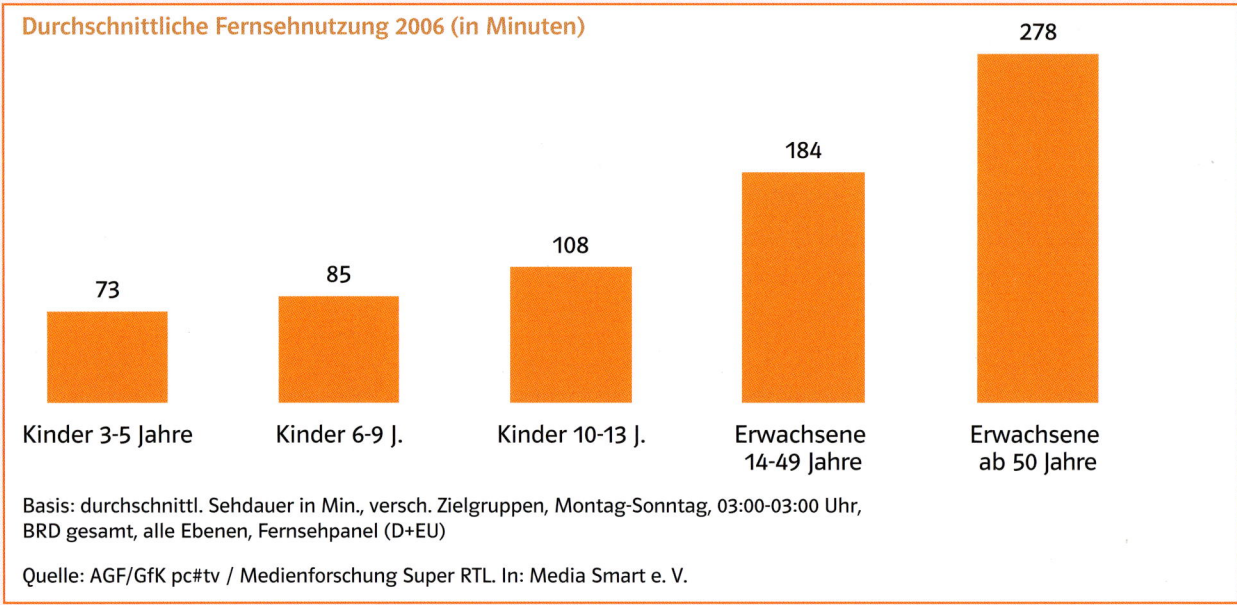

Durchschnittliche Fernsehnutzung 2006 (in Minuten)

- Kinder 3-5 Jahre: 73
- Kinder 6-9 J.: 85
- Kinder 10-13 J.: 108
- Erwachsene 14-49 Jahre: 184
- Erwachsene ab 50 Jahre: 278

Basis: durchschnittl. Sehdauer in Min., versch. Zielgruppen, Montag-Sonntag, 03:00-03:00 Uhr, BRD gesamt, alle Ebenen, Fernsehpanel (D+EU)

Quelle: AGF/GfK pc#tv / Medienforschung Super RTL. In: Media Smart e. V.

3 Ermittle und bestimme in den beiden Sätzen die Satzglieder. Arbeite in deinem Heft.

a) Julia besucht am Montag ein Konzert in Graz.

b) Ihre Mutter hat ihr die Eintrittskarte zum Geburtstag geschenkt.

4 Schreibe die Sätze in der richtigen Groß- und Kleinschreibung auf. Achte besonders auf die Schreibung der Anredepronomen.

a) WAS SOLLTEN DIE BESUCHERINNEN UND BESUCHER IHRER MEINUNG NACH FÜHLEN, NACH-DEM SIE IHREN NEUSTEN FILM GESEHEN HABEN?

_____

b) WAS IST DIE ROLLE IN IHREN BISHERIGEN FILMEN, MIT DER SIE SICH AM BESTEN IDENTIFI-ZIEREN KONNTEN?

_____

5 Schreibe die Sätze in der richtigen Getrennt- und Zusammenschreibung auf.

a) Nach der Reparatur würde der Fernseher nun sicher/gehen. _____

_____

b) Er hatte den Irrtum öffentlich richtig/gestellt. _____

_____

Alles selbst erlebt! –
Von eigenen Erlebnissen erzählen

Spannendes, Trauriges, Lustiges, Schreckliches und Wunderschönes erlebt jede und jeder von uns im Laufe des Lebens. So manches davon behalten wir lieber für uns, anderes wiederum ist bestens geeignet, um erzählt zu werden.
In diesem Kapitel geht es darum, wie aus diesen Erlebnissen oder aus Vorgaben spannende, für andere interessante und lesenswerte Erzählungen werden können.

Niklas soll eine Erlebniserzählung schreiben.
Er beschließt, ein Ereignis aus dem letzten Familienurlaub
zu erzählen. Wenn du alle Urlaubsarten im folgenden Rätsel
findest, dann zeigt dir das Lösungswort, in welchem Land
Niklas und seine Familie waren.

1 Ein Urlaub im Winter, man vergnügt sich auf Pisten.
2 Ein Urlaub, in dem man in Zelten übernachtet.
3 Eine Woche auf dem Land mit der Schulklasse.
4 Ein Ausflug mit der Schulklasse, man ist die meiste Zeit zu Fuß unterwegs.
5 Ein Urlaub, in dem man sich mit dem Fahrrad fortbewegt.
6 Eine Reise, bei der man wilde Tiere beobachten kann.
7 Eine Reise auf einem sehr großen Schiff.

Sprachbetrachtung
• Ersatz- und Verweiswörter erkennen und verwenden

Rechtschreibung
• Zeichensetzung bei der wörtlichen Rede wiederholen
• schwierige Wörter richtig schreiben

Reden wie ein Buch – **Mündliches und schriftliches Erzählen vergleichen**

Ein schöner Ausflug!

Stell dir vor: Wir haben am Wochenende einen Ausflug in
2 die Schweiz gemacht. Meine Mama wollte unbedingt mit
der Seilbahn auf einen Berg, wegen der Aussicht und so. Na
4 ja, du kennst sie ja: immer aktiv, immer unterwegs. Also
o.k., meine Schwester und ich fahren natürlich brav mit. Ja
6 und jetzt kommt's: Wir stehen da in der Seilbahnkabine,
dicht an dicht mit allen anderen Touris, nach jeder Stütze
8 rauscht ein einheitliches Aaah und Oooh durch die Kabine,
alles schön und alles prächtig, alle sind ganz weg von der
10 wunderbaren Aussicht und der steil abfallenden Schlucht
unter uns. Und auf einmal: Peng! Ein Riesenruck und die
12 Seilbahn steht still! Zuerst sind einmal alle erschrocken,
kannst du dir ja denken, dann witzige Kommentare oder
14 leises Beruhigen, jeder denkt ja, dass es gleich weitergehen
wird! Aber nichts da: Die Seilbahn steht still, nichts rührt
16 sich, nichts tut sich, nix und wieder nix! Ja und ich muss
sagen, so schön langsam ist's mir auch ziemlich mulmig
18 geworden. Und stell dir vor: Geschlagene zwei Stunden
sind wir bis zum Schluss da oben gehangen, da war's aber
20 nicht mehr lustig. So lang sind mir zwei Stunden wirklich
noch nie in meinem Leben vorgekommen, es hat sich so
22 angefühlt, als ob die Zeit still stehen würde. Ich hab mir
zwar nicht so viel anmerken lassen, aber mir war am Ende
24 echt zum Heulen. Später haben wir dann erfahren, dass
irgendein Regler für die Steuerung ausgefallen ist und man
26 deshalb die Weiterfahrt unterbrochen hat.

1 Kristina erzählt hier von einem Geschehen, das sie erlebt hat.
Notiere, ob sie mündlich oder schriftlich von dem Erlebten erzählt.

mündlich

 2 Zeige, woran man erkennen kann, dass Kristina ihr Erlebnis erzählt und nicht aufgeschrieben
hat. Unterstreiche im Text die Merkmale. Vergleiche deine Ergebnisse mit denen deines Sitznachbarn bzw. deiner Sitznachbarin.

 3 Bildet Gruppen zu viert. Jede bzw. jeder bereitet ein Ereignis, das sie oder er erlebt hat, zum
mündlichen Erzählen vor.

Überlegt euch vor dem Erzählen und macht Notizen:
- Ist das Erlebte auch für andere interessant, eignet es sich zum Erzählen?
- Welche Informationen muss ich in der Einleitung liefern, damit die anderen die Situation
verstehen können?
- Wie kann ich den Höhepunkt ausschmücken und Spannung erzeugen?

Erzählt euch dann gegenseitig eure Erlebnisse. Die Zuhörer und Zuhörerinnen bewerten die
Erzählungen der anderen mit einem, zwei oder drei Punkten. Ermittelt so den besten Erzähler
oder die beste Erzählerin unter euch.

In der Schule muss Kristina eine Erlebniserzählung schreiben. Sie wählt als Thema das Erlebnis in der Seilbahn. Vergleiche ihre schriftliche mit der mündlichen Erzählung:

Vor kurzem <u>machte</u> meine Familie wieder einmal einen Ausflug. Meine Mutter liebt das Wandern
2 und vor allem liebt sie Seilbahnen. So fuhren wir, das waren meine Mutter, meine Schwester und
ich, in die Schweiz und bestiegen frohen Mutes eine Seilbahn, die uns hoch zu einem der schönen
4 Schweizer Berge hinaufführen sollte. Und zunächst schien auch alles nach Plan zu verlaufen: Alle
Touristen, wir eingeschlossen, waren begeistert von dem wunderschönen Bergpanorama, das uns
6 umgab. Jedes Mal, wenn die Kabine eine der eisernen Seilbahnstützen passierte, erschallte von allen
Seiten ein halb freudiges und halb ängstliches Raunen, da die Kabine mit ordentlichem Schwung
8 nach unten sackte – die steil abfallende Schlucht unter uns erschien da gleich noch majestätischer
und noch tiefer.
10 Plötzlich jedoch durchfuhr ein mächtiger Ruck die ganze Kabine, kurz schaukelte sie noch heftig
nach vor und zurück, und dann stand sie still! Es ging wohl allen Insassen gleich: Alle waren tief
12 erschrocken. Sogleich aber machten die ersten witzigen Bemerkungen die Runde und aufkommen-
de Ängste wurden gleich durch beruhigende Worte zerstreut. Wir dachten ja alle, dass es wohl gleich
14 wieder weitergehen würde. Da aber täuschten wir uns gewaltig: Die Kabine hing reglos in der Luft,
nichts rührte sich, nichts geschah, und dies sollte sich auch in den nächsten zwei Stunden nicht
16 ändern! Diese zwei Stunden wurden zu den längsten meines bisherigen Lebens und ich weiß jetzt,
was es bedeutet, wenn die Zeit stillzustehen scheint! Ich versuchte tapfer, mir nicht allzu viel anmer-
18 ken zu lassen, innerlich aber war mir zum Heulen zumute. Später erfuhren wir dann, dass ein für
die Steuerung wichtiges Element ausgefallen war und man deshalb die Weiterfahrt unterbrochen
20 hatte.

(4) Vergleiche beide Texte und kreuze in der Tabelle an, ob ein Merkmal zum mündlichen oder zum schriftlichen Erzählen gehört. Schreibe die Zeilenangabe aus dem jeweiligen Text dazu.

	Mündliches Erzählen	Schriftliches Erzählen
Längere Satzkonstruktionen, Satzgefüge.	○ Beispiel:	✓ Beispiel: 6 bis 9
Vorherrschende Zeitform: Perfekt (Vergangenheit)	○ Beispiel:	○ Beispiel:
Vorherrschende Zeitform: Präteritum (Mitvergangenheit)	○ Beispiel:	○ Beispiel:
Umgangssprachliche Ausdrücke und Wendungen	○ Beispiel:	○ Beispiel:
Standardsprachliche Ausdrücke und Wendungen	○ Beispiel:	○ Beispiel:
Direkte Anrede an das Publikum	○ Beispiel:	○ Beispiel:
Kurze und teilweise unvollständige Sätze	○ Beispiel:	○ Beispiel:

Aller Anfang ist schwer –
Den Erzählanfang gestalten

AH S. 13 ff.
Erzählung
schreiben

1 Im Kapitel „Durch Nacht und Nebel"
hast du dich bereits näher mit dem
Erzählplan befasst. Erstelle nun einen
sehr genau ausgearbeiteten Erzählplan für eine Erlebniserzählung.
Überlege dir ein Erlebnis, das auch für
andere interessant oder spannend sein
könnte, und plane den Inhalt der
einzelnen Erzählabschnitte. Schreibe
den Erzählplan in dein Heft.

 Merke:

Je genauer du deine schriftliche Erlebniser-
zählung vor dem Schreiben **planst**, desto besser
kannst du sie dann erzählen. Erstelle vor dem
Schreiben einen **detaillierten Erzählplan**.
Wichtig ist vor allem, dass du die **einzelnen
Erzählschritte** des Hauptteils planst.

Thema:	
Einleitung	Personen: Ort: Zeit: Wichtige Informationen: Handlungsbeginn:
Hauptteil	1. Erzählschritt: 2. Erzählschritt: 3. Erzählschritt: … Höhepunkt
Schluss	

2 Die Einleitung zu einer Geschichte soll den Leser oder die Leserin vor allem über die wichtigsten
Sachverhalte informieren und neugierig machen. Einleitungen können ganz verschieden gestaltet sein.

Lies die Erzählanfänge und entscheide, um welche Art von Einleitung es sich handelt.

- Informierende Einleitung
- Einleitung mit direkter Rede
- Vorausdeutende Einleitung
- Einleitung vom Ende her

Erschrocken, aber auch zutiefst erleichtert sahen wir zu, wie unser zerschrammtes Boot auf den
Abschleppkran gehievt wurde. Unsere Bootsfahrt war zu einer Horrorfahrt geworden! Am Mor-
gen waren wir, meine Eltern, mein Bruder und ich, noch so fröhlich in unseren Ausflug zum
Millstättersee gestartet.

_____

„Also los, Papa! Komm jetzt! Trink endlich deinen Kaffee aus!" Mein Bruder zappelte schon vor
Ungeduld. Sein langersehnter Wunsch sollte heute endlich in Erfüllung gehen: Eine Bootsfahrt auf
dem Millstättersee.

_____

Im letzten Sommer beschlossen meine Eltern mit meinem Bruder und mir einen Ausflug an den Millstättersee zu machen. Schon lange hatte sich mein Bruder eine Bootsfahrt gewünscht. Und so packten wir unsere Sachen ein und fuhren früh am Morgen los.

Es war ein wunderschöner Sommertag und alles deutete darauf hin, dass unser Familienausflug zum Millstättersee ein voller Erfolg werden würde. Fröhlich schulterte mein Vater die große Picknicktasche, meine Mutter schloss die Türe ab und mein kleiner Bruder stand schon ungeduldig vor dem Haus und konnte es gar nicht mehr erwarten, dass sein großer Wunsch nach einer Bootsfahrt endlich in Erfüllung gehen würde. Und selbst ich blickte dem Tag voller Vorfreude entgegen. Zum Glück ahnte keiner von uns, was uns an diesem Tag erwarten würde!

3 In der folgenden Einleitung aus einer Schülerarbeit ist leider ein sehr häufiger Fehler passiert. Besprecht, welcher Fehler dies ist.

Im letzten Sommer beschlossen meine Eltern mit meinem Bruder und mir eine Bootsfahrt auf dem Millstättersee zu machen. Also standen wir schon früh auf und wir waren alle sehr aufgeregt. Nachdem ich mich gewaschen hatte, machte ich mich gleich ans Frühstück. Meine Mutter packte für uns alle eine Jause ein. Mein Bruder konnte sein Müsli gar nicht essen, so aufgeregt war er. Als mein Vater fertig gefrühstückt hatte, packte er endlich unsere Sachen in eine große Tasche. Meine Mutter schloss die Türe und auf ging's! Wir machten uns fröhlich auf zur Bushaltestelle. Dort warteten wir, bis der Bus kam. Die Aufregung stieg! Endlich fuhr der Bus vor und wir setzten uns hinein. Als wir am See ankamen, konnte ich es kaum erwarten, das Boot, das wir mieten würden, zu sehen. Wir gingen gleich zum Bootsverleih …

4 Wähle die Einleitung aus, die dir am besten gefallen hat. Schreibe zu dem von dir im Erzählplan vorbereiteten Erlebnis eine Einleitung nach dem gleichen Muster.

5 Lest eure Einleitungen in der Klasse vor und besprecht, welche am stärksten zum Weiterlesen der Erzählung einladen.

Den Nagel auf den Kopf treffen –
Treffend erzählen

 Merke:

Damit deine Geschichte interessant und **anschaulich** wird, musst du versuchen, das Wort zu finden, das den Erzählinhalt **sehr genau ausdrückt**. Suche passende Nomen, treffende Verben und anschauliche Adjektive. Vermeide Wortwiederholungen und nichtssagende Formulierungen.

1 **Wortfelder** helfen dir auf der Suche nach dem passenden Wort. Suche im folgenden Wortfeld zum Thema „weggehen" die zwei Wörter, die nicht dazugehören und streiche sie durch.

abreisen   wegfahren   aufbrechen   sich auf den Weg machen   abfliegen
sich entfernen   sich auf die Reise machen   jemanden verlassen   von dannen ziehen
umziehen   auszie-
hen   ablaufen   abfah-
ren   sich aus dem Staub
machen   nach Hause
gehen   abmarschieren
wegrennen

weglaufen   sich davonschlei-
chen   hinausstürmen
sich losreißen   sich davon-
schmuggeln   hinauseilen
sich davonstehlen   ab-
hauen   davontragen

2 Erstellt nun selbst ein solches Wortfeld. Versucht, so viele Ausdrücke wie möglich zu finden. Verwendet das Wörterbuch als Hilfe. Baut zwei Fehler ein und gebt euer Wortfeld dann dem/der Sitznachbar/in und lasst ihn oder sie die zwei Fehler finden. Mögliche Wortfelder:

beginnen / mögen / schön / befehlen / wütend sein / anhalten / schreien

3 Suche aus den Vorschlägen ein gut passendes Wort für die folgenden Sätze. Schreibe auf die Linien.

eilte – hastete – stürmte – schlich – ging

Wütend _____ sie aus dem Raum.

gab – überreichte – in die Hand drückte – schenkte

Stolz nahm sie das Zeugnis entgegen, das ihr der Direktor _____ .

kontrolliert – forscht – analysiert – ermittelt

Der Wissenschaftler _____ gerade im Bereich der Gen-Manipulation.

bangt – zittert – ängstigt sich – sorgt sich

Die Frau ist völlig verzweifelt und _____ um ihr Kind.

aß – genoss – verzehrte – kaute – verschlang

Mit riesengroßem Hunger _____ er die Butterbrote.

befand sich – war – steckte – behauptete sich

Der Hauptplatz _____ in der Nähe des Bahnhofs.

4 Im folgenden Text hat sich das Wort „machen" eindeutig zu oft eingeschlichen! Suche passendere Ausdrücke und schreibe sie auf die Linien. Manchmal musst du vielleicht mehr als nur ein Wort verändern.

In den Ferien ~~machten~~ *unternahmen* wir einen Ausflug in den Wald. Zuerst ~~machten~~

_____ wir einen wunderschönen Picknickkorb zurecht, mein Bruder und ich

hatten auch einen Kuchen ~~gemacht~~ _____. Ich ~~machte~~ _____

mir noch schnell ein Käsebrot, weil ich das besonders liebe. Dann ~~machten~~ _____

wir uns auf den Weg. Als wir in unserer kleinen Waldhütte ankamen, ~~machten~~ _____

wir zuerst einmal Ordnung. Im Inneren war es etwas dunkel, also ~~machten~~ _____

wir unser selbst ~~gemachtes~~ _____ Licht an – es funktionierte! Leider ~~machte~~

_____ ich beim Auspacken der Vorräte die Limonadenflasche kaputt, aber das

~~machte nichts~~ _____ .

5 Hier siehst du Frau Doktor Finda Wortreich. Sie ist ausgebildete Wortsuchmeisterin und anerkannte Expertin auf dem Gebiet der Wortschatzologie. Ihrer Meinung nach sind vor allem die Wörter „haben" und „sein" völlig überbewertet und sie findet, dass es in den meisten Fällen viel treffendere und präzisere Wörter gäbe. Ihr großes Anliegen: Rettet die schönen treffenden Ausdrücke! Kannst du ihr helfen? Welche treffenderen und geeigneteren Wörter kennst du in den folgenden Fällen statt „haben" und „sein"?

sie hat Geburtstag _*sie feiert Geburtstag*_____

wir waren im Haus _*wir hielten uns im Haus auf*_____

das Tier ist merkwürdig _____

ich bin im Theaterstück die Tante _____

mein Freund hat zwei Computer _____

unser Haus hat einen großen Garten _____

in dem Baum ist ein Vogelnest _____

meine Freundin ist aus Kroatien _____

sie haben wirklich Mut _____

wir haben Ferien _____

das Zimmer war sehr groß _____

das Essen ist ausgezeichnet _____

auf der Strecke ist ein Tunnel _____

er hatte wirklich Glück _____

ich war erleichtert _____

sie hat schlechte Laune _____

Sich ein Bild machen –
Anschaulich erzählen

Anschaulich erzählen/innere Vorgänge entfalten.

Was denkt die Person?

Was tut die Person?

Was fühlt und empfindet
die Person?

Wie reagiert die Person?

1 Fülle mit Hilfe des oben stehenden Bildes den Merktext aus:

2 Im Folgenden siehst du, was eine Person empfinden, fühlen und tun kann, wenn sie zornig ist.
Ergänze die Liste mit mindestens vier eigenen Ausdrücken in deinem Heft.

zornig sein
vor Wut das Gesicht verziehen
sich auf die Lippen beißen
die Hände zu Fäusten formen
einen ungeheuren Zorn aufsteigen fühlen
sich kaum mehr beherrschen können
am liebsten wild um sich schlagen
die Zähne zusammenbeißen
laut ausatmen
die Luft scharf einsaugen
grimmig dreinschauen
wenn Blicke töten könnten
jemanden grimmig anschauen
wütend brüllen

Merke:

Zum **anschaulichen Erzählen** gehört auch

das **Beschreiben von** _____

Vorgängen. Es wird gezeigt, was die

Personen _____ oder

_____ (z. B. Wut), was sie

_____ (z. B. Dieser

Betrüger!), wie sie _____

(z. B. Sein Gesicht wurde krebsrot.) und

was sie _____ (z. B. Er

schlug mit der Faust auf den Tisch.).

3 Schreibe nun eine eigene Liste zum Thema „**sich erschrecken**" in dein Heft und zeichne ein Bild
dazu.

4 Lies den folgenden Textausschnitt und unterstreiche alle Wendungen, die innere Vorgänge beschreiben, die also die Gefühle und Empfindungen der Personen zum Ausdruck bringen.
Jutta Richter

Der Tag, als ich lernte Spinnen zu zähmen

Die Ich-Erzählerin hat im Keller eine riesengroße Kellerkatze gesehen. Niemand will ihr das aber glauben. Endlich lässt sich die Mutter überreden und geht mit ihr in den Keller.

[…] Meine Mutter schob mich nach vorn.

2 „Also, wo sitzt deine Kellerkatze?", fragte sie ärgerlich. „Zeig sie mir, und wehe, du hast gelogen…"
Ich kniff die Augen zusammen. Ich wollte gar nicht hingucken. Ich merkte, wie meine Hände feucht

4 wurden, und mein Herz klopfte gegen das Summen der Umwälzpumpe.

„Da!", sagte ich und zeigte auf das alte Bettgestell. „Da sitzt sie immer!"

6 „Nichts sitzt da!", sagte meine Mutter. „Absolut nichts!"
Sie machte drei Schritte nach vorn. Die Kellerkatze fauchte.

8 „Pass auf, Mama!", wollte ich rufen, aber es kam kein Ton über meine Lippen. Ich war wie gelähmt. Stumm vor Entsetzen.

10 Die Kellerkatze sträubte das Fell. Sie sah plötzlich doppelt so groß aus. Ein Panther war ein Schoßkätzchen gegen sie. Sie machte einen Buckel.

12 Ihr Schwanz peitschte drohend hin und her.

Meine Mutter stand jetzt genau vor ihr und woll-

14 te mit der Hand auf das Bettgestell klopfen. Sie hätte die Kellerkatze geschlagen, wenn es nicht plötzlich

16 „pitsch" gemacht hätte, und dann war es stockfinster.

Ich schrie auf, weil ich fürchtete, die Kellerkatze würde meine Mutter anspringen. Dann wäre alles zu spät gewesen. Nie im Leben hätte ich meiner Mutter helfen können, ich war ja nur ein Kind. […]

5 Kannst du die Sätze aus Erzählungen den Gefühlen auf der linken Seite zuordnen? Verbinde sie mit Linien.

Mitgefühl	Da zuckte ich zusammen und ein Ruck ging durch meinen Körper.
Neugierde	Ungeduldig zerrte und riss sie an der Geschenksverpackung.
Liebe	„Ach", seufzte sie, „wenn doch nur schon Weihnachten wäre!"
Ungeduld	Zärtlich drückte sie seine Hand.
Zorn	Tröstend legte sie ihren Arm um sie und zog sie zu sich her.
Angst	Mit einem tiefen Seufzen ließ er sich auf den Stuhl sinken. Geschafft!
Erschrecken	Ärgerlich unterbrach sie seine Erklärungen.
Vorfreude	Der kalte Schweiß brach mir aus den Poren.
Enttäuschung	Fest umklammerte sie Jonas' Hand, so fest, dass es schmerzte.
Erleichterung	Mit hängenden Schultern saß sie auf dem Stuhl, wie ein Häufchen Elend.

Den Hebel an der richtigen Stelle ansetzen –
Lebendig erzählen

1 Letztes Jahr hast du bereits gelernt, wie du die Satzzeichen bei der wörtlichen Rede einsetzen musst. Lies zur Wiederholung noch einmal den untenstehenden Merksatz und präge dir die Regeln gut ein. Setze anschließend im Romanausschnitt die fehlenden Satzzeichen bei der kursiv gesetzten wörtlichen Rede.

Christine Rettl

Wo steckt Papa?

Helene lebt bis zu ihrem zehnten Lebensjahr allein mit ihrer Mutter, ihr Vater verließ die Familie, als sie noch ganz klein war. Nun aber will sie herausfinden, warum und wohin ihr Vater verschwunden ist. Zunächst glaubt sie, er sei ein Bankräuber und könne deshalb nicht zu ihnen zurückkommen.

Eine unheimliche Stille war in meinem Zim-
2 mer. Nur die Angst rauschte und pochte in meinem Kopf. Und dann hörte ich es ganz deutlich.
4 Jemand kam an mein Bett!!! […]
    Helene sagte eine leise Männerstimme. Kei-
6 *ne Angst, Helene, ganz ruhig. Du musst dich*
nicht fürchten
8   Ich schlug die Decke zurück und setzte mich
auf.
10   *Papa fragte ich in die Dunkelheit*
    Pst, nicht so laut sagte die Flüsterstimme
12 *Niemand darf wissen, dass ich hier bin. Ich bin*
auf der Flucht. Ich wollte dich endlich wieder se-
14 *hen und mit dir sprechen*
    Eine dunkle Gestalt setzte sich an mein Bett.
16 Ich griff nach meiner Taschenlampe auf dem
Nachttisch. Knips, richtete ich sie auf ihr
18 Gesicht. Komisch, dachte ich. Mein Papa
hat gar kein richtiges Gesicht. Oder hatte
20 er doch eins, aber ich sah es ganz ver-
schwommen und konnte es nicht
22 erkennen. Dann fiel mir ein, dass ich
mich gar nicht mehr erinnern konn-
24 te, wie er ausgesehen hat. Trotzdem
zweifelte ich keinen Moment daran,

dass der Mann an meinem Bett mein Papa war.
26 Ich wunderte mich auch gar nicht darüber,
wann und wie er hereingekommen war. Er saß
28 hier vor mir. Das war die Hauptsache.
    Er zuckte zusammen und wich dem Licht
30 meiner Lampe aus.
    Du blendest mich murmelte er
32   *Entschuldige bitte sagte ich und richtete den*
Schein auf seine Hände. Er trug schwarze Hand-
34 schuhe, die ganz schön dreckig waren, wahrscheinlich vom Klettern über die Hausmauer.
36   *Was hast du denn ausgefressen fragte ich leise*
    Tut nichts zur Sache gab er mir zur Antwort
38 […]

🐘 **Merke:**

Begleitsatz: „Wörtliche Rede"	Hans sagte: „Es ist ja nicht so schlimm."
	Herr Müller schrie: „Ihnen werde ich es zeigen!"
	Christel fragte: „Können wir jetzt gehen?"
„Wörtliche Rede", Begleitsatz, „wörtliche Rede"	„Und was", fragte er, „wollen Sie tun?"
„Wörtliche Rede", Begleitsatz	„Wir gehen jetzt", sagte Hans. (**Vorsicht:** Der Punkt entfällt!)
	„Das werden Sie schon sehen!", schrie Herr Müller.
	„Kommst du?", fragte Christel.

Merke:

Auch die **abwechslungsreiche Gestaltung der Satzanfänge** und des Satzbaus sind wesentliche Elemente des ==lebendigen Erzählens==. Vermeide Wortwiederholungen am Satzanfang und Eintönigkeit im Satzbau.

2 Ordne die Zeitangaben in drei Spalten mit den Überschriften „vorher", „zugleich" und „später" in deinem Heft.

Satzanfänge anstelle von „und" , „dann" , „als":

kurz danach • vorher • damals • kurze Zeit später • anschließend • später • mittlerweile • zuvor • unmittelbar darauf • sobald • zuerst • danach • sogleich • noch am gleichen Abend • auf einmal • im selben Augenblick • in derselben Nacht • noch ehe eine Stunde um war • vor einigen Tagen • gestern Mittag • augenblicklich • im selben Moment • daraufhin • einige Tage später • nachdem • knapp darauf • mit einem Mal • seitdem • kurz zuvor • plötzlich • endlich

3 Im folgenden Text sind die Satzanfänge verschwunden. Kannst du sie wieder einsetzen?

Ängstlich klammerte ich mich an das Seil. Ich wagte mich weder

nach vor noch zurück. _____ blieb ich so stehen.

kam mein Vater zurück. _____ er mich sah,

wusste er gleich, was los war. _____ umfasste er

meinen Arm und redete beruhigend auf mich ein. _____

löste sich meine Verspannung und ich konnte wieder tief durch-

atmen. _____ war ich in der Lage, wieder einen

Schritt nach vorne zu machen und an der Seite meines Vaters ging es

Schritt für Schritt weiter, _____ die gefährliche Stelle schließlich überwunden war.

4 In den beiden folgenden Textausschnitten beginnen die Sätze sehr eintönig. Verbessere beide Abschnitte in deinem Heft. Verändere die Satzanfänge so, dass es keine oder nur mehr sehr wenige Wiederholungen gibt.

Z. B.: **Nachdem** wir aus dem Wald herausgekommen waren, sahen wir endlich die Berghütte! **Nach einiger Zeit** erreichten wir die Hütte schließlich und unsere Erleichterung darüber war sehr groß!

… Als wir aus dem Wald herauskamen, sahen wir endlich die Berghütte! Als wir schließlich die Berghütte erreichten, war unsere Erleichterung sehr groß! Als mein Vater aber den Schlüssel unter dem Stein hervorholen wollte, erschrak er! Da war nämlich nichts! Als ich das sah, wäre ich am liebsten in Tränen ausgebrochen. Erst als die Freundin meines Vaters sagte, der Schlüssel sei vielleicht hinter der Hütte unter der Bank, schöpfte ich wieder Hoffnung. …

… Dann begannen wir fröhlich unsere Bergtour. Zuerst führte der Weg in ein Tal hinein, dann schlängelte er sich allmählich etwas steiler den Berg hinauf. Dann kamen wir zu einer Weggabelung und nun wurde es wirklich anstrengend. Der Weg war nur noch ein schmaler und steiler Pfad und dann kamen wir zu einem riesigen Steinfeld. …

Mit seiner Meinung nicht hinterm Berg halten – Erlebniserzählungen untersuchen und bewerten

1 Lies die beiden Erlebniserzählungen und bearbeite anschließend die Arbeitsaufträge zu den Texten auf der rechten Seite. Schreibe in dein Heft.

Text 1: Fahrt mit der Eisenbahn

Letztes Jahr unternahm meine Familie eine Fahrt mit der Rhätischen Eisenbahn in der Schweiz. Der
Höhepunkt unserer Reise sollte die Durchquerung des Vereinatunnels sein und ich freute mich
besonders darauf. Da ahnte ich noch nicht, dass die Tunnelfahrt dieses Mal kein so großes Vergnügen machen sollte!

    Wir waren schon eine ganze Weile unterwegs und alle waren begeistert von den echt hohen Ber-
gen rundum. „Seht mal, da vorne! Man sieht schon den Eingang!", hörte ich endlich meine ältere
Schwester rufen. Und dann war es auch schon soweit: Die Lichter gingen an und wir fuhren in die
dunkle Höhle. Ich freute mich wie ein Schneekönig.

    Die Freude verging mir aber gleich darauf, als plötzlich ein mächtiges Zittern den ganzen Zug er-
fasste. Die Maschine machte noch einen gewaltigen Ruck und stand gleich darauf still. Auch das Licht
war ausgegangen! Notbeleuchtung gab es scheinbar keine, es war stockdunkel im Abteil. Meine ältere
Schwester begann unbeschwert zu singen, mir aber wurde komisch zumute. Unruhig rutschte ich auf
meiner Bank hin und her. Der Zug stand richtig steil in der Schräge und die Vorstellung, durch den
Stromausfall könnten sich auch irgendwie die Bremsen lösen, ließ mein Herz schneller schlagen. Als
dann auch noch unter uns ein Ächzen und Quietschen zu hören war, stockte mir der Atem, mein Herz
krampfte sich zusammen und ich musste mich sehr bemühen, damit man mir meine Angst nicht
anmerken konnte. „Das wird wohl nicht lange
dauern", versuchte uns meine Mutter zu beruhigen. Ihre Stimme hörte sich aber schrill an.
Schließlich fasste sie meine Hand und presste sie
so sehr, dass es weh tat.

    Endlich, nach einer Ewigkeit, begann der
Zug zu ruckeln und setzte sich stotternd in Be-
wegung. Auch das Licht ging wieder an. Erleichtert atmete ich aus – es war also alles noch
einmal gut gegangen! Bald darauf kam der
Schaffner, entschuldigte sich und meinte auf
Schweizerisch zu uns Kindern: „Ja ja, die wah-
ren Abenteurer kann so was nicht aus der Ruhe
bringen!"

Text 2: Gekentert!

Mein Vater hatte mir zum Geburtstag eine Kanufahrt für unseren Urlaub in Frankreich geschenkt
und letzten Sommer war es soweit! Nach einer langen Zugfahrt kamen wir endlich in unserem Ferienort an. Das Hotel war wirklich schön und wir waren sehr zufrieden. Zum Abendessen gab es ein
riesiges Buffet, von dem man essen durfte, so viel man wollte. Da wir ja für den nächsten Tag unser
großes Abenteuer planten, langten wir tüchtig zu. Schließlich gingen wir schlafen. Am nächsten
Morgen frühstückten wir. Dann brachen mein Vater und ich endlich auf zum Bootsverleih! Wir
suchten uns das schönste Kanu aus und die Fahrt begann! Zunächst lief alles gut und wir freuten
uns sehr. Plötzlich aber blieb unser Kanu zwischen zwei großen Felsbrocken hängen und weil die
Strömung so stark war, bekamen wir es nicht mehr heraus. Wir mühten uns ab, doch das Kanu
rührte sich nicht vom Fleck. Endlich aber war das Kanu wieder frei und wir fuhren weiter.

Wir paddelten den Fluss hinunter, plötzlich kam ein großes Ausflugsschiff flussaufwärts. Unser
12 Kanu kam uns in diesem Moment ziemlich klein vor und wir ruderten schnell zur rechten Seite hin.
Zum Glück passierte nichts! Schließlich fuhren wir weiter. Plötzlich aber geriet unser Kanu in einen
14 mächtigen Strudel, ein hervorstehender Stein hob es an und das Kanu kenterte! Wir schwammen
beide im Wasser. Das Wasser war eiskalt! Schließlich konnte ich das Kanu umdrehen und mich
16 hochziehen. Dann zog ich meinen Vater ins Kanu. Er war froh, dass uns nichts passiert war. Nachdem er sich wieder erholt hatte, fuhren wir weiter. Schließlich gelangten wir noch zu einem wun-
18 derschönen Wasserfall. Da mussten wir natürlich hinunterfahren, obwohl es wirklich sehr viel Mut
erforderte. Als auch das geschafft war, freuten wir uns. Am späten Nachmittag erreichten wir müde,
20 aber glücklich den Zielort. Wir gaben das Kanu ab. Das war wirklich eine tolle Kanufahrt gewesen!

a Welcher der beiden Texte ist der bessere? Begründe deine Antwort.

b Welche der beiden Überschriften gefällt dir besser? Weshalb?

c Text 2 wird nicht durch Absätze gegliedert. Wo hätten Absätze gemacht werden müssen? Zeichne sie ein.

d Die Einleitung in Text 2 ist zu umständlich. Streiche, was für die Geschichte unwichtig ist.

e Text 2 beschränkt sich nicht auf ein Abenteuer mit dem Kanu, sondern er erzählt mehrere. Welche?

f In Text 1 gibt es eine klare Haupthandlung mit einem Höhepunkt. Kennzeichne den Höhepunkt am Rand des Textes.

g Text 1 gelingt es, Spannung zu erzeugen. An welchen Stellen entsteht diese Spannung? Schreibe die Zeilennummer auf.

h In Text 2 gibt es eine Stelle, die sehr unwahrscheinlich wirkt. Welche und warum?

i In Text 1 werden innere Vorgänge beschrieben. Unterstreiche die Textstellen.

j In Text 2 werden keine inneren Vorgänge beschrieben. Wähle eine Stelle aus und schreibe sie so um, dass die Gefühle und Gedanken der Personen zum Ausdruck kommen.

k Welche Unterschiede gibt es im Satzbau zwischen Text 1 und Text 2?

l In Text 2 wiederholen sich drei Begriffe häufig: Wir freuten uns / Wir fuhren weiter / das Kanu Finde andere Wörter, mit denen die drei Begriffe ersetzt werden könnten.

m In Text 1 gibt es im zweiten Absatz einen umgangssprachlichen Ausdruck. Finde und ersetze ihn durch ein Wort aus der Standardsprache.

Die Sache in die Hand nehmen –
Eine Erlebniserzählung schreiben und überarbeiten

1 Nun bist du selbst gefragt: Schreibe deine Erlebniserzählung.
Verwende dazu die Ideen, die du bereits in einem Erzählplan vorbereitet hast. Wenn du ein anderes Erlebnis erzählen möchtest, so kannst du den Erzählplan auch noch einmal ergänzen und verändern. Vielleicht fällt dir ja auch zum Bild unten ein Thema für deine Erlebniserzählung ein.

Lies vor dem Schreiben die zusammenfassende Übersicht, präge sie dir gut ein und dann: In die Hände gespuckt und den Stier bei den Hörnern gepackt!

Handlung
konzentriert sich auf eine Haupthandlung.

Erzählanfang
macht neugierig und informiert über alles Wichtige.

Höhepunkt
ist spannend und anschaulich ausgebaut.

Wörtliche Rede
macht die Personen und das Geschehen lebendiger.

Eine Erlebniserzählung schreiben

Innere Vorgänge
Gefühle, Gedanken und Reaktionen der Personen werden gezeigt.

Satzbau
Sätze werden miteinander verbunden und sind abwechslungsreich.

Schluss
rundet das Geschehen ab oder bringt eine Pointe.

Wortschatz
treffende Ausdrücke und wenige Wortwiederholungen.

2 Wenn deine Geschichte beendet ist, lass sie ein, zwei Tage „ruhen" und überprüfe sie dann. Zur Beurteilung und Verbesserung deiner Erzählung verwende den folgenden Raster. Kreuze das Feld an, das deiner Meinung nach zutrifft.

	sehr gut	gut	noch ok	nicht gut
Die Einleitung informiert und macht neugierig. Sie ist nicht zu lang.				
Die Geschichte konzentriert sich auf eine Haupthandlung.				
Der Ablauf der Handlung ist logisch und in der richtigen Reihenfolge erzählt.				
Die Geschichte ist nicht nur innerlich, sondern auch äußerlich durch Absätze gegliedert.				
Es gibt einen klaren Höhepunkt, auf den hin das Geschehen ausgerichtet ist.				
Der Höhepunkt wird anschaulich erzählt und ausgeschmückt.				
Das Geschehen ist für andere interessant und spannend.				
Innere Vorgänge werden beschrieben: Die Gedanken und Gefühle sowie die Reaktionen der Personen werden dargestellt.				
Wörtliche Rede wird verwendet.				
Es kommen kaum Wortwiederholungen vor.				
Es werden treffende und sehr genau passende Wörter gewählt.				
Die Satzanfänge sind unterschiedlich.				
Sätze werden miteinander verbunden und der Satzbau ist abwechslungsreich.				
Die vorherrschende Zeitform ist das Präteritum.				
Der Schluss passt gut zur Geschichte und rundet sie ab.				

 Arbeitstechnik

Ihr könnt diesen Raster auch kopieren und für eine **Schreibkonferenz** verwenden. Zunächst beurteilt ihr eure Erlebniserzählung selbst mit Hilfe des Rasters. Dann verbessert ihr Fehler, die ihr bemerkt habt. Anschließend liest jede bzw. jeder die Texte der anderen Gruppenmitglieder und beurteilt sie mit diesem Raster.
Am Ende besprecht ihr eure Beurteilungen und begründet und erklärt sie euch gegenseitig.

Nicht alles wörtlich nehmen –
Redewendungen verstehen und gebrauchen

 Merke:

In **Redewendungen** werden Wörter **nicht in ihrer wörtlichen**, also ihrer ursprünglichen Bedeutung verwendet, sondern sie werden in einer neuen, d.h. einer **übertragenen Bedeutung** verwendet.
Beispiel: *Einen Korb bekommen = eine Absage, eine Abfuhr von jemandem erhalten.*

1 Im Folgenden siehst du Redewendungen, die das Wort „Ohr" verwenden. Welche Erklärung gehört zu welcher Redewendung? Ordne richtig zu.

sich etwas hinter die Ohren schreiben	jemanden auf eine fixe Idee bringen
jemandem sein Ohr leihen	jemanden ausschimpfen, zurechtweisen
Augen und Ohren offen halten	ein besonders schönes Konzert oder Lied
jemanden übers Ohr hauen	ein Lied oder eine Melodie, die man nicht mehr aus dem Kopf bekommt
bis über beide Ohren verliebt sein	man hat über Umwege oder Dritte etwas von einer Sache gehört
etwas ist einem zu Ohren gekommen	sehr stark verliebt sein
ein Ohrwurm	jemanden betrügen
ein Ohrenschmaus	in Bezug auf eine bestimmte Sache in Zukunft sehr aufmerksam sein
jemandem einen Floh ins Ohr setzen	sich etwas sehr gut merken
jemandem die Ohren lang ziehen	jemandem geduldig zuhören

 2 Auch für das Schreiben von Geschichten können Redewendungen gut eingesetzt werden. Ordnet die folgenden Redewendungen den Gefühlen zu. Unterstreicht sie in der richtigen Farbe. Wenn ihr eine Redewendung noch nicht kennt, dann unterstreicht sie nicht.

Angst   **Zorn**   **Freude**

jemandem geht das Herz auf / jemanden dahin wünschen, wo der Pfeffer wächst / es platzt einem der Kragen / die Haare stehen einem zu Berge / knallrot werden / jemandem die kalte Schulter zeigen / einen Kloß im Hals haben / weiche Knie bekommen / jemandem den Kopf waschen / sich aus dem Staub machen / jemanden einen Kopf kürzer machen / sich in den Haaren liegen / das Herz schlägt bis zum Hals / aus der Haut fahren / es herrscht dicke Luft / jemanden an sein Herz drücken / etwas dreht einem den Magen um / den Boden unter den Füßen verlieren / sich fühlen wie ein Fisch im Wasser / für etwas Feuer und Flamme sein / fuchsteufelswild werden / leichten Mutes sein / es läuft einem kalt den Rücken hinunter/ ein Stein fällt vom Herzen/ jemandem um den Hals fallen/ Freudentänze aufführen

 3 Teilt euch im Klassengespräch mit, welche Redewendungen ihr noch nicht kanntet und klärt ihre Bedeutung.

4 Im folgenden Textausschnitt sind die Redewendungen unvollständig. Finde die fehlenden Begriffe und schreibe sie dazu.

So leise, wie wir nur konnten, schlichen wir uns an die Tür heran. Man hätte in diesem Moment tatsächlich eine _____ fallen hören können. Ich hielt den Atem an und hatte das Gefühl, das Herz würde mir bis zum _____ schlagen. Ein Blick zu Bernd sagte mir, dass auch ihm die Angst im _____ saß: _____ stand er neben mir, das _____ war auch ihm gründlich vergangen! Da plötzlich: Wieder hörten wir das unheimliche Geräusch aus dem Nebenraum! Normalerweise bin ich kein _____ hase und ich lasse mich nicht so schnell aus der _____ bringen, das hier aber war eindeutig zu viel für meine Nerven. _____ vor Angst stand ich hinter der Tür, unfähig, mich von der _____ zu rühren. Endlich, nach einer Ewigkeit wie mir schien, fasste sich Bernd ein _____ und begann den Türgriff hinunterzudrücken. Mir lief es kalt über den _____, dann hörte ich einen Schrei, etwas fiel um und dann wurde mir _____ vor Augen.

5 Ergänze die folgenden Redewendungen und schreibe eine Erklärung dazu:

Jemandem einen _____ aufbinden.

Erklärung: _____

In den sauren _____ beißen.

Erklärung: _____

Ein _____ vor dem Kopf haben.

Erklärung: _____

Sich wie ein _____ im Porzellanladen benehmen.

Erklärung: _____

6 Welche Redewendungen sind gemeint? Schreibe die Redewendungen in dein Heft.

Ein Wort ergibt das andere –
Ersatz- und Verweiswörter richtig einsetzen

1 Im folgenden Märchen wurden viele Pronomen (Fürwörter) entfernt. Schreibe den Text neu, ersetze die fett gedruckten Nomen durch Pronomen und suche für die unterstrichenen Nomen passende Synonyme.

Märchen aus Indien

Der bestrafte Zwiebeldieb

In einer Stadt am Ufer des Ganges wurde ein
2 Mann ergriffen, der Zwiebeln gestohlen hatte.
Die Richter sagten zu **dem Mann**: „Entweder
4 zahlst du hundert Rupien Strafe, oder du hältst
hundert Peitschenhiebe aus, oder du verzehrst
6 hundert Zwiebeln."

Der Mann war einfältig und sagte: „Ich will
8 die Zwiebeln essen." Als er aber acht oder neun
Zwiebeln verzehrt hatte, trieb **dem Mann** deren
10 Schärfe das Wasser aus den Augen und **der
Mann** rief: „Ich kann die **Zwiebeln** nicht aufes-
12 sen, nein, aber hundert Rupien kann ich auch
nicht zahlen. So will ich denn lieber die hundert
14 Peitschenhiebe ertragen."

Als **den Mann** aber einige Peitschenhiebe
16 getroffen hatten, schrie **der Mann** laut: „Au, au-
weia, nein, ich will doch die hundert Rupien
18 zahlen!"

Da mussten die Leute über den dummen
20 **Mann** laut lachen. So war der arme **Mann** gleich
dreifach bestraft: **Der Mann** hatte schmerzhafte Peitschhiebe erduldet, **der Mann** musste die Geld-
22 strafe zahlen, und **der Mann** musste das Gelächter der Leute über sich ergehen lassen.

 Merke:

Ersatzwörter spielen eine wichtige Rolle im Text. Sie helfen dabei, **Wortwiederholungen zu vermeiden** oder zu reduzieren. Ersatzwörter sind

- **Personalpronomen** (persönliche Fürwörter) – sie ersetzen Nomen, z. B. *das Haus – es / einen Hund – ihn.*
- **Synonyme** – ein Wort wird durch ein anderes **bedeutungsähnliches Wort** ausgetauscht, z. B. *das Haus – das Gebäude.*

 2 Ersetze im folgenden Märchen die unterstrichenen Nomen und Verben durch passende Synonyme (nicht durch Pronomen). Schreibe die Nummer in dein Heft und daneben das Synonym.

Märchen aus Tirol

Es war einmal ein Holzfäller, der arbeitete im Wald. Zu diesem
2 kam ein Waldmännle. Es war Winter und weil es den **1** Holzfäller fror, hauchte er in seine Hände, um sie zu erwärmen. Das **2**
4 Waldmännle fragte, was er da mache. Der Holzfäller **3** sagte: „So
kann ich meine Hände wärmen." Das Waldmännle nickte und war
6 zufrieden. Zu Mittag machte der **4** Holzfäller ein warmes Essen
und aß das **5** Essen direkt aus der Pfanne. Da das **6** Essen aber
8 noch sehr heiß war, blies er mit dem Mund auf jeden Bissen. Das
Waldmännle wunderte sich und **7** sagte: „Was machst du da?"
10 Der Holzfäller **8** sagte: „Ich kühle mein **9** Essen ab, indem ich
darauf blase." Das konnte das Waldmännle nicht glauben. Es sag-
12 te: „Du bist ein ganz unheimlicher **10** Holzfäller! Aus deinem
Mund kommt es einmal kalt und einmal warm! Da mag ich nicht
14 mehr bleiben." So sagte es und verschwand.

Merke:

Verweiswörter sind wichtig für den **Textzusammenhang**. Sie verweisen auf Wörter und Inhalte, die **vorher oder nachher** im Text stehen. Verweiswörter sind:
- **Possessivpronomen** (besitzanzeigende Fürwörter), z. B. *mein, dein, unser*
- **Demonstrativpronomen** (hinweisende Fürwörter), z. B. *dies, jenes*
- **Relativpronomen** (bezügliche Fürwörter), z. B. *der, die, das, welcher*
- **Adverbien** (Umstandswörter), z. B. *damals, schließlich, dort, wieder*

3 Lies den Text über den Erfinder und gib ihm eine passende Überschrift.

FINTUSI – Einem seltsamen Fahrzeug begegnet man seit Anfang Juni zuweilen in den Straßen und
2 der Umgebung der kleinen süditalienischen Stadt Fintusi. Gebaut hat es sich der Erfinder Filippo
Fabricini. Eine Badewanne ist auf ein Gehäuse montiert, **das** mit drei Rädern versehen ist und einen
4 Motor enthält. **Dieser** treibt die beiden Hinterräder an und ist über ein Armaturenbrett am Wan-
nenrand zu bedienen. Gesteuert wird das Gefährt durch Bewegungen einer mit dem Vorderrad
6 verbundenen Lenkstange. Natürlich beneiden viele Signor Fabricini um das Vergnügen, an heißen
Tagen **gleichzeitig** im kühlen Wasser liegen und durch die Gegend gondeln zu können. Er hat **des-**
8 **halb** schon beim Direktor einer Autofabrik angefragt, ob **dieser** bereit wäre, die fabricinische Fahrbadewanne serienmäßig herstellen zu lassen.

 4 Besprecht im Klassengespräch, worauf die markierten Wörter verweisen.

5 Schreibe die vier Begriffe auf, mit denen der fahrbare Unter-
satz von Herrn Fabricini bezeichnet wird.

6 Finde nun im folgenden Text die Verweiswörter und unterstreiche sie.

Kerzenechsen

Die kleine Insel Kandelabria liegt im Romantischen Ozean und wurde dort im vergangenen Sommer
2 entdeckt. Jede Nacht wird diese Insel an vielen Stellen von einer Unzahl kleiner Flammen erhellt,
die sich, nicht weit vom Erdboden entfernt, dahin und dorthin bewegen. Dann nämlich gehen die
4 Kerzenechsen, die es nur auf der Insel Kandelabria gibt, auf Nahrungssuche. Die Kerzenechsen sehen Dinosauriern ähnlich, sind aber nicht größer als
6 Hühner und laufen auf zwei Beinen. Ihr Schwanz
endet in einer Art Docht, der von einer im Körper
erzeugten, brennbaren Flüssigkeit getränkt wird
8 und nachts wie eine Kerze brennt. […]

Wort für Wort –
Schwierige Wörter richtig schreiben

ver-/fertig

1 Lauter Wörter mit dem Präfix (der Vorsilbe) ver- finden sich in der Wortblase. Ordne sie nach dem Alphabet.

verlangen   verfeindet
verreisen   verfügen
verwalten   verabscheuen
        versinken
verlieben   vergnügen
verfaulen   versuchen
        verfehlen
verfassen   verarmen

_____   _____

_____   _____

_____   _____

_____   _____

_____   _____

_____   _____

_____   _____

2 Eine Arbeit fertig stellen, einen Bericht fertig bekommen … Was kann man alles beenden? Schreibe zehn Beispielsätze mit der Zusammensetzung fertig stellen oder fertig bringen in dein Heft.

Merke:

fertig (= beenden) wird mit **f** geschrieben.

3 Schlag im Wörterbuch nach, wann man *fertigbringen* zusammenschreiben **muss** und schreibe die Erklärung auf die Zeile.

AH S. 66
Ü1–2
Wörter mit
f, v, ph

_____

paar/Paar

4 Lies die Beispielsätze mit paar und Paar und vervollständige die Sätze unter der Tabelle.

paar	Paar
Ich habe nur noch ein paar Euro.	Max und Lisa sind wirklich ein schönes Paar!
Er hat uns ein paarmal besucht.	Bildet bitte Paare und macht die Übung 3 gemeinsam.
Zu meinem Geburtstag werde ich ein paar Freunde einladen.	Was für ein nettes Pärchen die beiden doch abgeben.
Ich habe keine Äpfel für den Kuchen mehr. Geh und kauf bitte ein paar.	Ich suche mein braunes Paar Schuhe.

ein paar bedeutet: _____   ein Paar bedeutet: _____

5 Finde nun je ein eigenes Beispiel und schreibe es in dein Heft.

6 Was bedeuten die folgenden Begriffe? Schreibe eine Erklärung daneben.

paarlaufen _____

paarweise _____

irgend-

7 Welches Wort gehört zu welchem Satz?

irgendein / irgendeinmal / irgendetwas / irgendjemand / irgendwann / irgendwer / irgendwie / irgendwo / irgendwohin

Dieses Jahr fahren wir _____ , wo es Meer und Berge gibt!

Ich glaube, ich habe ihn schon _____ gesehen!

Lass uns doch _____ zusammen ins Kino gehen!

Ach ich weiß nicht, mir ist _____ gar nicht gut.

Still! Es ist, als ob _____ in der Nähe wäre!

Kann mir vielleicht _____ helfen?

Wer ist das? Keine Ahnung, _____ Schauspieler, glaube ich.

Sag mal, ist dir heute _____ über die Leber gelaufen oder warum bist du so schlecht gelaunt?

Also dann mach's gut! Wir treffen uns sicher _____ mal wieder.

8 Schreibe die Wörter mit **aus-** und die Wörter mit **außer-/außen-** in zwei Spalten geordnet in dein Heft.

AH S. 73
Ü4–5
s-Schrei-
bung

austauschen   Ausverkauf   außerhalb   Außenseiter   Außenbezirk   auswählen

Außentemperatur   Ausstieg   Ausnahme   außerordentlich   außerdem   Aussicht

außen   Auswahl   außenpolitisch   Außenwelt   aussieben   Ausfall   außerirdisch

ausstechen   Äußeres   Außenstürmer   auslachen   ausprobieren

wieder/wider

9 Setze ie oder i ein. Überprüfe jedes Mal, ob du die im Merktext angegebene Bedeutung verwenden könntest!

Dieser Brief wurde völlig w_____ der meinen Willen veröffentlicht.

Ich hasse es, wenn du mir immer w_____dersprichst.

Jeder W_____derstand ist zwecklos.

Kannst du mir bitte mein Buch w_____derbringen?

Seine Aussagen waren sehr w_____dersprüchlich.

BC-Wolfsburg wird heute gegen seinen ärgsten W_____dersacher zu kämpfen haben.

Leg das weg, ich finde das wirklich w_____derlich!

Wir freuen uns so sehr auf eure W_____derkehr!

Merke:

wieder = noch einmal, erneut.
wider = gegen / dagegen.

Interesse

10 Bilde in deinem Heft Sätze mit den folgenden Wörtern:

sich interessieren / das Interesse / interessanterweise / das Interessensgebiet / interesselos

139

In jemandes Haut schlüpfen –
Schreiben nach Vorgaben

1 Die Perspektive wechseln

Sabine Adatepe

Murat und Drakula

„Am Schulkiosk kostet der Kakao einen Euro.
2 Na, ich geb dir zwei, ist ja dein erster Tag heute." Mutter gab Murat einen Kuss auf die Stirn
4 und einen Klaps auf die Schulter.

Manchmal behandelte sie ihn wie einen Fünf-
6 jährigen, fand Murat. Dabei musste er heute
Morgen sogar allein in die neue Schule gehen,
8 weil sie ausgerechnet an seinem ersten Tag arbeiten musste. „Klar schaff ich das", hatte er gesagt,
10 „ich weiß ja, wo das Lehrerzimmer ist, und überhaupt, ich bin doch kein Baby mehr!"

12 Als er jetzt vor den 21 unbekannten Gesich-
tern stand, spürte er sein Herz richtig häm-
14 mern. [...]

„Das ist Murat. Du kommst aus der Türkei,
16 nicht wahr?", fragte jetzt Herr Schmidt, der
Deutschlehrer, der Murat in die Klasse gebracht
18 hatte.

„Ich komme aus Pinneberg", protestierte
20 Murat. Und Pinneberg ist eine Stadt bei Hamburg.

22 Die Mädchen kicherten und einige Jungen
lachten. Irgendwo hörte Murat aber auch eine
24 andere Stimme, die rief: „Hoş geldin, 'Lan[1],
Dicker!"

26 Ein kleiner, aber kräftig aussehender Junge
mit einem wirren rabenschwarzen Haarschopf
28 in der zweiten Reihe lachte auch nicht, er fun-
kelte den neuen Mitschüler aus dunklen Augen
30 nur neugierig an. Dieser Junge war Murat vor-
hin schon auf dem Korridor aufgefallen, da hat-
32 te er sich geprügelt und war erst kurz vor dem
Lehrer in den Klassenraum geflutscht. Und nun
34 schob der Lehrer Murat ausgerechnet zu diesem
Jungen hinüber!

36 „Gut, also Murat aus Pinneberg, setz dich da
zu Drakula, damit du nicht von Anfang an nur
38 Türkisch quatscht!"

Murat glaubte, sich verhört zu haben. Hatte
40 der Lehrer „Drakula" gesagt? So konnte der
Junge doch nicht heißen! Murat setzte sich zu
42 dem Jungen, der bereitwillig seine Sachen bei-
seite schob.

44 Die ganze Klasse feixte: „Frisches Blut für
Drakula! Ein neues Opfer für Drakula!"

46 [...] In der großen Pause nahm Drakula ihn
mit auf den Hof. „Komm, ich kauf Cola für uns
48 beide!", schlug er vor. Murat nickte und steckte
noch seine Pausendose ein: Tomate und Gurke,
50 ein Pfirsich, Müsliriegel und Käsebrot. Drakula
riss die Augen weit auf und freute sich, als Mu-
52 rat ihm den halben Pfirsich und das ganze Käsebrot überließ. Murat aß sowieso viel lieber
54 Wurstbrot.

Sport war schrecklich. Murat hasste Turnen.
56 [...] Die Jungsriege grätschte über den Kasten.
Drakula hüpfte behende wie ein Eichhörnchen
58 hinüber und stellte sich hinter dem Kasten auf,
um Murat aufzufangen. Zusammen rollten sie
60 auf die dicke Matte. Drakula drückte ihm fest
den Arm und Murat fühlte sich nicht mehr
62 ganz so verloren. [...]

In der letzten Stunde war Musik angesagt.
64 „Erst die Arbeit, dann das Vergnügen", trällerte
Frau Garcia-Mendez, die Lehrerin, und teilte
66 Arbeitsblätter aus.

---

[1] „Willkommen hearst" – umgangssprachlich und eher unfreundlich gemeint.

Kurz vor Ende der Stunde klatschte sie in die
68 Hände: „Kinderchen, jetzt singen wir noch einmal ‚Eines Morgens in aller Frühe'!"

70 [...] „Dragole, komm doch kurz her, mein Junge, ja?" Die Mädchen kicherten. „Singst du
72 uns die Melodie einmal vor, damit wir uns alle darauf einstimmen können, bevor wir zusam-
74 men singen? Ja? Also, eins, zwei …"

Und Drakula sang wie ein Engel. Murat blieb
76 der Mund offen stehen. Wie konnte aus diesem Bengel, der die Fäuste auch benutzte, wenn er
78 sie ballte, so eine Stimme kommen? [...] Als Drakula auf seinen Platz neben Murat zurück-
80 kam, war sein Gesicht knallrot. „Wie schön du singst!", flüsterte Murat ihm zu. Doch Drakula
82 knurrte: „Halt bloß die Klappe!"

Bevor die beiden Jungen sich an der Bushal-
84 testelle trennten, stieß Murat Drakula leicht an die Schulter: „Bis morgen, Drakula!" Statt einer
86 Antwort aber drehte Drakula sich um und rannte weg. Murat stand verdattert da. „Hey,
88 was ist los?", rief er hinter Drakula her und schon war er ihm auf den Fersen.

90 Drakula war flink, aber Murat war fest entschlossen, den neuen Freund nicht einfach so
92 gehen zu lassen. Als er ihn eingeholt hatte, schlug Drakula mit den Fäusten auf ihn ein,
94 doch Murat packte ihn bei den Handgelenken und schüttelte ihn – so machte Mutter das im-
96 mer, wenn er zu übermütig wurde, wie sie es nannte. „Was ist los, Dicker? Ich dachte wir sind
98 Freunde?", fragte Murat außer Atem und merkte plötzlich, dass Drakula Tränen übers Gesicht
100 liefen.

„Du bist ja auch nicht besser als die ande-
102 ren!", schluchzte Drakula.

Murat spürte, wie sein Herz zu rasen be-
104 gann. Er hatte etwas falsch gemacht, aber was? Drakula versuchte seine Hände aus Murats
106 Griff zu befreien, doch Murat ließ nicht locker.

„Sag mir, was los ist, sonst stehen wir morgen
108 Früh noch hier!", schrie er. [...]

Drakula blitzte Murat wütend an und fauch-
110 te: „Du hast auch dieses Wort gesagt!"

112 „Was? Welches Wort denn?"
„Na, Drakula!"
114 „Aber heißt du denn nicht so?"

[...] Murat fiel ein, dass die Musiklehrerin
116 etwas anderes gesagt hatte, und richtig liebevoll hatte das geklungen: „Dragole …", kam es Mu-
118 rat zögernd über die Lippen. „Aber warum sagen denn alle Drakula zu dir und wieso wehrst
120 du dich nicht dagegen, wenn's dir nicht passt?"

„Weißt du, wir kommen doch aus Rumänien.
122 Als ich im November neu in die Klasse gekommen bin, stellte der Lehrer mich vor. ‚Das ist
124 Drago aus Rumänien', hat er gesagt und die Klasse gefragt: ‚Wisst ihr denn, wo Rumänien
126 ist?' Der fette Igor hat gerufen: ‚Da kommt doch Drakula her!' Alle haben gelacht und einer hat
128 noch ‚Zigeuner' gerufen. Igor hab ich gleich in der ersten großen Pause verdroschen, aber ge-
130 nützt hat es nichts."

Murat legte ihm den Arm um die Schulter.
132 „Drago, du bist mein Freund. Ich weiß nicht viel über Graf Drakula, aber vielleicht war der
134 gar kein so schlechter Kerl!"

Drakula lachte. „Nee, nee, der war schon
136 wirklich schlimm!"

„Aber nicht schlimmer als Iwan der Schreck-
138 liche, oder?"

„Wieso?"
140 „Na, wenn Igor dich wieder Drakula ruft, nenn du ihn doch einfach Iwan den Schreckli-
142 chen oder Rasputin oder so!"

Drakula machte große Augen. „Woher kennst
144 du die denn?"

Murat dachte an Merlin und Artus, das
146 Buch, das zu Hause unter dem Kopfkissen auf ihn wartete. Historische Romane waren seine
148 große Leidenschaft. Er schmunzelte. „Ach, das erzähl ich dir ein anderes Mal! Komm, Drago,
150 wir gehen jetzt erstmal Eis essen. Magst du lieber Erdbeer oder Stracciatella?"

152 Er war froh, die zwei Euro, die Mutter ihm am Morgen gegeben hatte, noch in der Tasche zu
154 haben. Drakula entschied sich für Erdbeereis: „Weil das fast so rot ist wie Blut, Blutsbruder!"

 1 Erzähle die Geschichte aus der Sicht Dragos. Schreibe in der Ich-Form.

2 Eine Geschichte weitererzählen

Eva Marder

Die weiße Insel

„Weißt du, wer drüben auf der Insel wohnt?", fragte Tim. Steil
ragte die Insel weit draußen aus dem Meer. Ein weißer Felsen,
den nur die Möwen kannten.

„Niemand wohnt auf der Insel", antwortete Tom. „Es gibt
kein Haus dort und keine Hütte. Nicht mal ein Zelt."

„Das denkst du bloß, weil du die Rückseite nicht kennst",
sagte Tim und machte ein geheimnisvolles Gesicht.

Tom schwieg. Was sollte man darauf antworten? Niemand
konnte von hier die Rückseite sehen. Die lag dort, wo die großen Schiffe fuhren. Riesige Schiffe, die nach fernen Ländern
reisten.

„Auf der Rückseite ist eine Stadt mit blutroten Mauern
und Türmen", behauptete Tim. Als er das sagte, tauchte die
Rückseite der Insel vor ihm auf – so klar und deutlich, wie er
sie letzte Nacht erblickt hatte …

Wenn du eine Geschichte **weitererzählen** sollst, kommt es auf folgende Punkte an:

Vorhandene Elemente beachten	Hat Tim letzte Nacht geträumt? Sind Tim und Tom Freunde, Brüder, …?
Stimmungen, Atmosphäre	Ist der Anfang romantisch, spannend, unheimlich?
Figuren, Charakter	Welche Figuren kommen vor und wie wirken diese (mutig, feig, …)? Versuche, die besondere Art (den Charakter) der Figuren beizubehalten.
Erzähl-Form	Wer erzählt die Geschichte? Ist sie in Ich- oder Er/Sie-Form verfasst? Achte darauf, die Erzähl-Form beizubehalten.
Erzählplan	Wie willst du die Geschichte weitererzählen? Was soll passieren? Wie soll die Erzählung enden?

 2 Erzähle die Geschichte „Die weiße Insel" zu Ende. Beachte dabei die Merkpunkte.

3 Einen Erzählkern ausgestalten

Wie beim Weitererzählen auf die **Art** der Geschichte, die **Atmosphäre** und die **Erzählweise** achten.

Die im Erzählkern angelegte Handlung ausbauen und **lebendig** und **anschaulich** ausgestalten.

Einen Erzählkern ausgestalten

Anschaulich, **spannend**, **lebendig**, erzählen.

Die Geschichte **planvoll**, **zusammenhängend** und **geordnet** erzählen.

3 Gestalte den Erzählkern aus und erzähle die Geschichte aus der Sicht einer der beteiligten Personen in der Ich-Form.

In Lift eingesperrt

ST. JOHANN Zwei Schüler des örtlichen
2 Gymnasiums waren gestern Nachmittag über
mehrere Stunden im Lift der Schule einge-
4 schlossen. Die Schüler hatten den Lift verbo-
tenerweise benutzt, obwohl er aufgrund von
6 technischen Mängeln außer Betrieb gesetzt
worden war. Sie wollten sich den Weg in den
8 vierten Stock des Gebäudes ersparen, zudem
galt das Benutzen des Liftes unter den Schü-
10 lern als eine Art Mutprobe. Der Lift blieb zwischen dem zweiten und vierten Stock stecken.
12 Erst fünf Stunden, nachdem die Buben mit
ihrem Handy auf sich aufmerksam gemacht
14 hatten, gelang es der Feuerwehr und einem
Techniker, die Kinder unverletzt aus ihrer
16 misslichen Lage zu befreien.

Teste dich selbst

1 Welche Zeitform wird für Vergangenes beim **mündlichen** Erzählen verwendet?

Name: _____ Beispiel: _____

Welche beim schriftlichen Erzählen?

Name: _____ Beispiel: _____

2 Welcher Fehler passiert häufig bei der **Einleitung** von Erlebniserzählungen?

_____

3 Wann entfällt bei der Verwendung der wörtlichen Rede der Punkt am Ende des Satzes? Schreibe ein Beispiel auf.

_____

_____

4 Was bedeutet es, in einer Erlebniserzählung **„innere Vorgänge zu beschreiben"**?

_____

Beispiel: _____

5 Nenne vier Redewendungen zum Begriff „Ohr".

_____

_____

_____

_____

6 Unterstreiche alle Ersatz- und Verweiswörter im Text.

Der Frosch, der groß wie ein Ochse sein wollte *(nach Jean de La Fontaine)*

Ein dicker Frosch saß zufrieden im Sumpfwasser. Um ihn herum planschten und sprangen vergnügt
2 die anderen Frösche. Als der Frosch so dasaß und sie betrachtete, sah er in seiner Nähe einen Ochsen. Dieser war groß und stark. „Ich möchte so groß sein wie er!", dachte da der Frosch. So beschloss
4 er sich aufzublasen, bis er ebenso groß war. Er pumpte sich voll mit Luft. „Bin ich nun so groß wie
das Rindvieh?", fragte er die anderen Frösche. „Nein!", antworteten sie. Da blähte sich der Frosch
6 mit aller Kraft auf und pumpte und pumpte Luft in seinen Körper. „Gleich bin ich so groß wie der
Ochse!", dachte er stolz – und platzte.

7 Setze die fehlenden Buchstaben ein.

Über ihr Kommen freue ich mich au_____ erordentlich, sie sind alle ohne Au_____-

nahme willkommen! Diese ganze Diskussion finde ich w_____ derlich, immer und immer

w_____ der derselbe Mist! Endlich können wir _____ erreisen, denn die Arbeit ist

_____ ertig gestellt! Wir werden ein _____ aar Wanderungen machen – ich muss

mir noch ein _____ aar Schuhe kaufen. Die neue Serie int_____t mich.

In der Textwerkstatt –
Textsorten erkennen und gestalten

In der Textwerkstatt erfährst du, woran du unterschiedliche Textsorten erkennen kannst, und erhältst Werkzeuge, die dir helfen, selbst zur „Schreibmeisterin" oder zum „Schreibmeister" zu werden.

Hier findest du die Silben der Wörter, die die Textsorten bezeichnen, die in diesem Kapitel behandelt werden. Bilde die Wörter. Die Anfangssilbe ist vorgegebenen.

nen – gen – bür – ge – len – ger – gel – sze – schich – dicht – schich – ten – ge – spie – ten – schich – beln – ge – te

Lü _____

Γa _____

Schild _____

Eu _____

Ge _____

Spiel _____

Rechtschreibung

- Silbentrennung
- Texte korrigieren und überarbeiten

Die versunkene Glocke

Als die Schildbürger hörten, dass hinter den
2 Bergen Krieg herrschte, fürchteten sie sehr für
ihr Hab und Gut, es möchte ein Raub der Fein-
4 de werden. Besonders war ihnen angst um die
Glocke, die in ihrem Rathaus hing. Sie meinten,
6 man könne sie wegnehmen, um Büchsen[1] daraus zu gießen.

8 Deshalb wollten sie ihre Glocke in den See
versenken, bis der Krieg vorüber war. Dann
10 konnte man sie herausholen und wieder aufhängen. Sie brachten die Glocke also in ein
12 Boot und ruderten auf den See hinaus.

Als sie aber die Glocke hineinwerfen woll-
14 ten, sagte einer:

„Wie werden wir nun die Stelle wieder fin-
16 den, wenn wir sie wieder herausholen wollen?"

„Darüber lasst euch mal keine grauen Haare
18 wachsen", sagte der Bürgermeister, ging hin und
schnitt mit dem Messer eine Kerbe in den
20 Bootsrand an der Stelle, wo sie die Glocke ver-
senkten. Nachdem der Krieg vorüber war, fuh-
22 ren sie wieder auf den See hinaus, ihre Glocke
zu holen. Und sie fanden die Kerbe im Boots-
24 rand wohl, aber die Glocke konnten sie nicht
finden noch die Stelle, an der sie sie versenkt
26 hatten.

Der versalzene Gemeindeacker (gekürzt)

Eines schönen Tages wurde in Schilda das Salz
2 knapp. Und die Händler, die durchs Land zogen,
hatten keines zu verkaufen. […] Das missfiel den
4 Schildbürgern. Denn Butterbrot, Kartoffeln und
Suppen ohne Salz schmeckten ihnen und ihren
6 Kindern ganz und gar nicht. Deshalb berat-
schlagten sie, was geschehen sollte. […] Da der
8 Zucker auf Feldern wachse, meinte einer, brauche man auf dem Gemeindeacker nur Salz aus-
10 zusäen. Alles andere werde sich dann schon finden. So geschah's. Sie streuten die Hälfte ihres
12 Salzvorrats auf den Acker, stellten Wachposten
an den Rändern des Feldes auf, für den Fall, dass
14 Vögel das Salz würden stehlen wollen, und warteten ab. Schon nach ein paar Wochen grünte der
16 Acker, dass es eine Lust war. Das Salzkraut schoss
nur so in die Höhe. […] Und die Schildbürger
18 rechneten schon nach, wie viel Salz sie ernten
würden. […]

20 Eine Woche später gerieten ein paar Kinder
[…] beim Spielen ins Salzkraut hinein. Sie waren
22 barfuß und sprangen, kaum dass sie drinnen waren, schreiend wieder hinaus und rannten […]
24 nach Hause. „Es beißt schon!", riefen sie aufgeregt und zeigten den Eltern ihre Füße und
26 Waden. Überall hatten sie rote Flecken, und es
brannte fürchterlich. „Das Salz ist reif!", rief der
28 Schweinehirt. „Auf zur Ernte!"

---

[1] Gewehre

Die Schildbürger ließen ihre Arbeit stehen
30 und liegen, spannten die Pferde und Ochsen
vor die Erntewagen und fuhren, mit Sicheln,
32 Sensen[1] und Dreschflegeln[2], zum Gemeindeacker. Das Salzkraut biss ihnen in die Beine,
34 dass sie wie Lämmer herumhüpften. Es zer-
kratzte ihnen die bloßen Arme. Sie bekamen
36 rot geschwollene Hände. Tränen traten ihnen in
die Augen und rollten ihnen über die Backen.
38 Und es dauerte gar nicht lange, so warfen sie
die Sensen und Sicheln weg, sprangen wei-
40 nend aus dem Acker, fuchtelten mit den bren-
nenden Armen, Händen und Beinen und fuh-
42 ren zur Stadt zurück. „Nun?", fragten ihre

Frauen, „habt ihr das Salz schon abgeerntet?"
44 Die Männer steckten die Hände und Füße ins
kalte Wasser und sagten: „Nein. Es hat keinen
46 Zweck. Das Salz ist uns zu salzig!"

Ihr wisst natürlich längst, was da auf dem
48 Felde gewachsen war und was so beißen konnte. Es waren Brennnesseln! Ihr wisst es, und ich
50 weiß es. Wir sind ja auch viel klüger, als es die
Schildbürger waren!

Merke:

Aufbau von Schildbürgergeschichten:
A) Den Schildbürgern stellt sich ein Problem.
B) Sie lösen dieses tatkräftig auf für sie logische und richtige, aber in Wahrheit „schildbürgerliche" Art und Weise.
C) Sie erhalten nicht das erhoffte Resultat.

1 Markiere in den beiden Geschichten die verschiedenen Abschnitte A, B und C mit unterschiedlichen Farben.

2 In diesem Gitterrätsel sind sechs Wörter versteckt, die alle eine ähnliche Bedeutung wie das Wort „Spaßvogel" haben. Kannst du alle finden und aufschreiben?

	A	B	C	D	E	F	G	H	I	J
1	X	W	S	P	P	Y	S	M	W	S
2	H	I	C	H	V	D	C	Q	U	C
3	K	T	H	A	N	L	H	U	W	H
4	W	Z	A	P	D	T	E	Y	U	L
5	I	B	L	B	T	U	L	Q	X	I
6	S	O	K	S	Q	M	M	P	K	N
7	C	L	J	Ö	C	N	N	R	G	G
8	R	D	K	W	T	G	Ä	X	S	E
9	S	P	I	T	Z	B	U	B	N	L
10	S	C	H	L	I	T	Z	O	H	R

1) _____
2) _____
3) _____
4) _____
5) _____
6) _____

---

[1] Sicheln, Sensen: Geräte zum Schneiden und Mähen
[2] Dreschflegel: damit werden die Getreidekörner aus den Ähren geschlagen

Wie Eulenspiegel einem Esel das Lesen beibrachte

Eine Zeit lang beschäftigte sich Eulenspiegel damit, dass er von Universität zu Universität zog, sich überall als Gelehrter ausgab und die Professoren und Studenten neckte. Er behauptete, alles zu wissen und zu können. Und er beantwortete tatsächlich sämtliche Fragen, die sie ihm vorlegten.

Bei dieser Gelegenheit kam er schließlich nach Erfurt. Die Erfurter Studenten und ihr Rektor[1] hörten von seiner Ankunft und zerbrachen sich den Kopf, was für eine Aufgabe sie ihm stellen könnten. […] Endlich fiel ihnen etwas Passendes ein. Sie kauften einen Esel, bugsierten das störrische Tier in den Gasthof „Zum Turm", wo Eulenspiegel wohnte, und fragten ihn, ob er sich zutraue, dem Esel das Lesen beizubringen. „Selbstverständlich", antwortete Till. „Doch da so ein Esel ein dummes Tier ist, wird der Unterricht ziemlich lange dauern."

„Wie lange denn?", fragte der Rektor der Universität. „Schätzungsweise zwanzig Jahre", meinte Till. […] Der Rektor war mit den zwanzig Jahren einverstanden. Eulenspiegel verlangte fünfhundert alte Groschen für seinen Unterricht. Man gab ihm einen Vorschuss und ließ ihn mit seinem vierbeinigen Schüler allein. Till brachte das Tier in den Stall. In die Futterkrippe legte er ein großes altes Buch, und zwischen die ersten Seiten des Buches legte er Hafer. Das merkte sich der Esel. Und um den Hafer zu fressen, blätterte er mit dem Maul die Blätter des Buches um. War kein Hafer mehr zu finden, rief der Esel laut: „I-a, i-a!" Das fand Eulenspiegel großartig, und er übte es mit dem Esel wieder und wieder.

Nach einer Woche ging Till zu dem Rektor und sagte: „Wollen Sie bei Gelegenheit einmal mich und meinen Schüler besuchen?" „Gern", meinte der Rektor. „Hat er denn schon einiges gelernt?" „Ein paar Buchstaben kann er bereits", erklärte Eulenspiegel stolz. „Und das ist ja für einen Esel und für eine Woche Unterricht schon allerhand."

Schon am Nachmittag kam der Rektor mit den Professoren und Studenten in den Gasthof, und Till führte sie in den Stall. Dann legte er ein Buch in die Krippe. Der Esel, der seit einem Tag kein Futter gekriegt hatte, blätterte hungrig die Seiten des Buches um. Und da Eulenspiegel diesmal überhaupt keinen Hafer ins Buch gelegt hatte, schrie das Tier unaufhörlich und so laut es konnte: „I-a, i-a, i-a!" „I und A kann er schon, wie Sie hören", sagte Eulenspiegel. „Morgen beginne ich damit, ihm O und U beizubringen."

Da gingen die Herren wütend fort. Der Rektor ärgerte sich so sehr, dass ihn bald darauf der Schlag traf. Und Till jagte den Esel aus dem Stall. „Scher dich zu den andren Erfurter Eseln!", rief er ihm nach. Dann schnürte er sein Bündel und verließ die Stadt noch am selben Tag.

---

[1] Leiter einer Universität oder Hochschule
[2] Schoppen: altes Maß für Flüssigkeiten

Till Eulenspiegel in Bayreuth

Von Bamberg aus pilgerte Till Eulenspiegel nach Bayreuth. Dort kam er in eine Herberge, deren Wirt die Klugheit nicht gerade mit Löffeln gefressen hatte, wie Till bald bemerkte. Geld besaß Eulenspiegel wie gewöhnlich nicht, dafür hatte er großen Hunger. Der Wirt fragte ihn, ob er ihm ein Schöpplein[1] Wein bringen sollte. Dabei entdeckte Eulenspiegel, dass in der Küche Bratwürstchen gebraten wurden. In der Die rochen gar lieblich. Als nun der Wirt das Schöpplein Wein brachte und ihm mit einem „Geseg'n es Gott!" vorsetzte, sagte er schalkhaft: „Lieber Herr Wirt, bringt mir dafür ein Bratwürstchen."

Da nahm der Herbergsvater seinen Wein zurück und brachte ihm ein Bratwürstchen. Das aß Till mit Stumpf und Stiel auf und ging dann seines Weges. An der Tür aber hielt ihn der Wirt zurück und sagte: „Ei, ei, mein werter Gast, das ist hier nicht Brauch, ohne Bezahlung davonzugehen. Zahlt mir vorerst das Bratwürstchen!"

„Das Bratwürstchen zahle ich Euch nicht", antwortete Till rasch, „denn dafür habe ich Euch den Schoppen Wein gegeben."

„Den habt Ihr ja auch nicht bezahlt", sagte der Wirt.

„Ich habe ihn ja auch nicht getrunken", antwortete er und ging davon, sodass der Wirt, dem so etwas nicht in den Kopf wollte, das Nachsehen hatte.

 1 Lest die beiden Eulenspiegelgeschichten. Tauscht euch untereinander aus: Welche Gemeinsamkeiten im Aufbau haben die beiden Geschichten?

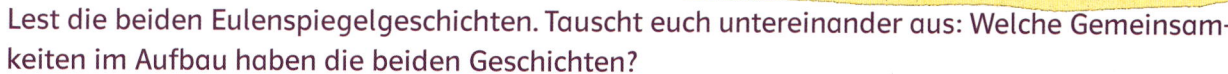

 Merke:

Aufbau und Erzähltechnik von **Eulenspiegelgeschichten**:
- Eulenspiegel ist unterwegs, hungrig und sucht Arbeit.
- Eulenspiegel siegt durch seine Gerissenheit und seinen Witz; z. B. legt er seinen Gegner oft herein, indem er wörtlich nimmt, was der andere im übertragenen Sinn meint, oder indem er **eine Redensart** absichtlich **wörtlich nimmt**. Ähnlich wie bei einem Witz ist die Geschichte auf diesen überraschenden Höhepunkt, die so genannte **Pointe**, hin erzählt.
- Er wird davongejagt und geht wieder auf Reisen.
- Eulenspiegelgeschichten enthalten viele **wörtliche Reden** und werden im **Präteritum** erzählt.

2 Überprüfe bei beiden Eulenspiegelgeschichten, welche Punkte des Merktextes auf sie zutreffen. Mache dir dazu stichwortartige Notizen in dein Heft.

Getrennt und doch zusammen –
Worttrennung am Zeilenende

Till wird Landbesitzer

Till Eulenspiegel wurde im Laufe seines Lebens nicht nur von einem Fürst aus dem Land gejagt. Nein, da gab es eine ganze Menge, die ihn am liebsten nur von hinten sahen.

So auch der Herzog von Lüneburg, den Till Eulenspiegel eines Tages ganz böse veralbert hatte. Als der Herzog das merkte, da schmiss er Till aus seinem Land heraus und drohte ihm, würde er es je wieder betreten, dann würde er ihn hängen lassen. So gekränkt war der Mann.

Natürlich sah Till Eulenspiegel zu, dass er schnell aus Lüneburg verschwinden konnte, doch wie das Leben so spielt. Kaum waren ein paar Jahre ins Land gezogen, da musste Till bei einer Reise genau dieses Gebiet wieder durchqueren.

Vorsichtshalber hatte er sich einen Wagen besorgt, der von einem klapprigen Gaul gezogen wurde. Und hinten, auf dem Fuhrwerk, da transportierte er eine ganze Menge Erde, in die sich Till Eulenspiegel so tief hinein gegraben hatte, dass nur noch sein Kopf mit seiner auffälligen Mütze herausblitzte.

Und es kam, wie es kommen musste: er begegnete dem Herzog von Lüneburg, der ihn natürlich sogleich erkannte. „Hatte ich dir nicht gesagt, dass du ein toter Mann bist, wenn du dich noch einmal in meinem Land sehen lässt?", schrie der Herzog Till förmlich an.

Doch der blieb ruhig. „Herzog", sagte er, „seht Ihr denn nicht, dass ich gar nicht in Eurem Land sitze, sondern in meinem eigenen? Die Erde hier, in der ich sitze, habe ich von einem rechtschaffenen Bauern zu einem fairen Preis erworben. Das ist meine Erde, mein Land."

Der Herzog war sprachlos. So viel Dreistigkeit war ihm noch nicht untergekommen. „Sehe ich doch noch einmal", sagte er, „dann lasse ich dich samt Pferd und Wagen aufhängen."

 1 Lest die Eulenspiegelgeschichte. Erklärt euch untereinander den Trick Eulenspiegels in eigenen Worten: Wie gelingt es Eulenspiegel, das Verbot des Herzogs zu umgehen?

Merke:

Jedes Wort besteht aus **Silben**.

Die **Silben** kannst du erkennen, wenn du das Wort langsam und deutlich aussprichst: z.B. *Eu-len-spie-gel, Land-be-sit-zer*.

Es gibt auch Wörter, die nur aus einer Silbe bestehen: z.B. *Till, Schwank*.

Wenn du am Zeilenende ein Wort trennen musst, trennst du immer nach Silben, *also z.B. Eu|len|spie|gel*.

Achtung: Niemals getrennt werden:

- ch, sch, ck, ph, rh, sh und th, wenn diese Buchstaben für einen Laut stehen, z.B. *Ze|cke, na|schen* (aber: *das kleine Häs|chen*)
- einzelne Vokalbuchstaben am Wortanfang und -ende, also nicht *U|fer, Bo|a*.

2 Markiere in den ersten zwei Absätzen des Textes (Z. 1–10) alle einsilbigen Wörter (d.h. die Wörter, die nicht getrennt werden können).

3 Ergänze die Tabelle um die entsprechenden Wörter aus den ersten zwei Absätzen des Textes. Trage immer die Trennungsmöglichkeiten mit einem Strich („|") ein.

Wörter, die einmal getrennt werden können	Wörter, die mindestens zweimal getrennt werden können
wur|de	Eu|len|spie|gel

4 Die folgenden Trennung sind falsch. Gib jeweils die richtige Trennungsmöglichkeit an. Wenn keine Trennung möglich ist, schreibe „nicht trennbar" hinter das Wort.

a) täus|chen: _____

b) O|fen: _____

c) sog|leich: _____

d) Nac|ken: _____

e) Bi|o: _____

f) Vi|eh: _____

g) Dre|istigkeit: _____

h) komm|en: _____

5 Die folgenden Trennung sind an sich korrekt, aber trotzdem verbesserungswürdig. Warum? Notiere den Grund stichwortartig.

a) Spargel|der   b) Altbauer|haltung   c) Sprecher|ziehung   d) Blute|gel:

_____

_____

6 Schreibe für die vier Wörter aus Aufgabe 5 jeweils eine alternative Trennungsmöglichkeit auf.

a) _____

b) _____

c) _____

d) _____

Lügenbaron Münchhausen auf der Spur –
Lügengeschichten untersuchen

Der Ritt auf der Kanonenkugel und andere Abenteuer

Im gleichen Feldzug belagerten wir eine Stadt – ich habe vor lauter Belagerungen vergessen, welche Stadt es war –, und Marschall Münnich hätte gerne gewusst, wie es in der Festung stün-
5 de. Aber es war unmöglich, durch all die Vorposten, Gräben und spanischen Reiter hineinzugelangen.

Vor lauter Mut und Diensteifer, und eigentlich etwas voreilig, stellte ich mich neben eine
10 unserer größten Kanonen, die in die Stadt hineinschossen, und als sie wieder abgefeuert wurde, sprang ich im Hui auf die aus dem Rohr herauszischende Kugel! Ich wollte mitsamt der Kugel in die Festung hineinfliegen! Wäh-
15 rend des sausenden Flugs wuchsen allerdings meine Bedenken. Hinein kommst
du leicht, dachte ich,
aber wie kommst du
wieder heraus?
20 Man

wird dich
in deiner Uniform
als Feind erkennen und
an den nächsten Galgen hängen!
25 Diese Überlegungen machten mir sehr zu schaffen. Und als eine türkische Kanonenkugel, die auf unser Feldlager gemünzt war, an mir vorüberflog, schwang ich mich auf sie hinüber und kam, wenn auch unverrichteter Sache, so
30 doch gesund und munter wieder bei meinen Husaren an.

Im Springen über Zäune, Mauern und Gräben war mein Pferd nicht zu schlagen. Hindernisse gab es für uns nicht. Wir ritten immer den
35 geradesten Weg. Als ich einmal einen Hasen verfolgte, der quer über die Heerstraße lief, fuhr zwischen ihm und mir dummerweise eine Kutsche mit zwei schönen Damen vorüber. Da die Kutschenfenster heruntergelassen waren und
40 ich den Hasen nicht aufgeben wollte, sprang ich samt dem Gaul kurz entschlossen durch die Kutsche hindurch! Das ging so schnell, dass ich mit knapper Mühe und Not die Zeit fand, den Hut zu ziehen und die Damen um Entschuldi-
45 gung zu bitten.

Ein anderes Mal wollte ich mit meinem Litauer über einen Sumpf springen. Bevor ich sprang, fand ich ihn lange nicht so breit wie während
50 des Sprungs.

Nun,
wir wendeten
mitten in der Luft
um und landeten mit heiler Haut
55 auf dem Trocknen. Aber auch beim zweiten Anlauf sprangen wir zu kurz und sanken, nicht weit vom anderen Ufer, bis an den Hals in den Morast! Und wir wären rettungslos umgekommen, wenn ich mich nicht, ohne mich lange
60 zu besinnen, mit der eignen Hand am eignen Haarzopf aus dem Sumpf herausgezogen hätte! Und nicht nur mich, sondern auch mein Pferd! Es ist manchmal ganz nützlich, kräftige Muskeln zu besitzen.
65 Trotz meiner Tapferkeit und Klugheit und trotz meines Litauers Schnelligkeit und Ausdauer geriet ich, nach einem Kampf mit einer vielfachen Übermacht, in Kriegsgefangenschaft. Und was noch schlimmer ist: Ich wurde als
70 Sklave verkauft! […]

Kurz darauf schlossen die Russen und die Türken Frieden, und ich wurde als einer der ersten Gefangenen ausgeliefert und nach Petersburg zurückgeschickt. Dort nahm ich mei-
75 nen Abschied und kehrte nach Deutschland zurück. […] Da mein Litauer von den Türken beschlagnahmt worden war, musste ich mit der Schlittenpost reisen.

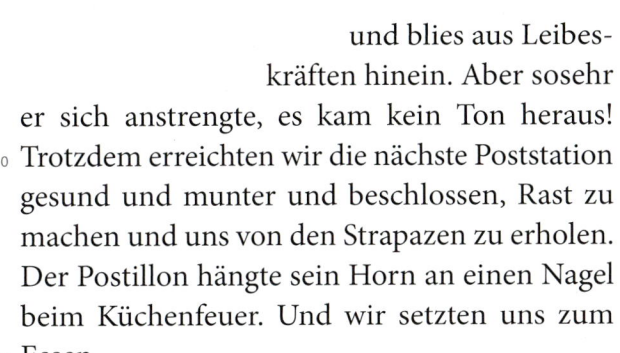

80 In einem Hohlweg, der kein Ende nehmen wollte, bat ich den Postillon, mit seinem Horn ein Signal zu blasen, damit wir nicht etwa mit einem uns entgegenkommenden Fuhrwerk zusammenstießen. Er 85 setzte das Posthorn an die Lippen und blies aus Leibeskräften hinein. Aber sosehr er sich anstrengte, es kam kein Ton heraus! 90 Trotzdem erreichten wir die nächste Poststation gesund und munter und beschlossen, Rast zu machen und uns von den Strapazen zu erholen. Der Postillon hängte sein Horn an einen Nagel beim Küchenfeuer. Und wir setzten uns zum 95 Essen.

Auf einmal erklang's „Tereng, tereng, tereng, tengteng!" Wir sperrten die Ohren auf und machten große Augen. Dann merkten wir, warum der Postillon nicht hatte blasen können. Die 100 Töne waren in dem Horn festgefroren! Nun tauten sie nach und nach auf, und es wurde ein richtiges Tafelkonzert daraus. Wir hörten unter anderem „Ohne Lieb' und ohne Wein", „Gestern Abend war Vetter Michel da" und sogar das 105 schöne Abendlied „Nun ruhen alle Wälder".

So endete der Spaß mit dem Posthorn, und damit endet zugleich meine russische Reisegeschichte. Sollten womöglich einige Leser glauben, ich hätte bis hierher dann und wann ge-110 logen, so rate ich ihnen in ihrem eigensten Interesse, das Buch zuzuschlagen. Denn auf der nächsten Seite bereits folgen Abenteuer, die noch wunderbarer als die bisherigen, aber ebenso wahr sind.

Merke:

Lügengeschichten sind erfundene („erlogene") Erzählungen, in denen mehrere unwahrscheinliche Ereignisse locker miteinander verknüpft sind. Meist handelt es sich um anschaulich und spannend erzählte **Ich-Erzählungen aus der Sicht der Hauptfigur**, die einem Zuhörerkreis zur Belustigung erzählt werden.

1 Unterstreiche in diesen Geschichten die Stellen, die unglaubwürdig sind, blau.

2 Der Text erzählt von mehreren Abenteuern Münchhausens. Finde sie im Text und kennzeichne sie grün. Fasse jedes Abenteuer in einem Satz zusammen und zeichne dazu eine kleine Illustration. Arbeite in deinem Heft.

3 Findet heraus, um welche Lügen es sich handelt. Sprecht darüber. Wodurch unterscheiden sie sich von den Eulenspiegelgeschichten?

4 Schreibe zu der Überschrift „Münchhausens Abenteuer auf seiner Reise durch Österreich" eine Lügengeschichte. Achte auf die typischen Merkmale. Arbeite in deinem Heft.

Ungelogen! –
Mit einem Textverarbeitungsprogramm arbeiten

1 Bildet Gruppen mit vier bis fünf Schülerinnen und Schülern. Lest euch eure Münchhausengeschichten (aus Aufgabe 4 auf Seite 153) vor und wählt eine Geschichte aus, die euch allen besonders gefällt. Wenn ihr euch nicht einigen könnt, könnt ihr für die folgenden Aufgaben auch auf irgendeinen Text(anfang) aus dem Buch oder Leseheft zurückgreifen.

2 Ab jetzt wird am PC gearbeitet. Zunächst müsst ihr euer Textverarbeitungsprogramm (z. B. Word oder Pages) öffnen. Klickt dazu mit der linken Maustaste zweimal rasch hintereinander (= **Doppelklick**) auf das entsprechende Symbol auf dem Desktop eures Rechners. Es öffnet sich dann ein Schreibfeld, das oben eine Bedienungsleiste enthält, deren linker Teil in vielen WordVersionen so aussieht:

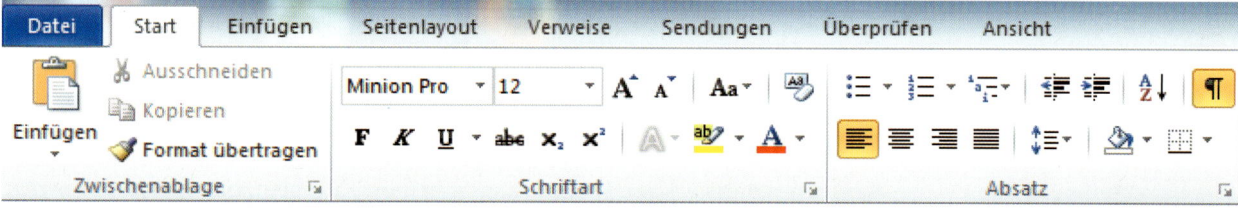

3 Schreibt nun den von euch in Aufgabe 1 ausgewählten Text in das Schreibfeld. Wenn ihr den Text abgeschrieben habt, solltet ihr den Text zunächst speichern. Klickt dazu mit der Maus einmal links auf „Datei". Es öffnet sich eine Ansicht, wie ihr sie hier links seht. Dann klickt ihr auf „Speichern". Ihr könnt nun euer Dokument benennen und einen Speicherort auswählen.

🔑 **Tipp**

Wenn du einen längeren Text erfasst oder länger an etwas arbeitest, solltest du ==immer wieder einmal den aktuellen Arbeitsstand abspeichern==. Dann kannst du, wenn etwas schiefgelaufen ist, immer noch das Programm beenden und neu starten.

Ganz oben links findest du außerdem einen nach links gedrehten Pfeil (hier im Bild in der Mitte der obersten Zeile). Wenn du auf diesen Pfeil klickst, wird die letzte Eingabe **rückgängig gemacht**. Wenn du also versehentlich irgendetwas verändert hast und nicht weißt, wie du diese Eingabe korrigieren kannst, dann kannst du sie so rückgängig machen.

4 Arbeitet nun mit eurem erfassten Text weiter (ggf. müsst ihr dazu die eben gespeicherte Textdatei erst wieder öffnen). Übt, wenn ihr das noch nicht (sicher) könnt, zunächst das Markieren von Textstellen.

- Sucht euch dazu einen Satz in der Textmitte heraus.
- Geht mit dem Cursor vor den ersten Buchstaben des Satzes. Klickt mit der linken Maustaste und haltet die Maustaste gedrückt. Wenn ihr nun die Maus bewegt, wird der Text in der Bewegungsrichtung blau unterlegt. Wenn ihr die linke Maustaste loslasst, bleibt die Stelle markiert und ihr könnt damit arbeiten. Wenn ihr die falsche Stelle (oder zuviel oder zu wenig) markiert habt, klickt einfach einmal mit der linken Maustaste an eine beliebige Stelle eures Dokuments und die Markierung verschwindet wieder.

5 Probiert den Befehl „Strg + A" aus: Die Strg-Taste (auf der Tastatur ganz unten links) müsst ihr gedrückt halten und dann noch die A-Taste drücken. Notiert, was der Befehl leistet.

Strg + A: _____

6 Probiert die Befehle „Strg + C" und „Strg + V" aus: Markiert einen Satz, drückt „Strg + C", verändert die Cursor-Position und drückt „Strg + V". Notiert, was die Befehle leisten.

Strg + C: _____

Strg + V: _____

7 Die wichtigsten Textverarbeitungsbefehle in der Bedienungsleiste sind diese (ihr findet sie zum Beispiel auch in euren E-Mail-Programmen, wenn ihr eine E-Mail schreibt):

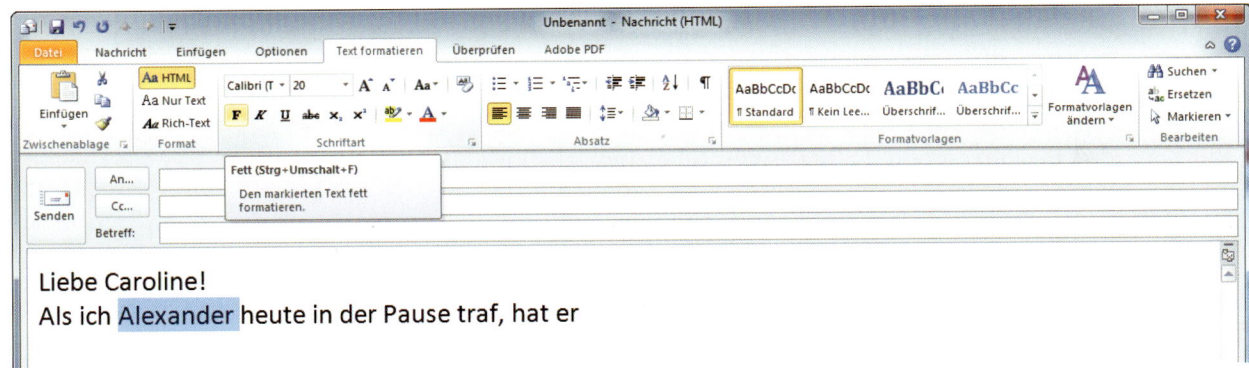

Fahrt mit dem Cursor auf die Symbole und belasst den Pfeil so lange auf dem Symbol, bis sich das Erklärungsfenster öffnet. Erklärt euch untereinander, was man mit diesen Funktionen machen kann, und probiert ihre Verwendung an eurem Text aus.

8 Gestaltet nun den von euch in Aufgabe 2 erfassten Text. Ihr könnt zum Beispiel:

- Die Überschrift fett setzen.
- Für die Überschrift und den eigentlichen Text unterschiedliche Schriftgrößen nutzen.
- Die Überschrift in einer anderen Farbe setzen.
- Für euren ganzen Text eine Schriftart auswählen, die euch allen gefällt.

> 🔑 **Tipp**
>
> Auch wenn man mit einem Textprogramm vieles machen kann, so sollte man **optische Effekte** dennoch **sparsam einsetzen**. Weniger ist hier oft mehr!

9 Druckt den von euch gestalteten Text aus (das geht ganz schnell mit „Strg + P") und hängt ihn in der Klasse aus.

Münchhausen in Österreich –
Texte korrigieren

1 Lest den Text einer Schülerin zur Überschrift „Münchhausens Abenteuer auf seiner Reise durch Österreich" (aus Aufgabe 4 auf Seite 153) zunächst mit Blick auf den Inhalt (die Fehler könnt ihr also überlesen) und tauscht euch untereinander darüber aus, ob der Text die Merkmale einer Lügengeschichte erfüllt.

	Korrekturen
Achtung: Fehlertext Münchhausens Abenteuer auf ~~seienr~~ Reise durch Österreich Später kam ich dann über Slovenien nach Österreich. Um auf dem schnellsten Weg weiter nach Salzburg zu gelangen, wo ich den Grafen Stroganoff zu treffen <u>hoffte musste</u> ich die Alpen überqueren. Doch wie sollten das jetzt, mitten im Winter, so einfach gelingen? Da fiel mir ein, dass ich im Grenzgebiet auf Bärenspuren gestosen war. So ritt ich kurz entschlossen zuürck, bis ich wieder auf die Spur stieß. Ich bestieg einen Baum und machte, was ich vortrefflich beherrsche den Schrei einer Braunbärin nach. Ich musste auch gar nicht lange warten. Schon kam ein rießiger branuer Bär angelaufen, dem ich vom Baum herab auf den Rücken sprang. Sofort brummte ich ihm ins Ohr und hielt ihm einen offenen Honigopf den ich zuvor an einer Stange befestigt hatte, vor die Nase. Wie nicht anders zu erwarten war, trapte nun der Bär hinter dem Honig her, immer gerade aus direckt auf die Alpen zu und darüber hinweg. Das ging recht schnell, denn mit jedem Schritt wurde der Bär gieriger nach dem Honig und auch etwas schneller. Und während der Bär erst lief, dann trabte und schließlich wie wild rannte brummte ich ihm frenudlich in Ohr. Wahrscheinlich wäre er noch bis zum Atlantick weitergerannt, doch ich wollte blos nach Salzburg. Und so sprang ich, als Salzburg zu sehen war, von seinem Rücken und warf zugleich den Honigtopf weit nach vorne. Und sogleich vergas der Bär seinen Reiter und stürzte sich auf den Honig, während ich, ausgeruht durch die bequeme Alpenüberquerung rasch Richtung Stadt spazierte.	seiner hoffte, musste

 Merke:

Wenn man einen <mark>Text gründlich korrigieren</mark> will, sollte man ihn mehrfach lesen, wobei man jeweils seine Aufmerksamkeit auf einen bestimmten Aspekt lenkt, vor allem auf:
- Rechtschreibung
- Zeichensetzung
- Grammatik
- Wortwahl
- Satzanfänge

2 Lies jetzt den Text der Schülerin in zwei gesonderten Durchgängen zunächst auf die Rechtschreibung, dann auf die Zeichensetzung durch. Verbessere die Fehler wie in den Beispielen vorgemacht. Beachte bei der Rechtschreibung, dass sich sowohl Verschreibungen (wie sie beim Tippen vorkommen) als auch „echte" Fehler finden.

Merke:

Damit man bei der **Rechtschreibung** nichts überliest, kann man die Wörter **silbenweise lesen**, also Silbe für Silbe die Rechtschreibung prüfen.

3 Lies den Text der Schülerin noch ein weiteres Mal und achte dabei besonders auf den Sprachstil (auch Wortwahl, Satzanfänge, Sprache insgesamt). Markiere die Stellen mit einem Buntstift, die dir nicht gefallen und die du überarbeiten würdest. Achtung: Der Text der Schülerin ist recht gut, ihr werdet also nicht sehr viele verbesserungswürdige Stellen finden.

4 Besprich die von dir markierten Stellen mit deiner Sitznachbarin bzw. deinem Sitznachbarn. Erklärt euch gegenseitig, was euch nicht gefällt und warum, und sucht gemeinsam nach Verbesserungsmöglichkeiten.

5 Die Schülerin hat ihren Text mithilfe eines Textverarbeitungsprogramms erfasst und das Korrekturprogramm hat folgende drei Markierungen vorgenommen:

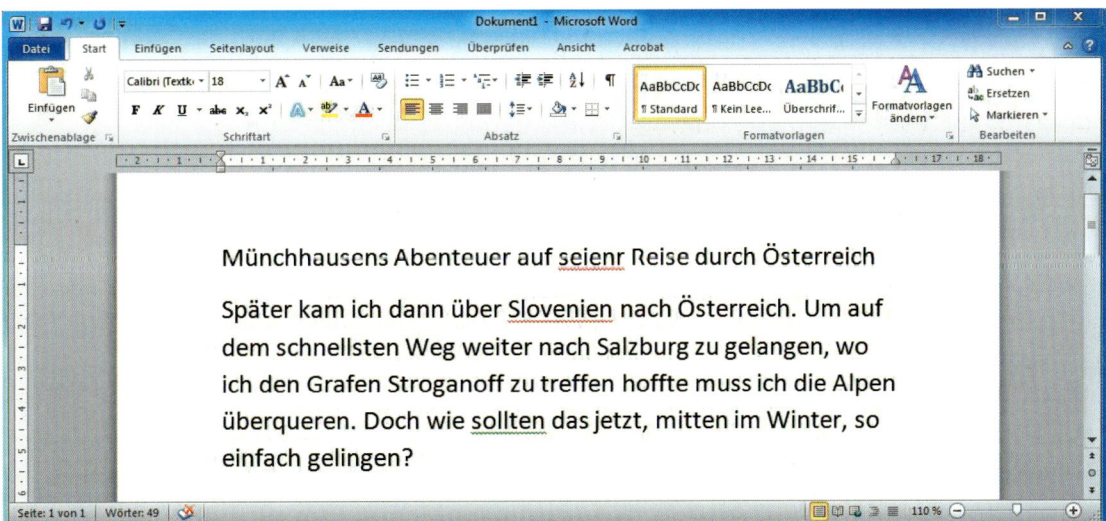

- Besprich mit deiner Sitznachbarin bzw. deinem Sitznachbarn, welche Art von Fehler mit Rot und welche Art von Fehlern mit Grün unterkringelt wurde.
- Vergleicht die Korrekturhinweise des Textverarbeitungsprogramms mit euren eigenen Korrekturen. Leitet daraus ab, welche Fehler ein Computer erkennt und welche (meist) nicht. Haltet eure Überlegungen schriftlich fest.

Fehler, die ein Computer erkennt: _____

_____

Fehler, die ein Computer (meist) nicht erkennt: _____

_____

6 Korrigiert nun eure eigenen Arbeiten (aus Aufgabe 4 auf Seite 153), indem ihr sie mehrfach unter jeweils anderen Aspekten lest.

So ein Theater – **Einen szenischen Text untersuchen und sinnbetont lesen**

Mark Twain: Tom und der Neue

TOM schlendert pfeifend durch die Straße. In der rechten Hand hält er einen Apfel, den er immer wie-
2 *der hochwirft und auffängt. Dann sieht er, wie ihm ein feiner JUNGE entgegenkommt.*
TOM (*zu sich selbst*) Der glaubt wohl, er ist was Besonderes. (*TOM steckt den Apfel in die Hosen-*
4 *tasche.*)
JUNGE (*kommt auf Tom zu, bleibt stehen*)
6 *Schweigend starren sich die beiden in die Augen.*
TOM Ich kann dich verprügeln!
8 JUNGE Versuch es doch!
TOM Ich kann es!
10 JUNGE Nein, kannst du nicht!
TOM Und ob!
12 *Eine Pause entsteht. Der Junge starrt weiter Tom an, der dem Blick standhält.*
TOM (*in feindlichem Ton*) Wie heißt du?
14 JUNGE Das geht dich gar nichts an!
TOM Du hältst dich wohl für besonders schlau, was? Ich könnte dich sogar mit einer Hand verdre-
16 schen, wenn ich wollte!
JUNGE Dann tu es endlich und rede nicht immer davon!
18 TOM Angeber! (*zeigt auf den Hut des Jungen*) Und dein komischer Hut …
JUNGE Wirst dich schon an ihn gewöhnen. Versuch doch mal, ihn mir herunterzuschlagen. Aber
20 ich warne dich! Du kannst jetzt schon deine Knochen nummerieren.
TOM Nimm dein Maul nicht so voll, du Feigling!
22 *Die beiden gehen lauernd einmal im Kreis herum.*
TOM Verzieh dich endlich!
24 JUNGE Verzieh dich doch selber!
TOM greift mit beiden Händen an die Schulter und versucht, ihn wegzudrücken. Der JUNGE reagiert
26 *sofort und versucht seinerseits, TOM wegzudrücken. Keiner erzielt dabei einen Vorteil; nach einer*
Weile hören sie auf und nehmen ihre ursprüngliche Position wieder ein.
28 TOM Du bist ein Feigling. Und ein eitler Angeber noch dazu! Mein großer Bruder wird dich wie
eine lästige Fliege zerquetschen, wenn ich`s ihm sage!
30 JUNGE Was geht mich dein großer Bruder an! Wenn erst mein großer Bruder kommt, dann haut
der deinen mit einem Fußtritt über den Zaun.
32 TOM (*zieht langsam mit seinem großen Zeh einen Strich in den Straßenstaub*) Einen Schritt drüber
und ich verhaue dich, dass du
34 nicht mehr stehen kannst!
JUNGE (*tritt über den Strich, höh-*
36 *nisch*) So, jetzt zeig' was du kannst!
TOM Ich warne dich. Für zwei
38 Cents mache ich es sofort!
JUNGE (*holt zwei Münzen aus sei-*
40 *ner Hosentasche heraus und hält*
sie Tom direkt unter die Nase)
42 Da hast du dein Geld.

1 Lest die Szene und besprecht in der Klasse:

- Wie ist der Streit entstanden?

- Wer hat Schuld am Streit?

- Wie könnte die Begegnung weitergehen?

> **Merke:**
>
> <mark>Szenische Texte</mark> **(also Texte, die für eine Bühnenaufführung geschrieben wurden)** haben im Gegensatz zu erzählenden Texten **keinen Erzähler bzw. keine Erzählerin**. Der Autor bzw. die Autorin eines szenischen Textes kann Hinweise zur Handlung und zum Verhalten der Figuren aber in den **Regieanweisungen** mitteilen. Außer den Regieanweisungen kommt in szenischen Texten nur **Figurenrede** (Dialoge, Monologe) vor.

 2 Erklärt euch gegenseitig, woran man erkennt, dass es sich bei „Tom und der Neue" um eine Spielszene handelt.

3 Notiere, welche Requisiten (= Gegenstände, die für eine Aufführung benötigt werden) man braucht, um die Szene aufzuführen.

benötigte Requisiten: _____

 4 Bildet Gruppen mit drei oder vier Schülerinnen und Schülern. Bereitet den Text zum Vorspielen vor. Geht so vor:

- Lest die Szene gemeinsam und besprecht, wie die einzelnen Reden gesprochen werden könnten. Macht euch dazu auf einer Kopie des Textes kurze Notizen.

- Markiert auf der Kopie des Textes die Regieanweisungen, die benennen, was die Figuren tun. Überlegt gemeinsam, an welchen weiteren Stellen ihr Handlungen oder Gesten einbauen könnt. Macht euch auch dazu Notizen.

- Probt nun das szenische Spiel. Ihr könnt eure Textkopie nutzen, damit ihr den Text nicht auswendig lernen müsst. Zwei von euch spielen, der bzw. die anderen sind Regisseure bzw. Regisseurinnen.

 5 Spielt die Szene in der Klasse vor. Gebt euch gegenseitig ein Feedback: Was war gelungen? Was könnte man vielleicht besser machen und wie?

 6 Diskutiert in der Klasse: Wie hätte der Junge reagieren können, um den Streit zu vermeiden? Macht konkrete Vorschläge. Schreibt die besten hier auf.

_____

_____

_____

Menschliche Tiere –
Die Absichten von Fabeln erkennen

Der Fuchs und die Trauben

Eine Maus und ein Spatz saßen an einem Herb-
2 stabend unter einem Weinstock und plauderten
miteinander. Auf einmal zirpte dAr Spatz seiner
4 Freundin zu: „Versteck dich, der Fuchs kommt",
und flog rasch hinauf ins Laub.

6 Der Fuchs schlich sich an den Weinstock heran, seine Blicke hingen sehnsechtig an den
8 dicken, blauen, überreifen Trauben. Vorsichtig
spähte er nach allen Seiten. Dann stützte er sich
10 mit seinen Vorderpfoten gegen den Stamm,
reckte kräftig seinen Körper empor und wollte
12 mit dem Mund ein paar Trauben erwischen.
Aber sie hingen zu hoch.

14 Etwas serärgert versuchte er sein Glück noch
einmal. Diesmal tat er einen gewaltigen Satz,
16 doch er schnappte wieder nur ins Leere.

Ein drittes Mal bemühte er sich und sprang
18 aus Leibeskräften. Voller Gier haschte er nach
den üppigen Trauben und streckte sich so lange
20 dabei, bis er auf don Rücken kollerte. Nicht ein
Blatt hatte sich bewegt.

22 Der Spatz, der schweigend zugesehen hatte,
konnte sich nicht länger beherrschen und zwit-
24 scherte belustigt: „Herr Fuchs, Ihr wollt zu hoch
hinaus!"

26 Die Maus äugte aus ihrem Versteck und
piepste vorwitzig: „Gib dir keine Müpe, die
28 Trauben bekommst du nie." Und wie ein Pfeil
schoss sie in ihr Loch zurück.

30 Der Fuchs biss die Zähne zusammen, rümpf-
te die Nase und meinte hochmütig: „Sie sind
32 mir noch nicht reif genug, ich mag keine sauren
Trauben." Mit erhobenem Haupt stolzierte er in
34 den Wald zurück.

1 Wenn du die Fabel genau liest, entdeckst du **fünf Fehler**. Markiere sie und trage die falschen Buchstaben hier ein:

_____

Du erhältst als Lösungswort den Namen eines berühmten griechischen Fabeldichters. Über sein Leben ist leider nicht viel bekannt. Er lebte Mitte des 6. Jahrhunderts v. Chr. als Sklave auf einer griechischen Insel und gilt als Erfinder der Fabel, die zunächst mündlich weitergegeben und erst viel später aufgeschrieben wurde.

 Merke:

- Die <mark>Fabel</mark> ist eine **kurze, lehrhafte Erzählung**, manchmal auch in Versform.
- In der Fabel treten **Tiere** auf, die sprechen, denken und fühlen können.
- Sie zeigen bestimmte (typische) **menschliche Eigenschaften** und Verhaltensweisen (der Löwe den Mächtigen, der Fuchs den Schlauen, das Lamm den Schwachen, …).
- Oft werden durch eine Gegenüberstellung bestimmter Tiere (gesellschaftliche) Gegensätze und Konflikte dargestellt (z. B. der Starke – der Schwache).
- Die Fabel zielt auf eine oft **sprichwörtliche Lehre** (z. B. „Der Klügere gibt nach") oder übt Kritik an gesellschaftlichen Missständen (z. B. an ungerechten Verhältnissen).
- In der Fabel überwiegt der **Dialog** (Wechselrede).
- Die Einleitung beschreibt die **Ausgangssituation**, auf diese folgt der **Konflikt**, der Schluss enthält die **Lösung** und die Lehre.

La Fontaine

Der Löwe und die Maus

Gerade zwischen den Tatzen eines Löwen
2 kam eine leichtsinnige Maus aus der Erde.
Der König der Tiere aber zeigte sich wahr-
4 haft königlich und schenkte ihr das Leben.
　　Diese Güte wurde später von der Maus
6 belohnt – so unwahrscheinlich es zunächst
klingt. Eines Tages fing sich der Löwe in ei-
8 nem Netz, das als Falle aufgestellt war. Er
brüllte schrecklich in seinem Zorn – aber
10 das Netz hielt ihn fest.
　　Da kam die Maus herbeigelaufen und
12 zernagte einige Maschen, so dass sich das
ganze Netz auseinanderzog und der Löwe
14 frei davongehen konnte.

2 Überlege, was diese Fabel uns Menschen sagen möchte. Kreuze an, welche Lehre deiner Meinung nach am besten zu dieser Fabel passt.

○ Traue keinem Mächtigen.

○ Keiner ist so schwach, dass er nicht auch einmal einem Starken helfen könnte.

○ Übermut tut selten gut.

3 Prüft beide Fabeln mithilfe des Merke-kastens. Notiert in eure Hefte, welche typischen Merkmale sie jeweils aufweisen.

4 Sicher hast du auch außerhalb des Unterrichts schon Fabeln kennengelernt. Ordne den Tieren die Eigenschaften zu, die sie in Fabeln besitzen. Bei drei Tieren musst du selbst herausfinden, welche Eigenschaften ihnen zugeschrieben werden könnten.

Fuchs	mächtig und stolz
Löwe	klein und schwach
Wolf	unschuldig und schwach
Maus	hinterlistig und gefährlich
Pfau	klug und listig
Lamm	überheblich und von sich eingenommen

Immer wieder Wolf und Lamm –
Texte sinnbetont lesen

Phaedrus: Das Lamm und der Wolf

Ein Lämmchen löschte an einem Bache seinen
2 Durst. Fern von ihm, aber nahe der Quelle, tat
ein Wolf das Gleiche. Kaum erblickte er das
4 Lämmchen, da schrie er: „Warum trübst du mir
das Wasser, das ich trinken will?"

6 „Wie soll das möglich sein?", antwortete das
Lämmchen schüchtern. „Ich stehe hier unten
8 am Wasser, und du so weit oben. Das Wasser
fließt mir doch zu. Und glaube mir, ich habe
10 nicht die Absicht, dir etwas Böses zu tun!"

„Ei, sieh doch!", rief der Wolf. „Du machst es
12 gerade, wie dein Vater vor sechs Monaten.
Lämmchen, du warst doch dabei und bist nur
14 glücklich entkommen, als ich deinem Vater das
Fell für seine ungehobelten Schmähungen ab-
16 gezogen habe."

„Ach, lieber Herr", flehte das zitternde
18 Lämmchen, „ich bin ja erst vier Wochen alt und
kannte meinen Vater gar nicht. Er ist ja schon
20 so lange tot."

„Du unverschämtes Ding!", knurrte der Wolf
22 mit vorgespielter Wut. „Tot oder nicht tot, weiß
ich doch, dass euer ganzes Geschlecht mich
24 hasst. Und dafür muss ich mich rächen."

Kaum hatte er das gesagt, stürzte sich der
26 Wolf auch schon auf das Lämmchen, zerriss es
und fraß es auf.

Gotthold Ephraim Lessing: Der Wolf und das Schaf

Der Durst trieb ein Schaf an den Fluss,
2 eine gleiche Ursache führte auf der anderen Seite einen Wolf herzu. Durch die
4 Trennung des Wassers gesichert und
durch die Sicherheit höhnisch gemacht,
6 rief das Schaf dem Räuber hinüber: „Ich
mache dir doch das Wasser nicht trübe,
8 Herr Wolf? Sieh mich recht an, habe ich
dir nicht etwa vor sechs Wochen nachge-
10 schimpft? Wenigstens wird es mein Vater
gewesen sein." Der Wolf verstand die
12 Spötterei; er betrachtete die Breite des
Flusses und knirschte mit den Zähnen.
14 „Es ist dein Glück", antwortete er, „dass
wir Wölfe gewohnt sind, mit euch Schafen
16 Geduld zu haben", und ging mit stolzen
Schritten weiter.

1 Lies zunächst die beiden Fabeln und untersuche sie dann vergleichend, indem du Gemeinsamkeiten bzw. Ähnlichkeiten sowie Unterschiede in der Tabelle notierst.

Gemeinsamkeiten bzw. Ähnlichkeiten	Unterschiede

2 Formuliere stichwortartig die Lehren der beiden Fabeln.

Lehre „Das Lamm und der Wolf": _____

_____

Lehre „Der Wolf und das Schaf": _____

_____

3 Bildet Gruppen mit sechs oder sieben Schülerinnen und Schülern. Stellt euch vor, der Wolf und das Schaf begegnen sich erneut. Schreibt zu dieser dritten Begegnung eine eigene Fabel. Arbeitet in eure Hefte.

4 Bereitet in eurer Gruppe alle drei Fabeln zur szenischen Lesung vor. Geht so vor:

- Bestimmt zunächst für jede Fabel, wer was lesen soll. Ihr braucht jeweils einen Erzähler bzw. eine Erzählerin sowie die Stimmen für den Wolf und das Lamm. Jeder Schüler bzw. jede Schülerin soll mindestens bei zwei der Fabeln mitlesen.
- Besprecht gemeinsam für jede Fabel, wie welche Stellen am besten gelesen werden. Nehmt in den Texten die entsprechenden Markierungen (siehe Merkekasten) vor.
- Probt das szenische Lesen in euren Gruppen.

5 Lest die Fabeln szenisch vor und lasst euch von den Schülerinnen und Schülern aus den anderen Gruppen ein Feedback geben.

> **Merke:**
>
> Wenn man einen Text <mark>szenisch liest</mark>, sollte man die im Text ausgedrückte **Stimmung** durch das Vorlesen vermitteln. Wörtliche Reden werden dann so gesprochen, wie sie ein Schauspieler oder eine Schauspielerin auf der Bühne oder im Film sprechen würde. Um einen Text zu szenischen Lesen vorzubereiten, kannst du im Text **Markierungen** vornehmen, zum Beispiel:
> - **Satzzeichen** markieren (Fragezeichen: Stimme heben, Punkt: Stimme senken)
> - Stellen, die du **laut lesen** möchtest, einfach unterstreichen
> - Stellen, die du leise möchtest, unterkringeln
> - besonders **betonte Wörter** mit Rot markieren
> - **Pausen** mit einem Strich („|") eintragen
> - **Lesehinweise** (z. B. „mit leicht zittriger Stimme", „ängstlich") in der Randspalte notieren

Es brutzelt und brennt, es plitschert und platscht – Gedichte untersuchen

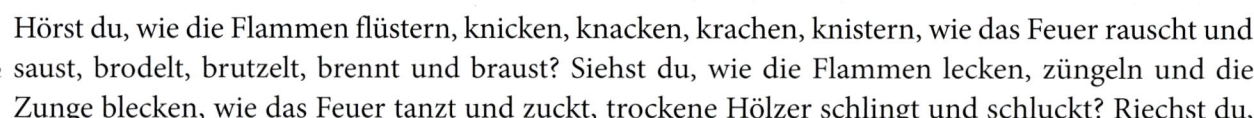

James Krüss

Das Feuer

Hörst du, wie die Flammen flüstern, knicken, knacken, krachen, knistern, wie das Feuer rauscht und
saust, brodelt, brutzelt, brennt und braust? Siehst du, wie die Flammen lecken, züngeln und die
Zunge blecken, wie das Feuer tanzt und zuckt, trockene Hölzer schlingt und schluckt? Riechst du,
wie die Flammen rauchen, brenzlig, brutzlig, brandig schmauchen, wie das Feuer, rot und schwarz,
duftet, schmeckt nach Pech und Harz? Fühlst du, wie die Flammen schwärmen, Glut aushauchen,
wohlig wärmen, wie das Feuer, flackrig wild, dich in warme Wellen hüllt? Hörst du, wie es leiser
knackt? Siehst du, wie es matter flackt? Riechst du, wie der Rauch verzieht? Fühlst du, wie die Wär-
me flieht? Kleiner wird der Feuersbraus: Ein letztes Knistern, ein letztes Flüstern, ein schwaches
Züngeln, ein dünnes Ringeln – Aus.

1 Eigentlich ist dieses Gedicht ein Reimgedicht mit sechs Abschnitten, die man Strophen nennt.
Schreibe das Gedicht am Computer in seiner ursprünglichen Form auf.

Dabei können dir folgende Überlegungen helfen:

- Wo beginnt ein neuer Gedanke?
- Wo findest du Wörter, die sich reimen?

2 Vergleicht und besprecht eure Gedichtfassungen in der Klasse.

 Merke:

Vers: einzelne Gedichtzeile

Strophe: Abschnitt in einem Gedicht, aus mehreren Versen (z. B. vier) bestehend

Reim: Gleichklang zweier Wörter vom letzten betonten Vokal an.
Es gibt unterschiedliche Arten von Reimen, z. B.

- **Paarreim:** aa bb *Es ist schon so. Der Frühling kommt in Gang.*
Und alles andre ist nicht von Belang. (Kästner)

- **Kreuzreim:** abab *Die Häuser in der Stadt*
sind groß wie Pyramiden
und außen meistens glatt
und gar nicht sehr verschieden. (Erdmann)

- **umarmender/ umschließender Reim:** abba *Der Acker leuchtet weiß und kalt.*
Der Himmel ist einsam und ungeheuer.
Dohlen kreisen über dem Weiher
Und Jäger steigen nieder vom Wald. (Trakl)

Bild: ähnlich wie in der Malerei ein mit Worten „gemaltes" zusammenhängendes
„Gemälde": *Golden tropft Blatt um Blatt*
Nieder vom hohen Akazienbaum. (Hesse)

Vergleich: Verknüpfung zweier Bilder oder Wirklichkeitsbereiche durch Vergleichswörter
(„wie", „als", „so – wie"): *Er kämpft wie ein Löwe.*

Erwin Moser

Gewitter

Der Himmel ist blau
2 Der Himmel wird grau
Wind fegt _____
4 Vogelgeschrei
Wolken fast _____
6 Lauf, weiße Katz!
Blitz durch die _____
8 Donnergebrülle
Zwei Tropfen im _____
10 Dann Prasseln auf Laub
Regenwand
12 Verschwommenes _____
Blitze tollen
14 Donner _____
Es plitschert und platscht
16 Es trommelt und _____
es rauscht und klopft
18 es braust und _____
Eine Stunde lang
20 Herrlich _____
Dann Donner schon fern
22 Kaum noch zu _____
Regen ganz fein
24 Luft frisch und _____
Himmel noch grau
26 Himmel bald _____ !

 3 In diesem Gedicht sind viele Reimwörter verloren gegangen. Schreibe das Gedicht ab und setze die passenden Reimwörter an der richtigen Stelle in den Text ein.
Setze zuerst alle Wörter ein, bei denen du ganz sicher bist. Du wirst sehen, der Rest ergibt sich dann fast von selbst!

rollen Land blau klatscht bang schwarz Staub tropft herbei Stille rein hör'n

4 Bereite das Gedicht von Erwin Moser für einen Vortrag vor.

> 🔑 **Tipp**
>
> Um ein **Gedicht wirkungsvoll vorzutragen**, überlege zuerst:
> • Soll das Gedicht schnell oder langsam gelesen werden?
> • Soll ein gleichmäßiges Lesetempo vorherrschen oder solltest du es variieren?
> • Wo soll deine Stimme gehoben werden? Wo kannst du sie senken?
> • Welche Wörter musst du besonders betonen?
> • Wo ist es sinnvoll, wenn du kurze oder längere Pausen machst?
> • Wo musst du am Zeilenende ohne Pause weiterlesen? (= Zeilensprung)

Von Lauten und Klängen – **Lautgedichte kennen lernen und erproben**

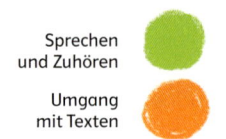

Ernst Jandl

auf dem land

rininininininininDER
brüllüllüllüllüllüllüllüllEN

schweineineineineineineineinE
grunununununununununZEN

hunununununununununDE
bellellellellellellellellEN

katatatatatatatatZEN
miauiauiauiauiauiauiauiauEN

katatatatatatatatER
schnurrurrurrurrurrurrurrurrEN

gänänänänänänänänSE
schnattattattattattattattattERN

ziegiegiegiegiegiegiegiegEN
meckeckeckeckeckeckeckeckERN

bienienienienienienienienEN
summummummummummummummummEN

grillillillillillillillillEN
zirirririririririrPEN

fröschöschöschöschöschöschöschöschE
quakakakakakakakakEN

hummummummummummummummummELN
brummummummummummummummummEN

vögögögögögögögögEL
zwitschitschitschitschitschitschitschitschERN

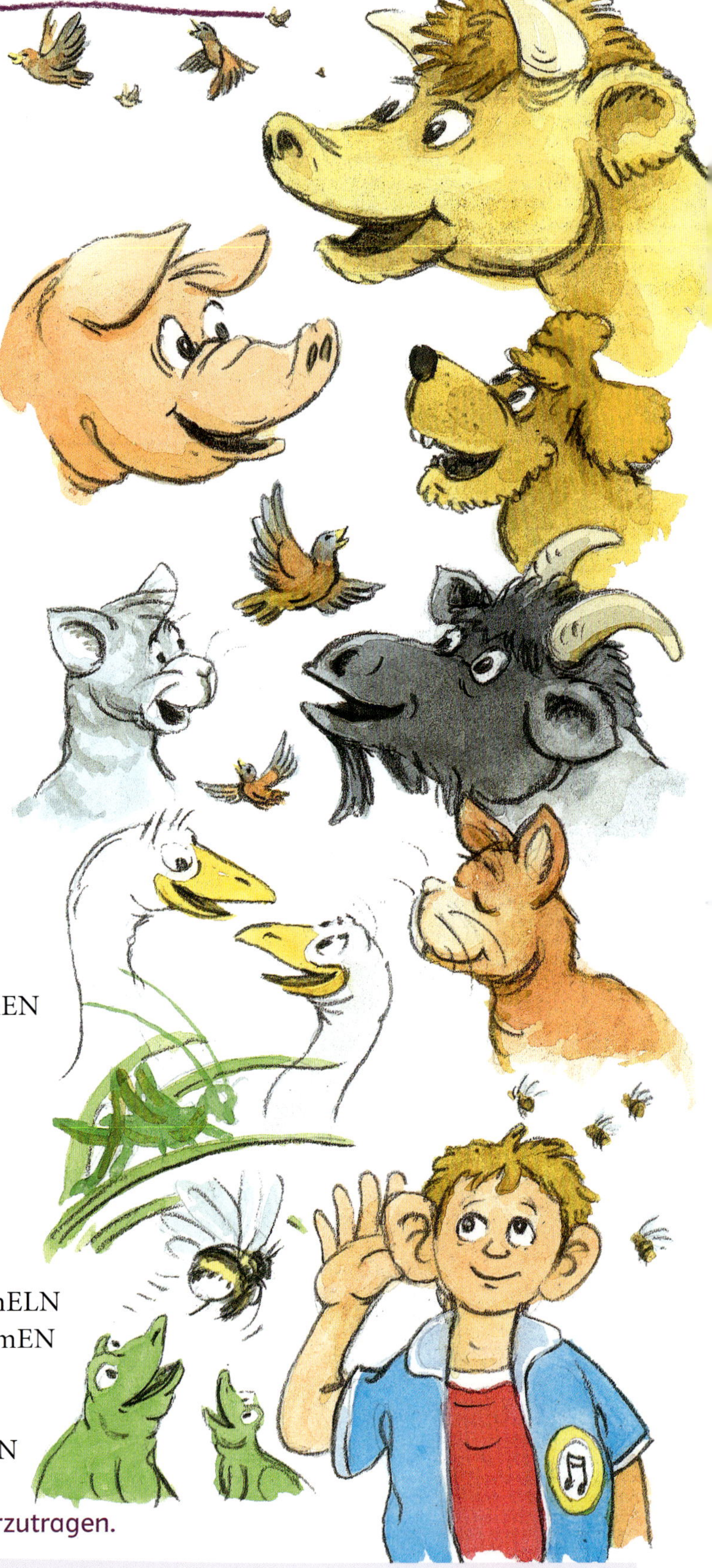

1 Übe, dieses Lautgedicht ausdrucksstark vorzutragen.

> **Tipp**
>
> Wenn du wissen möchtest, wie das Gedicht von dem Autor Ernst Jandl selbst gesprochen wird, kannst du dies unter folgender Adresse im Internet hören: http://www.lyrikline.org/
> Klicke unter Autoren A – Z **Ernst Jandl** und dann den Titel **„auf dem land“** an.

Kurt Schwitters

Regen

Regen tönen Tropfen triefen
2 Triefen Pfützen Bäche Brunnen
Spritzen Wasser sprengen Fluten
4 Klatschen feuchten Wirbel fallen
Wirbel Wasser Wolken Häuser
6 Fallen Bäume fallen Brücken
Wirbel Wasser Wolken Massen
8 Baden Erde fallen Tropfen
Regen
10 Regen
Tropfen
12 Tropfen
Regen
14 Regen
Tropfen tropft Tropfen auf Tropfen zu Tropfen
16 Silber mit silbernem Klopfen zu Klopfen
Spiegel des Wassers zerbrechen zu Tropfen
18 Kreise durch Kreise zerkreisen zu Tropfen
Blätter durch Kreise zerkreisen zu Tropfen
20 Blätter erzittern erwarten die Tropfen
Licht zu erglänzen durch klopfende Tropfen

Merke:

In **Lautgedichten** experimentieren Dichter und Dichterinnen mit Lauten. Diese Gedichte haben zumeist keinen oder wenig Sinn, sondern entfalten ihre Wirkung durch den beim Vortrag entstehenden Klang.

2 Spielt mit diesem Gedicht, indem ihr es „in Szene" setzt. Ihr könnt das Gedicht mit mehreren Spielern wirkungsvoll vorspielen.

AH S. 8 Ü2

3 Verfasse selbst ein Lautgedicht und trage es deiner Klasse vor. Illustriere dein Gedicht oder gestalte es am Computer.

4 Hängt die die entstandenen Werke in eurem Klassenzimmer auf und vergleicht sie: Ihr könnt zum Beispiel die drei schönsten Gedichte wählen.

Auf die Form kommt's an –
Gattungen und Textsorten unterscheiden

Aesop

Rabe und Fuchs

Ein Rabe hatte einen Käse gestohlen, flog damit auf einen Baum und wollte

2 dort seine Beute in Ruhe verzehren. Da es aber der Raben Art ist, beim Essen nicht
schweigen zu können, hörte ein vorbeikommender Fuchs den Raben über dem Käse krächzen.

4 Er lief eilig hinzu und begann den Raben zu loben: „O Rabe, was bist du für ein wunderbarer
Vogel! Wenn dein Gesang ebenso schön ist wie dein Gefieder, dann sollte man dich zum König

6 aller Vögel krönen!"
Dem Raben taten diese Schmeicheleien so wohl, dass er seinen Schnabel weit aufsperrte, um dem

8 Fuchs etwas vorzusingen. Dabei entfiel ihm der Käse. Den nahm der Fuchs behänd, fraß ihn und
lachte über den törichten Raben.

Jean de La Fontaine

Der Rabe und der Fuchs

Im Schnabel einen Käse haltend, hockt

2 Auf einem Baumast Meister Rabe.
Von dieses Käse Duft herbeigelockt,

4 Spricht Meister Fuchs, der schlaue Knabe:
„Ah! Herr von Rabe, guten Tag!

6 Wie nett Ihr seid und von wie feinem Schlag!
Entspricht dem glänzenden Gefieder

8 Nun auch der Wohlklang Eurer Lieder,
Dann seid der Phönix Ihr in diesem Waldrevier."

10 Dem Raben hüpft das Herz vor Lust. Der Stimme Zier
Zu künden, tut mit stolzem Sinn

12 Er weit den Schnabel auf; da – fällt der Käse hin.
Der Fuchs nimmt ihn und spricht: „Mein Freundchen,

14 Ein jeder Schmeichler mästet sich [denkt an mich!]
Vom Fette des, der willig auf ihn hört.

16 Die Lehr ist zweifellos wohl – einen Käse wert!"
Der Rabe, scham- und reuevoll,

18 Schwört – etwas spät –, dass niemand ihn mehr fangen soll.

Fuchs und Rabe

Rabe (auf einem Baum, Käse

2 fressend).
Fuchs (leise zu sich): „Hier

4 riecht es gar köstlich nach Käse!
Ich werde schauen, ob ich

6 meinen Hunger stillen kann."
Fuchs (laut zum Raben):

8 „Guten Morgen, Rabe! Du bist
aber ein ganz besonders schö-

10 ner Vogel! Du wärest sicher
schon lange der König der

12 Tiere, wenn du so schön singen
könntest, wie es deine Federn

14 sind!"
Rabe (geschmeichelt und

16 begeistert über das Lob, beginnt
zu krächzen): „Kra Kra".

18 (Im gleichen Moment fällt ihm
der Käse aus dem Schnabel, den

20 der Fuchs sofort frisst.)
Fuchs (lacht): „Das hast du nun

22 davon, du dummer Rabe. Du
solltest nicht auf Schmeichelei-

24 en hören!"

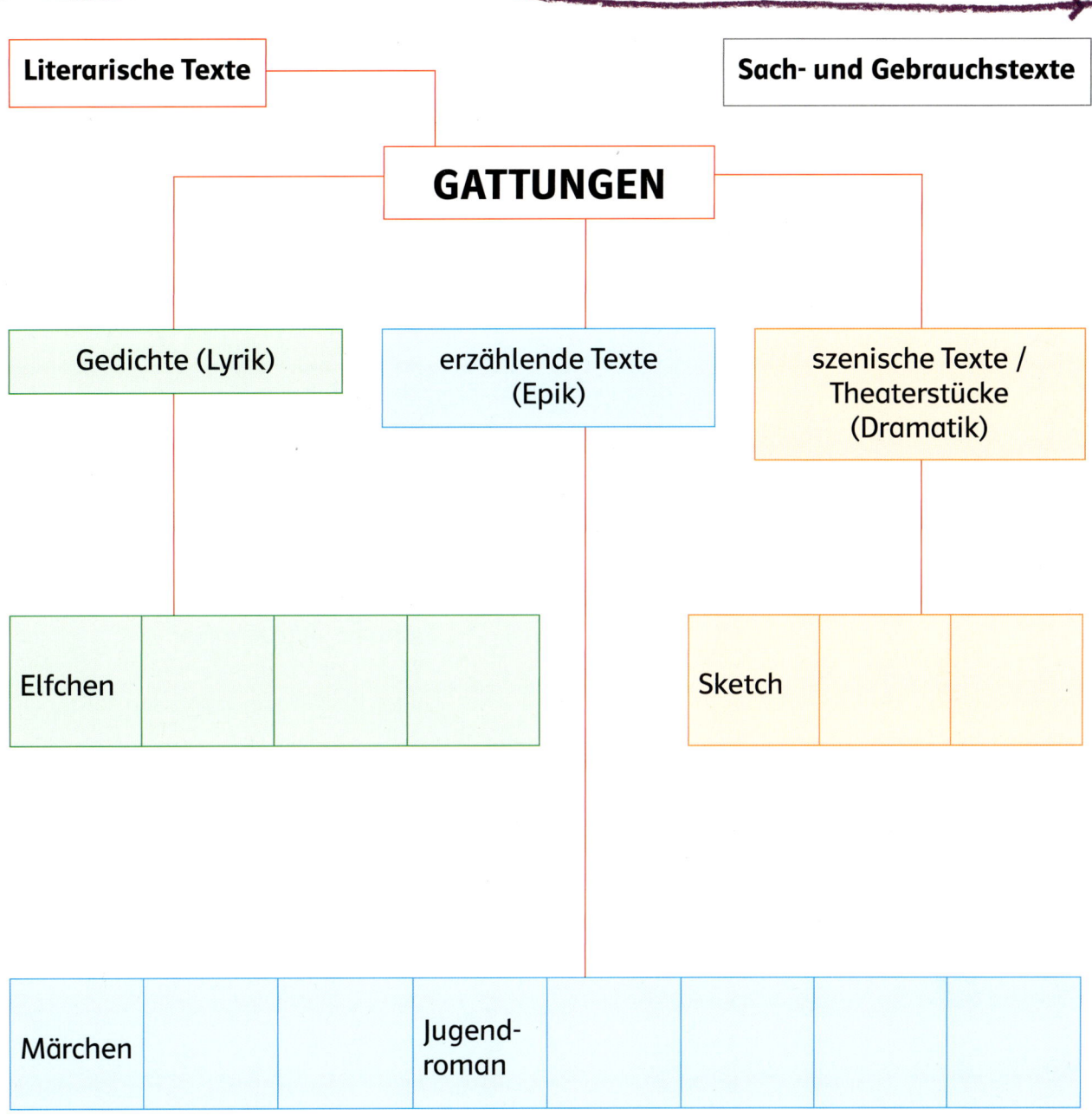

1. Schau dir das Schema an. Wähle eine der drei Gattungen aus und erkläre deiner Sitznachbarin bzw. deinem Sitznachbarn, welche verschiedenen Textsorten zu dieser Gattung gehören.

2. Lest die drei Texte „Der Rabe und der Fuchs". Welche Unterschiede könnt ihr zwischen den drei Gattungen Gedichte (Lyrik), erzählende Texte (Epik) und szenische Texte/Theaterstücke (Drama) finden? Besprecht euch untereinander.

3. Ordne die verschiedenen Textsorten den passenden Gattungen zu und trage sie in das richtige Kästchen ein.

   Sage   Fabel   Drehbuch   Lautgedicht   Lügengeschichte

4. Suche in diesem Kapitel noch weitere Textsorten zu den drei Gattungen und trage sie an der entsprechenden Stelle in das Schema ein.

Teste dich selbst

1 Setze die richtigen Wörter im folgenden Text an der passenden Stelle ein und ergänze den letzten Satz.

Ein Schwank ist meistens eine _____ Erzählung, die von einer _____

Situation berichtet. Dabei überlistet ein _____ die übrigen Personen. Eine typische

Schwankerzählung ist darauf konzentriert, relativ _____ und ohne Umwege zum

witzigen oder überraschenden Schlusspunkt (Pointe) zu kommen. Ein Beispiel für eine Schwank-

sammlung sind z. B. _____ .

ausführlich/schnell – Schelm/Betrüger –
komischen/aufregenden – lange/kurze

2 Kennzeichne in diesem Gedicht eine Strophe und einen Vers und benenne die beiden Reimarten.

<table>
<tr><td>

Der Mond ist aufgegangen,
Die goldnen Sternlein prangen
Am Himmel hell und klar;
Der Wald steht schwarz und schweiget,
Und aus den Wiesen steiget
Der weiße Nebel wunderbar.

</td><td>

Wie ist die Welt so stille,
Und in der Dämmrung Hülle
So traulich und so hold!
Als eine stille Kammer,
Wo ihr des Tages Jammer
Verschlafen und vergessen sollt.

</td></tr>
</table>

3 Nicht alle der folgenden Ratschläge zum Vortrag eines Gedichts sind richtig. Streiche die drei falschen Sätze durch und schreibe sie richtiggestellt auf.

- Achte darauf, wo du deine Stimme hebst oder senkst.
- Mache immer lange Pausen, damit dich alle verstehen können.
- Lies immer in gleichmäßigem Tempo.
- Überlege dir, welche Wörter du bei deinem Vortrag betonen wirst.
- Bei einem Zeilensprung musst du beim Vortragen eine Pause im Satz machen.

_____

_____

_____

4 Schreibe drei wichtige Merkmale von Fabeln auf.

a) _____

b) _____

c) _____

5 Erkläre kurz, wie man vorgeht, wenn man einen wichtigen Text gründlich korrigieren möchte.

_____

_____

_____

_____

_____

Sprach-Lexikon – Überblick Grammatik

1 Wortarten

S. 32 ff.

Die Wörter einer Sprache lassen sich je nach ihrer Bedeutung, ihrem Formenbestand (d.h. mögliche Abwandlungen, Beugungen usw.) und ihrem Verhalten im Satz verschiedenen Wortarten zuordnen.

a **Verben** (= Zeit- oder Tätigkeitswörter) beschreiben Handlungen, Vorgänge oder Zustände. Verben können verändert (= konjugiert) werden; sie sind dann u.a. bestimmt nach Person, Zahl, Zeit und Handlungsart (Aktiv und Passiv).
Beispiel *Der kleine Hund **biss** den dicken Mann gestern in die linke Wade.*

b **Nomen** (= Namenwörter) beschreiben Lebewesen, Gegenstände oder Vorgestelltes bzw. Gedachtes. Nomen sind bestimmt nach Zahl (Numerus), Geschlecht (Genus) und Fall (Kasus) und können entsprechend verändert, d.h. dekliniert werden.
Beispiel *Der kleine **Hund** biss den dicken **Mann** gestern in die linke **Wade**.*

c **Adjektive** (= Eigenschaftswörter) haben eine bedeutungsunterscheidende Funktion, indem sie das Aussehen, den Zustand, das Verhalten oder die Eigenschaften von Lebewesen oder Dingen bezeichnen. Als Attribut (Beifügung) stimmt die Form des Adjektivs dabei in Fall, Geschlecht und Zahl mit dem Artikel und dem Nomen überein.
Beispiel *Der **kleine** Hund biss den **dicken** Mann gestern in die **linke** Wade.*

Die meisten Adjektive können gesteigert werden. Man unterscheidet:

Grundstufe (= **Positiv**): schön, alt, groß, schnell – *Er ist so groß wie sie.*

Mehrstufe (= **Komparativ**): schöner, älter, größer, schneller – *Er ist größer als sie.*

Meiststufe (= **Superlativ**): am schönsten, am ältesten, am größten, am schnellsten

Unregelmäßig werden gesteigert: gut – besser – beste; viel – mehr – meist; nah – näher – am nächsten; hoch – höher – am höchsten.

Einige Adjektive können auf Grund ihrer Bedeutung **nicht** gesteigert werden:
linke-~~linkere~~, tot-~~toter~~

d **Numeralien** (= Zahlwörter) sind den Adjektiven sehr ähnlich, können aber nicht gesteigert werden. Man unterscheidet u.a.:

Kardinalzahlen (= **Grundzahlen**): null, eins, zwei, drei

Ordinalzahlen (= **Ordnungszahlen**): erstens, zweitens, drittens

e **Artikel** sind fest mit einem Nomen bzw. einer Nominalisierung verbunden; sie stehen entweder direkt vor dem Nomen oder vor einem zum Nomen gehörenden Adjektiv (z.B. *der Hund; der große, böse und laut bellende Hund*). Der Artikel stimmt mit dem Nomen und dem Adjektiv in Fall, Zahl und Geschlecht überein. Man unterscheidet zwischen **unbestimmten** (ein, eine, ein …) und **bestimmten** (der, die, das …) **Artikeln**.

S. 34 ff.

f **Pronomen** (= Fürwörter) können als Stellvertreter eines Nomens bzw. eines nominalen Ausdrucks stehen. Man unterscheidet:

Personalpronomen (= **persönliches Fürwort**): ich (meiner, mir mich), du (deiner, …), er, sie, er, wir …

Possessivpronomen (= **besitzanzeigendes Fürwort**): mein, dein, unser, …

Demonstrativpronomen (= **hinweisendes Fürwort**): dies, dieser, jenes, …

Fragepronomen Wer? Was? Welcher? …

Reflexivpronomen (= **rückbezügliches Fürwort**): sich, uns, …

Indefinitpronomen (= **unbestimmtes Fürwort**): man, etwas, irgendwer, …

Relativpronomen (= **bezügliches Fürwort**): Das Haus, **das** … Die Frau, **die** …

▸ S. 36

g **Adverbien** (= **Umstandswörter**) gehören, wie die Konjunktionen, Präpositionen und Interjektionen auch, zu den nicht flektierbaren Wortarten. Nach ihrer Bedeutung lassen sich vier Hauptgruppen von Adverbien unterscheiden:

Lokaladverbien (= Umstandswörter des **Ortes**): hier, da, dort, draußen, nirgends, irgendwo, daher, hierhin, wohin, dahin, abwärts …

Temporaladverbien (= Umstandswörter der **Zeit**): heute, morgen, eben, schließlich, dann, wann, immer, stets, bisher, bislang, niemals, noch, oft, selten, häufig, dienstags, abends, seitdem …

Modaladverbien (= Umstandswörter der **Art und Weise**): anders, gern, genauso, so, wie, irgendwie, genug, hiermit, auch, außerdem, ferner, sonst, überdies, immerhin, freilich, zumindest, soweit, doch, jedoch, dagegen, hingegen …

Kausaladverbien (= Umstandswörter des **Grundes**): also, darum, folglich, weshalb, warum, sonst, anderenfalls, trotzdem, gleichwohl, dennoch, so, demzufolge, demnach, dazu, hierfür, hierzu, wozu, deswegen …

h **Konjunktionen** (= **Bindewörter**) verbinden Wörter, Wortgruppen, Satzglieder sowie Sätze. Ihrer Funktion nach unterscheidet man:

nebenordnende Konjunktionen (sie verbinden Sätze gleichen Ranges, z. B. Hauptsatz mit Hauptsatz): und, sowie, oder, sowohl … als auch/wie auch, weder … noch, nicht nur …, sondern auch …

unterordnende Konjunktionen (sie verbinden Sätze unterschiedlichen Ranges, z. B. Haupt- und Nebensatz): weil, da, zumal, dass, so dass, indem, wenn, falls, sofern, obwohl, obgleich, obschon, wenngleich, damit, soweit, insoweit, insofern, wohingegen …

i **Präpositionen** (= **Vorwörter**) sind nicht deklinierbar, bestimmen aber den Fall (Kasus) ihres Bezugswortes: vor, in, aus, entlang, nahe, inmitten, jenseits, längs, neben, oberhalb, unweit, außerhalb, binnen, bis, seit, während, nach, zwischen, innerhalb, für, ab, um, entgegen, gegen, außer, wider, statt, ohne, gegenüber, mitsamt, einschließlich, wegen, dank, aufgrund, halber, infolge, mittels, vermöge, durch, anlässlich, zwecks, mit, von, bei, zu, …

Eine Reihe von Präpositionen können mit dem bestimmten Artikel **verschmelzen**:

Präposition + dem: am, beim, hinterm, im, überm, unterm, vom, vorm, zum

Präposition + das: ans, aufs, durchs, fürs, hinters, ins, übers, ums, unters, vors

Präposition + der: zur

j **Interjektionen** (= **Ausrufwörter, Empfindungswörter**) sind Wörter, die ein Gefühl ausdrücken. Beispiele: *hurra, pfui, ach, ah, hm, au(a)*

▸ S. 38 ff.

2 Wortbildung

Wörter können auf verschiedene Arten gebildet werden. Wichtige Wortbildungsarten sind:

a **Zusammensetzung**
Zusammengesetzte Wörter bestehen aus einem **Grundwort**, das zugleich die Wortart der Zusammensetzung bestimmt, und einem **Bestimmungswort**.
Beispiel *Schiebedach* (Schiebe = Bestimmungswort, -dach = Grundwort), *Schwimmbecken, Lesebuch, himmelblau, wasserscheu*

b **Ableitung**
Ableitung nennt man die Bildung von Wörtern mit Hilfe von **Präfixen** (= Vorsilben) und/oder **Suffixen** (= Nachsilben). Die Ableitung (z. B. durch -ung, -isch, -en etc.) bestimmt dabei die Wortart und bei Nomen auch das Geschlecht des neuen Wortes:

Nomen **Männlich** (Maskulinum): *Fahr-er, Tepp-ich, Hon-ig, Fies-ling*
Weiblich (Femininum): *Liefer-ung, Heiter-keit, Rein-heit, Meister-schaft, Schreiner-ei, Reiter-in*
Sächlich (Neutrum): *Mäd-chen, Männ-lein, Drit-tel*

Adjektive: *mensch-lich, freud-ig, trink-bar, ein-sam, scherz-haft, kind-isch, gläs-ern*

Verben: *ver-kaufen, er-hellen, ab-reisen, distanz-ieren, läch-eln, meck-ern*

3 Das Verb

a Die Grundformen

Die Grundform des Verbs trägt keine Personenkennzeichnung. Man spricht auch von **infiniten** (= unbestimmten) **Verbformen**:

Grundform	Beispiel
Infinitiv (Nennform)	*sehen, probieren, abfahren, entspannen, lächeln, meckern*
Partizip I (1. Mittelwort)	*sehend, probierend, abfahrend, entspannend, lächelnd, meckernd*
Partizip II (2. Mittelwort)	*gesehen, probiert, abgefahren, entspannt, gelächelt, gemeckert*

b Personalformen

Die Personalform des Verbs trägt eine Personenkennzeichnung. Man spricht auch von **finiten** (= bestimmten) **Verbformen**. Neben der Person (und dem Numerus: Einzahl, Mehrzahl) sind die Personalformen auch bestimmt nach der Zeitform (Tempus) und der Handlungsart (Aktiv, Passiv). Personalformen, die nach Person, Numerus, Tempus und Handlungsart bestimmt sind, nennt man auch **konjugierte** Formen.

S. 60 f.
S. 68 f.

Tempus (Zeitform)

Präsens/ Gegenwart	Perfekt/ Vergangenheit	Präteritum/ Mitvergangenheit	Plusquamperfekt/ Vorvergangenheit	Futur I / Zukunft	Futur II / Vorzukunft
ich sehe, wir gehen	du hast gesehen, ihr seid gegangen	er kaufte sie sah, sie gingen	ich hatte gekauft, wir waren gegangen	du wirst kaufen, ihr werdet gehen	er wird gekauft haben, sie werden gegangen sein

S. 94 f.

Handlungsart

Aktiv	Passiv
Im Aktiv wird ein Geschehen oder eine Handlung vom Verursacher aus dargestellt. Der Handelnde (der/die/das Aktive) ist zugleich das Subjekt des Satzes, z. B.: *Die Bauarbeiter teeren die Straße.*	Im Passiv wird eine Handlung vom Betroffenen (der/die/das Passive) aus dargestellt. Der Verursacher der Handlung oder des Geschehens kann ungenannt bleiben, z. B.: *Die Straße wird [von den Bauarbeitern] geteert.*

Das Passiv kann für alle **Tempora** (Zeitformen) gebildet werden, z. B.:
Präsens: Die Straße wird geteert.
Präteritum: Die Straße wurde geteert.
Perfekt: Die Straße ist geteert worden.

S. 8 f.

4 Satzglieder und Satzgliedteile

Zwischen der Wort- und der Satzebene gibt es eine weitere Ebene relativ selbstständiger Spracheinheiten, die man Satzglieder nennt. Satzglieder kann man mit Hilfe der **Verschiebeprobe** erkennen:

1. Satzgliedstelle	2. Satzgliedstelle	3. Satzgliedstelle	4. Satzgliedstelle
Der kleine Bub	las	den Brief seiner Tante	sofort.
Den Brief seiner Tante	las	der kleine Bub	sofort.
Sofort	las	der kleine Bub	den Brief seiner Tante.
Der kleine Bub	las	sofort	den Brief seiner Tante.

Man unterscheidet zunächst zwischen Subjekt, Prädikat und den Objekten:

a **Subjekt** (= Satzgegenstand)
Beispiel *Der kleine Hund* (Frage: Wer oder was?) *biss den dicken Mann kräftig ins linke Bein.* **Der Biss** *schmerzte ihn sehr.*

b **Prädikat** (= Satzaussage)
Beispiel *Der kleine Hund* **biss** *den dicken Mann kräftig ins linke Bein. Der Biss* **schmerzte** *ihn sehr.*

c **Objekt** (= Ergänzung)
Beispiel *Der Hund biss* **den Mann** (Frage: Wen oder was? – Akkusativobjekt) *kräftig ins Bein. Nun bedarf das Bein* **der ärztlichen Behandlung** (Frage: Wessen? – Genitivobjekt). **Dem kleinen Hund** (Frage: Wem? – Dativobjekt) *war das egal.*

▸ S. 106 ff.

d **Die adverbiale Bestimmung (Umstandsbestimmung)**
Die adverbiale Bestimmung **(= Umstandsbestimmung)** ist das Satzglied, mit dem die genaueren Umstände eines Ereignisses näher bestimmt werden können.
Beispiel *Ein Hund biss* **gestern** (= adverbiale Best. der Zeit: Wann?) *einen dicken Mann* **ins linke Bein** (= adverbiale Best. des Ortes: Wohin?).

Man unterscheidet u. a.:

• **temporale** adverbiale Bestimmung (**Zeitergänzung:** Wann?, Wie lange?, Seit wann?):
Beispiel *Er las den Brief* **sofort.** *Sie kommt* **bald.**

• **lokale** adverbiale Bestimmung (**Ortsergänzung:** Wo?, Woher?, Wohin?):
Beispiel *Man wartete auf* **dem Hauptplatz.** *Sie waren* **dort.**

• **modale** adverbiale Bestimmung (**Artergänzung:** Wie?, Wie viel?, Wie sehr?):
Beispiel *Sie singen* **schön.** *Es regnet* **stark.**

• **kausale** adverbiale Bestimmung (**Begründungsergänzung:** Warum?, Weshalb?, Wieso?):
Beispiel *Sie applaudierten* **vor Begeisterung.** *Sie kamen* **wegen ihm.**

▸ S. 90 f.

e **Teil eines Satzgliedes: Das Attribut (Beifügung)**
Attribute **(= Beifügungen)** sind nähere Bestimmungen zu einem Satzglied. Bei der Satzgliedprobe sind sie **nicht alleine verschiebbar**, sondern nur gemeinsam mit ihrem Bezugswort.
Beispiel *Kräftig | ins* **linke** *Bein | biss |* **der kleine** *Hund |* **den dicken** *Mann.*

Häufige Attributformen sind das attributive Adjektiv (als Beifügung gebrauchtes Eigenschaftswort: *der* **kleine** *Hund*), der Attributsatz (*Ein Hund,* **der klein war,** *biss …*) und das Genitivattribut (*der Biss* **des kleinen Hundes**).

▸ S. 54 ff.

5 Hauptsatzreihen und Satzgefüge

a **Hauptsatzreihe**
Von einer **Hauptsatzreihe** spricht man, wenn zwei (oder mehrere) Hauptsätze ohne abschließenden Punkt aneinandergereiht sind. Oft sind die Hauptsätze durch **nebenordnende Konjunktionen** (Bindewörter) verbunden.
Beispiel *Lara hat eine Katze* (= Hauptsatz 1) *und Lucas hat einen Hund* (= Hauptsatz 2), *nur Anna hat kein Haustier* (= Hauptsatz 3).

b **Satzgefüge**
Von einem **Satzgefüge** spricht man, wenn mindestens ein Haupt- und mindestens ein untergeordneter Satz (= Gliedsatz GS) miteinander zu einer Einheit verbunden sind. Dabei entstehen manchmal komplexe Satzgefüge.
Beispiel *Lara* (= Anfang Hauptsatz), *die eine Katze hat* (= untergeordneter Satz 1/GS 1), *und Lucas* (= Fortsetzung Hauptsatz), *der einen Hund besitzt* (= untergeordneter Satz 2/GS 2), *fahren zusammen in den Urlaub* (= Ende des Hauptsatzes).

Untergeordnete Sätze sind Sätze, die von einem Hauptsatz abhängen. Meist steht die **Personalform an letzter Satzgliedstelle**, in diesem Fall haben die untergeordneten Sätze auch ein Einleitungswort.
Beispiel *Lara,* **die** (= Einleitungswort) *eine Katze* **hat** (= Personalform), *und Lucas fahren zusammen in den Urlaub,* **weil** (= Einleitungswort) *sie dann gegenseitig auf ihre Haustiere achten* **können** (= Personalform).

Haben die untergeordneten Sätze kein Einleitewort, **beginnen** sie mit der **Personalform**.
Beispiel *Ich fahre mit dem Zug,* **sollte** (= Personalform) *es regnen.*

Schreib-Lexikon – Überblick Rechtschreibung

S. 40 ff.

1 Zur Groß- und Kleinschreibung

a Satzanfang
Das erste Wort eines Satzes wird großgeschrieben.

b Nomen (Namenwörter) und Eigennamen
Alle Nomen und Eigennamen werden großgeschrieben.
Beispiel *der kleine Tisch, die große Liebe; Lisa, Lienz, Österreich*

In mehrteiligen Eigennamen schreibt man das erste Wort und alle weiteren Wörter außer Artikeln, Präpositionen (Vorwörter) und Konjunktionen (Bindewörter) groß.
Beispiel *Vereinigte Staaten von Amerika, Kap der Guten Hoffnung*

Mehrteilige Eigennamen *können* **Personen** *(Johann Wolfgang von Goethe, Joseph der Zweite),* **Orte** *(Niedere Tauern, der Große Ötscher),* **Objekte** *(Sternbild: Großer Wagen, Gebäude: der Schiefe Turm von Pisa),* **Institutionen** *(Internationales Olympisches Komitee, Die Grünen),* **historische Ereignisse** *(der Erste Weltkrieg, der Westfälische Frieden),* **Titel** *und* **Ehrenbezeichnungen** *(der Heilige Vater, der Technische Direktor) sowie besondere* **Kalendertage** *(der Heilige Abend, der Internationale Frauentag) sein.*

Geografische Ableitungen auf -er werden großgeschrieben (*Wiener Westbahnhof, Grazer Flughafen*).

Geografische Ableitungen auf -isch werden kleingeschrieben (*indischer Tee, österreichische Berge*), sofern sie nicht Bestandteil eines Eigennamens sind (*Indischer Ozean, Österreichische Bundesbahn*).

c Zeitangaben
Zeitadverbien (Umstandswörter der Zeit) schreibt man klein: *heute, morgen, gestern, abends, dienstags …*
Manchen Zeitadverbien können Nomen folgen, die dann großgeschrieben werden:
morgen (am) Abend, gestern (am) Vormittag, heute (in der) Früh.

d Nominalisierungen (als Namenwörter verwendete Wörter)
Wörter anderer Wortarten schreibt man groß, wenn sie als Nomen (Namenwörter) verwendet werden (= Nominalisierungen).
Beispiel *alles Gute, am Ersten jeden Monats, ein starkes Klopfen, ein gewisses Etwas, eine Sechs würfeln, ein großes Durcheinander, im Aus stehen, das ständige Hin und Her.*

Häufige Signalwörter für Nominalisierungen sind:

Artikelwörter und Verschmelzungen aus Artikel und **Präposition** (Vorwort)
(der, die, das; ein, eine, ein; dies, dieser, jene; ins, ans, zum …)
Beispiel *das Neueste, der Zweite, ins Grüne fahren, zum Verzweifeln, dieses Lachen*

Pronomen (Fürwörter) und **unbestimmte Zahlwörter**
(dieser, mein, kein, etwas, nichts, alle, einige, genug, viel …)
Beispiel *sein Schnarchen, etwas Schönes, nichts Bedeutendes*

Achtung: Zwischen dem Signalwort und der Nominalisierung kann auch ein Adjektiv stehen:
Beispiel *ihr* **sicheres** *Auftreten, sein* **lautes und unangenehmes** *Schnarchen.*

e Anredepronomen (Anredefürwörter)
Das **Anredepronomen Sie** und die entsprechenden gebeugten Formen schreibt man immer groß.
Beispiel *Achten* **Sie** *auf* **Ihr** *Gepäck und* **Ihre** *Wertsachen!*

Das **Anredepronomen du** und die entsprechenden gebeugten Formen schreibt man klein.
Beispiel *Achte auf* **dein** *Gepäck und* **deine** *Wertsachen!*

In **Briefen** kann das Anredepronomen **du** auch großgeschrieben werden.
Beispiel *Lieber Paul,*
zu **deinem/Deinem** *Geburtstag wünsche ich* **dir/Dir** *alles Gute!*

Achtung: Wenn du dich in einem Brief für **eine Schreibvariante** entschieden hast, solltest du innerhalb desselben Briefes natürlich nicht mehr wechseln.

▸ S. 114 ff. **2** ## Getrennt- und Zusammenschreibung

a **Grundwort Verb (Zeitwort)**

Verb + Verb
Der Regelfall ist die Getrenntschreibung.
Beispiel   *lesen lernen, spazieren gehen*

Zusammenschreibung ist möglich bei *kennen lernen* sowie Verbverbindungen mit *lassen* und *bleiben* als zweitem Bestandteil, wenn die Verbindung eine übertragene Bedeutung hat.
Beispiel   (im Bett) *liegen bleiben/liegenbleiben* (= unerledigt bleiben),
              (auf dem Teller) *liegen lassen/(links) liegenlassen* (= etwas nicht beachten)

Nomen + Verb
Der Regelfall ist die Getrenntschreibung.
Beispiel   *Fahrrad fahren, Schlange stehen*

Wenn das Nomen nicht mehr als Nomen wahrgenommen wird, schreibt man es mit dem Verb zusammen. Dies betrifft folgende Verben:
Beispiel   *eislaufen (ich laufe eis), kopfstehen, leidtun (Das hat ihm leidgetan.), nottun, standhalten, stattfinden, stattgeben, statthaben, teilhaben, teilnehmen, wundernehmen* sowie alle Verben mit *heim-, irre-, preis-* und *wett-* als erstem Bestandteil (also z. B.: *heimgehen, irreführen, preisgeben, wetteifern*)

In manchen Fällen ist sowohl Getrennt- als auch Zusammenschreibung möglich (z. B.: achtgeben/Acht geben). In Zweifelsfällen informiert ein **Wörterbuch** über die richtige Schreibung.

Adjektiv + Verb
Der Regelfall ist die Getrenntschreibung.
Beispiel   *lang schlafen, schnell gehen*

Sowohl Getrennt- als auch Zusammenschreibung ist möglich, wenn ein einfaches Adjektiv eine Eigenschaft als **Ergebnis der Handlung** bezeichnet.
Beispiel   *kaputt machen/kaputtmachen, klein schneiden/kleinschneiden*

Wortverbindungen aus Adjektiv und Verb müssen **zusammengeschrieben** werden, wenn sie eine **übertragene Bedeutung** haben.
Beispiel   *kürzertreten* (= sich einschränken), *richtigstellen* (= berichtigen), *schwerfallen* (= Mühe verursachen)

b **Grundwort Adjektiv**
Zwei Adjektive werden zusammengeschrieben, wenn:
der erste Bestandteil **bedeutungsverstärkend** oder **-vermindernd** ist:
Beispiel   *supergut, minderwertig*

der erste Bestandteil mit dem nachfolgenden Adjektiv **gleichrangig** ist:
Beispiel   *hellrot, taubstumm*

Eine Zusammensetzung liegt ebenfalls vor, wenn ein längerer Ausdruck **verkürzt** wird.

Beispiel   *mehrere Meter hoch → meterhoch, einen Finger breit → fingerbreit*

c **Sonderfälle**
gar + Adverb: *gar* wird von *kein, nicht, nichts, sehr* und *wohl* immer **getrennt geschrieben**.
Beispiel   *Das ist gar nicht schwer.*

Wortverbindungen mit irgend- werden zusammengeschrieben, wenn die Verbindung nicht mit **so** erweitert ist.
Beispiel   *irgendetwas – aber: irgend so etwas*
              irgendeine – aber: irgend so eine

3 ## Zeichensetzung

a **Satzabschlusszeichen**
Aussagesätze werden mit einem Punkt (.), Fragesätze mit einem Fragezeichen (?) und Aufforderungs- bzw. Ausruf-sätze mit einem Rufzeichen (!) abgeschlossen.

▸ S. 56 f. **b** **Beistrichsetzung bei Gliedsätzen**
Gliedsätze werden vom Hauptsatz bzw. weiteren Gliedsätzen durch Beistriche abgetrennt.
Beispiel   *Sie ging, obwohl sie eigentlich keine Zeit hatte, in ihr Zimmer, weil sie unbedingt lesen wollte.*

c Beistrichsetzung bei Aufzählungen

Glieder einer Aufzählung werden durch Beistriche abgetrennt. Glieder einer Aufzählung können sein:

Wörter: *Seine Lieblingsfächer waren **Deutsch**, **Mathe** und **Musik**.*

Satzteile: *In Paris wollte sie **den Eiffelturm besteigen**, **den Louvre besuchen** und **durch den Triumphbogen spazieren**.*

Sätze: ***Anna geht gerne ins Kino**, **Martin liebt Fußball** und **Marion spielt am liebsten Geige**.*

d Zeichensetzung bei wörtlicher Rede

Wörtliche Reden (direkte Reden) werden durch Anführungszeichen gekennzeichnet und durch einen Doppelpunkt bzw. einen Beistrich vom Begleitsatz abgetrennt.

Beispiel *Sie sagte: „Ich gehe jetzt ins Kino!" – „Ich gehe jetzt ins Kino!", sagte sie. – „Ich gehe", sagte sie, „jetzt ins Kino!"*

In der wörtlichen Rede wird am Satzende kein Punkt gesetzt, wenn der Begleitsatz nachfolgt.

Beispiel *Er sagte: „Paul kommt nicht mit." – **aber**: „Paul kommt nicht mit", sagte er.*

S. 150 ff.

④ Silbentrennung

Mehrsilbige Wörter kann man am Zeilenende trennen. Die möglichen Trennstellen fallen mit den Grenzen der Silben, die man beim langsamen Sprechen hört, zusammen:

Beispiel *eu-ro-pä-i-sche Ge-mein-schaft*

Einzelne Vokalbuchstaben (Selbstlautbuchstaben) am Wortanfang und -ende werden dagegen nicht getrennt. Wörter wie *Ofen*, *Boa* oder *Igel* können also nicht getrennt werden.

Achtung: Stehen die Buchstabenverbindungen **ch**, **sch**, **ph**, **rh**, **sh**, **th** und **ck** für einen Konsonanten (Mitlaut), werden sie nicht getrennt (z. B. *wa-schen*, *Na-cken*).

⑤ Stammschreibung

Im Deutschen gilt das sogenannte **Prinzip der Stammschreibung**, das heißt dass für die Schreibung der Wörter nicht in erster Linie ihre Aussprache entscheidend ist, sondern ihre Verwandtschaft mit anderen Wörtern des gleichen Stamms. So gibt es viele Wörter, die gleich ausgesprochen, aber unterschiedlich geschrieben werden (z. B. *war/wahr*, *Wal/Wahl*, *bis/Biss*). Suche also in Zweifelsfällen nach Wortverwandten (**Ableitungsverfahren**, z. B. kommt *wahrlich* von *wahr*).

Das **Verlängerungsverfahren** hilft dir herauszufinden, wie **am Wortende** geschrieben werden muss.

Beispiel *das Rad*, weil: *des Ra-des* – *der Rat*, weil: *des Ra-tes*

Achtung: Manche Wörter haben zwei oder drei Stämme, z. B.: *seh-en*, *sieh-st*, *sah*.

⑥ Umgang mit dem Wörterbuch

Das Wörterbuch ist das **wichtigste Hilfsmittel für den Bereich der Rechtschreibung**. Die Rechtschreibung im Deutschen ist zwar nicht ganz so schwierig wie z. B. im Englischen, aber immer noch schwer genug. Dies betrifft vor allem die Groß- und Klein- sowie die Getrennt- und Zusammenschreibung. Kaum jemand ist dabei so sicher, dass er auf das Wörterbuch verzichten kann. Auch deine Lehrer/innen benutzen ganz sicher immer wieder ein Wörterbuch. Und: Anfangs fällt dir der Umgang mit dem Wörterbuch vielleicht nicht ganz leicht; je öfter du aber zum Wörterbuch greifst, desto sicherer wirst du im Umgang mit ihm und mit der Rechtschreibung überhaupt.

Im Wörterbuch findest du in der alphabetischen Wörtliste alle Wörter in der Reihenfolge ihrer so genannten Grund- oder Zitierform angegeben: Im Deutschen ist das bei Nomen der 1. Fall (Nominativ) Einzahl, bei Verben der Infinitiv (Nennform) Präsens.

Zu allen Grundformen gibt es dabei kleine Artikel, die Angaben zu den Wörtern und ihrem Gebrauch machen, z. B.:

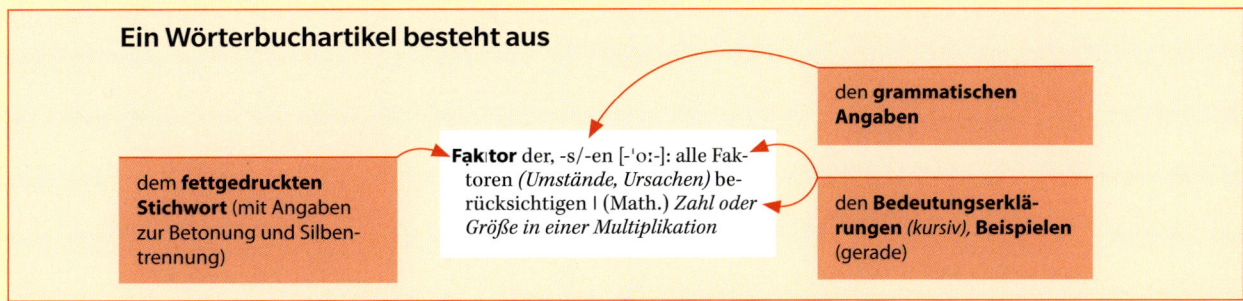

Ein Wörterbuchartikel besteht aus

den **grammatischen Angaben**

Fak|tor der, -s/-en [-ˈoː-]: alle Fak-toren *(Umstände, Ursachen)* be-rücksichtigen | (Math.) *Zahl oder Größe in einer Multiplikation*

dem **fettgedruckten Stichwort** (mit Angaben zur Betonung und Silben-trennung)

den **Bedeutungserklä-rungen** *(kursiv)*, **Beispielen** (gerade)

Register

Sachregister

Textquellen:

S. 10: Hans Manz: Die Welt der Wörter. Sprachbuch für Kinder und Neugierige. – Weinheim/Basel: Beltz & Gelberg 2003.

S. 12: Ferien in der Kulisse. http://www.eichingerbauer.at/ fuschl-see-salzkammergut.html

S. 18: Lene Mayer-Skumanz: Der Rachegeist. IN: Käthe Recheis: Die Uhr schlägt Mitternacht. Haarsträubende Gespenstergeschichten. – München:dtv 1981.

S. 26: Johann Wolfgang Goethe: Der Erlkönig. http://gutenberg.spiegel.de/buch/johann-wolfgang-goethe-gedichte-3670/231

S. 29 ff.: Barbara Büchner: Der Hund am Wegrand.

S. 44 f.: André Maurois: Das Haus. IN: Jahrmarkt in Neuilly. Erzählungen – München: dtv 1968.

S. 50 f.: Aus: Das große Ravensburger Lexikon, Bd. 3. – Ravensburg 1992.

S. 52 f.: Uwe Timm: Rennschwein Rudi Rüssel. – München: dtv junior/Reihe Hanser.

S. 54 ff.: Felix Mitterer: Superhenne Hanna. – Wien: G & G Verlagsgesellschaft 2008.

S. 64: www.netzeitung.de/vermischtes/870190.html

S. 66: http://www.berliner-zeitung.de/panorama/missbrauchs-des-notrufs-in-oberhausen-frau-ruft-polizei--weil-ihr-die-pizzabroetchen-nicht-schmeckten-23374454 (leicht gekürzt und verändert)

S. 70 f.: Die Presse vom 14. 12. 2007; Kleine Zeitung vom 29. 1. 2009.

S. 76: http://www.rp-online.de/panorama/leute/autofahrer-vergisst-wagen-beim-tanken-aid-1.2029950

S. 79: http://www.heise.de/newsticker/meldung/Affen-Selfie-Tierschuetzer-von-Peta-wollen-Copyright-fuer-Makaken-gerichtlich-erstreiten-2823940.html (leicht modifiziert)

S. 84 f.: http://www.kup.at/kup/pdf/416.pdf

S. 92 f.: http://www.spielewiki.org/wiki/V%C3%B6lkerball

S. 94: http://www.br.de/themen/ratgeber/inhalt/freizeit/schwimmen-breitensport100.html

S. 104: JIM-Studie 2014, MPFS, S. 8

S. 110 f.: http://www.stuttgarter-zeitung.de/inhalt.interview-mit-christoph-waltz-die-welt-wird-immer-weniger-komisch.36b04827-7512-4d31-bfd7-544 ff46e4e81.html (gekürzt)

S. 127: Jutta Richter: Der Tag, als ich lernte die Spinnen zu zähmen. – München/Wien: Hanser 2000.

S. 128: Christine Rettl: Wo steckt Papa? – Freiburg/Wien: KeRLE im Verlag Herder 1998.

S. 136: Der bestrafte Zwiebeldieb und Märchen aus Tirol: IN: Arnold Marlis: 3-Minuten Märchen aus aller Welt. – Köln: Könemann 2001. (Text gekürzt)

S. 137: Theodor Eberle: Kerzenechsen. In: DER BUNTE HUND Nr. 60, Dezember 2001.

S. 140 f.: Sabine Adatepe: Murat und Drakula. – In: DER BUNTE HUND. Nr. 71/Weinheim/Basel: Beltz&Gelberg August 2005.

S. 144: http://gutenberg.spiegel.de/buch/jean-de-la-fontaine-fabeln-4576/11 (verändert und gekürzt)

S. 146 f.: S. 156 f.: Erich Kästner: Die Schildbürger. – Hamburg: Dressler 2000.

S. 148 ff.: Erich Kästner: Till Eulenspiegel. – Hamburg: Dressler Verlag 2000.

S. 152 f.: Erich Kästner: Die wunderbaren Reisen und Abenteuer zu Wasser und zu Lande des Freiherrn von Münchhausen. – Hamburg: Dressler 1990.

S. 158: http://www.labbe.de/lesekorb/index.asp?themakatid=13&themaid=101&titelid=940&titelkatid=146&move=-1

S. 160 ff.: http://gutenberg.spiegel.de.

S. 164: James Krüss: Das Feuer. Aus: Der wohltemperierte Leierkasten. – Gütersloh: Bertelsmann 1969.

S. 165: Erwin Moser: Gewitter. IN: H. J. Gelberg: Überall und neben dir. Gedichte für Kinder. – Weinheim/Basel: Beltz & Gelberg 1986.

S. 166: Ernst Jandl: Laut und Luise. – Stuttgart: Reclam 1977.

S. 167: Friedhelm Lach (Hg.): Kurt Schwitters – Das literarische Werk. Bd. 1. – Köln: Dumont 1988.

S. 168: http://gutenberg.spiegel.de.

Bildquellen:

U1: Getty Images/Mint Images RF; **S. 7.1:** Gorilla/Fotolia; **S. 7.2:** Goodluz/Thinkstock; **S. 7.3:** Jason Lugo/iStockphoto.com; **S. 12:** Tvb hof/ Wikimedia Commons – CC BY-SA 3.0; **S. 42:** Colourbox.com; **S. 48:** Lion Hijmans/iStockphoto.com; **S. 49.1:** snygo - aboutpixel.de; **S. 49.2:** malamooshi/ Thinkstock; **S. 51.1:** outdoorsman/Fotolia; **S. 51.2:** Rusty Dodson/Fotolia; **S. 64:** 1000kbps/iStockphoto.com; **S. 70:** A3634 Friso Gentsch/dpa/ picturedesk.com; **S. 79:** Wikimedia Commons – Public Domain; **S. 86.1:** Anonym/Imagno/picturedesk.com; **S. 86.2:** MEV-Verlag, Germany; **S. 87:** Helmut Fohringer/APA/picturedesk.com; **S. 88:** Herbert Pfarrhofer/APA/picturedesk.com; **S. 92:** Bec Parsons – Digital Vision/Thinkstock; **S. 92:** steve vanhorn - Thinkstock; **S. 94:** Mike Watson Images/Thinkstock; **S. 96:** luckyraccoon/ Thinkstock; **S. 98:** EXPA/APA/picturedesk.com; **S. 101:** altrendo images/Getty-Images; **S. 104:** Medienpädagogischer Forschungsverbund Südwest, Stuttgart; **S. 105:** Scanrail/Fotolia; **S. 110:** Charles Sykes/AP/picturedesk.com; **S. 113.1:** Arena-Verlag Würzburg; **S. 113.2:** Celia Rees, Klassenspiel/© Carlsen Verlag GmbH, Hamburg 2004; **S. 119:** H. Lackinger, Melk; **S. 123:** Günther Ippisch/Ippisch Mag. Günter/ picturedesk.com; **S. 127:** Cameron Whitman/Thinkstock; **S. 130:** © RhB, Tibert Keller; **S. 131:** JoLin/Fotolia; **S. 135.1:** MH Foto-Design; **S. 135.2:** MH Foto-Design; **S. 135.3:** Tatjana Balzer/Fotolia; **S. 135.4:** Vic Pigula/iStockphoto.com; **S. 136:** snygo - aboutpixel.de; **S. 155:** Christian Schwier/Fotolia; **S. 158:** Stepan Popov/Fotolia

Lösungen

Nach den Ferien – Miteinander sprechen

Seite 5

Lösung: be-lieb-te Rei-se-zie-le

Seite 6/7

1 Einzelne Schüler unterbrechen (hören nicht richtig zu) und sind in ihren Äußerungen beleidigend.

2 1. Ich unterbreche niemanden, sondern warte ab, bis ich an der Reihe bin.
2. Ich höre zu, was der oder die andere sagt, und gehe nach Möglichkeit darauf ein.
3. Ich störe den oder die andere nicht und lenke ihn/sie auch nicht ab (z. B. durch Zwischenrufe).
4. Ich bleibe immer höflich und beleidige niemanden.
5. Ich fasse mich kurz, damit auch andere an die Reihe kommen.

3 Der ist super, da waren wir auch schon mal → Schüler unterbricht bzw. hört nicht zu (Verstoß gegen Regel 1/2)/Ach geh, das ist doch fad. Wir waren drei Wochen in Ägypten, direkt am Meer!/Du mit deiner Oma! Das passt zu dir! → Schüler ist unhöflich (Verstoß gegen Regel 4)

Seite 8/9

1 In seiner Erzählung tut der Junge so, als sei das schönste Wetter gewesen.

2 Es verändert sich jeweils ein Satzglied.

4 a) Im Zoo | verschluckte | meine Schwester | eine Schlange.
b) Mein Urgroßvater | kraulte | aus Versehen | ein Krokodil.
c) Der Affe | fotografierte | die berühmte Banane | genau.
d) Das kleine Mädchen | streichelte | das dicke Stachelschwein | immer wieder.

5 a) Im Zoo – Frage: Wo? → Zeitergänzung; b) aus Versehen – Frage: Warum? → Begründungsergänzung; c) genau – Frage: Wie? → Artergänzung; d) immer wieder – Frage: Wie oft? → Zeitergänzung

6 Frage Dativobjekt: Wem (gab meine Mutter einen Kuss)? – Frage Akkusativobjekt: Wen oder was (gab meine Mutter dem Kaktus)?

7
Subjekt	Prädikat	Dativobjekt	Akkusativobjekt
Meine Mutter	gab	dem Kaktus	einen Kuss.
Die Tierpflegerin	schenkte	mir	ein Krokodil.
Das Krokodil	fraß	-	mein Himbeereis.
Es	schmeckte	ihm.	
Ich	kaufte	mir	ein neues Eis.

Seite 10/11

1 b) trösten; c) nörgeln; d) versprechen, Erwartungen wecken

2 Beispiele: erklären: „Das ist eigentlich ganz einfach. Schau mal, du musst nur …" – verschweigen: „Ich hatte noch nie Angst." – Missverständnisse ausräumen: „Da hast du mich falsch verstanden, das habe ich doch ganz anders gemeint." – täuschen: „Das stimmt ganz bestimmt. Glaub` nur nicht den anderen!" – preisgeben: „Ich verrate dir jetzt ein großes Geheimnis …" – Misstrauen schaffen: „Also ich würde der Anna kein Wort mehr glauben, die hat doch auch neulich erst Lisa verpetzt." – Herzen öffnen: „Anna ist eigentlich ganz nett. Geh` doch einfach mal zu ihr hin und unterhalte dich mit ihr." – verletzen: „Nichts kannst du. Du bist der größte Versager der ganzen Schule." – verführen: „Komm schon! Das macht total Spaß und außerdem merkt es doch niemand."

4 Beispiele: b) Würdest du mir den Kuli leihen?
c) Wir könnten uns doch morgen Nachmittag treffen.
d) Bist du so nett und erklärst mir die Aufgabe noch einmal?

5 Beispiele: • Das tut mir leid, den brauche ich gleich selbst noch. Du kannst aber den Filzstift von mir haben.
• Gerne, nur morgen Nachmittag habe ich gerade keine Zeit, aber wie wäre es denn übermorgen Nachmittag?
• Ich bin mir nicht sicher, ob ich das gut kann. Vielleicht fragst du besser einmal Hanna.

Seite 12/13

1/
2
ohne Dehnungszeichen	mit Dehnungs-h	mit Doppelvokal	i mit e
eben, gewesen, Spurensuche, Kulisse, Tiroler, Gegend, oder, Hotel, malerischen, legendäre	Drehort, mehr, geführte, Bühnen	Fuschlsee	die, Trilogie

5 Eine ganztägige, begleitete Wanderung führt Filmtouristen hinauf auf 1.650 Meter zum höchst gelegenen Filmdorf Europas bei Sonntag im Großen Walsertal. In Ramsau am Dachstein hieß es „Film ab" für die erste Staffel der Fernsehserie „Bergwacht". Im Rahmen einer kommentierten Tour brechen Drehorttouristen zu den wichtigsten Schauplätzen in der Bergwelt auf. In der Tiroler Silberregion Karwendel standen beliebte Fernsehstars für die Produktion von Tatort, Der Bulle von Tölz, Sturm der Liebe und anderen Filmen vor der Kamera. In Kitzbühel betreiben Fans von Soko Kitzbühel und anderen TV-Produktionen Ermittlungen auf eigene Faust. Die Wirkungsstätten des „Winzerkönig", verkörpert von Harald Krassnitzer, präsentiert Burgenland Tourismus in einer eigenen Broschüre. Dabei sind das Städtchen Rust, idyllische Weinrieden und natürlich der Neusiedler See.

6 gehen (sie geht), stehen (er steht) – weitere Beispiele: fliehen (er flieht), flehen (sie fleht), rühren (er rührt), lehren (er lehrt)

7 abhängig von Lösung 6

Seite 14/15

1 Satz 1: Der Zug fuhr in die Bahnhofshalle ein, woraufhin alle Reisenden ausstiegen. Satz 2: Wenn ich mich morgens im Bett aufsetzte, hatte ich einen wunderbaren Blick aufs Meer. Satz 3: Auf dem Volksfest hat mein Bruder sich einen Strauß künstlicher Blumen erschossen. Satz 4: Wir gingen in den Zoo und besuchten anschließend meine Patentante.

2 1. Bahnhofshalle, dann, alle – 2. Mittelmeer, herrlich, Wenn, Bett, aufsetzte, hatte, Anblick – 3. erschossen – 4. Sonntagnachmittag, interessant

3 a) Wenn ~~mann~~ arbeitet oder in die Schule ~~mus~~, folgt auf jedes Wochenende ~~imer~~ wieder ein Montag. In ~~denn~~ Ferien gibt es das nicht. Das ist das ~~schönste darann~~. man, muss, immer, den, Schönste, daran
b) Meine ~~Elltern wolten~~ ihren Urlaub in keiner unruhigen, von ~~Fremmden~~ überlaufenden Gegend verbringen. ~~Darumm~~ haben sich die beiden in Kärnten für vierzehn Tage an einem ~~stilen~~ Örtchen ~~niedergelasen~~. Eltern, wollten, Fremden, Darum, stillen, niedergelassen
c) Es war fein in den Ferien. Ich war bei Onkel und Tante in der ~~Statt~~. Einmal ~~hatt~~ mich die ~~Tannte~~ in den Zoologischen Garten ~~mitgenomen~~. Da war ein großer Käfig voll ~~Afen~~. Mein Onkel war auch dabei. Stadt, hat, Tante, mitgenommen, Affen
d) Als wir auf der ~~Hüte ankammen~~, waren wir so hungrig, dass wir wie eine Meute ~~Hunnde~~ über die Bedienung herfielen. Hütte, ankamen, Hunde
e) Der Weg machte eine Kurve, als ich die hinter mir hatte, fiel mir ~~plözlich~~ eine ziemlich ~~kapute~~ Ruine ins Auge. plötzlich, kaputte
f) ~~Wen~~ man am Meer Ferien macht, kann man die ~~Ebe~~ und die Flut genau sehen. Das erledigt der Mond. ~~Imer~~ bei ~~Ebe~~ zieht er das Wasser vom Land weg ins Meer. Wenn, Ebbe, Immer, Ebbe

4 Die Schreibung „Marokko" ist ein Sonderfall (statt „Marocko"), es handelt sich um ein Fremdwort.

5 zz-Schreibung: Pizza, Skizze, Jazz, Razzia – kk-Schreibung: Brokkoli, Akkordeon, Sakko, Akku, Akkord

Seite 16 (Teste dich selbst)

1 Niemanden unterbrechen; Zuhören, was der Gesprächspartner sagt und darauf eingehen; nicht stören; höflich bleiben; sich kurz fassen

2 a) grüßen; b) versprechen

3 Beispiele: a) Tut mir leid, morgen muss ich lernen, aber wie wäre es übermorgen? b) Leider habe ich die Aufgabe selbst nicht hundertprozentig verstanden. Frag doch am besten einmal Ronja.

4 a) Sie setzen die Segel und stachen in See. b) Auf dem Meer wehte bald keine Brise mehr. c) Sie überlegten nicht lange und nahmen die Ruder zur Hand. d) Nach langer Fahrt gelangten sie wieder sicher in den Hafen.

5 Als wir über die Wiese gingen, ~~galopierte plözlich~~ ein Stier auf uns zu und wollte uns auf die Hörner nehmen. Wir ~~ranten~~ weg. Nur meine Schwester blieb mutig stehen. Als der Stier sie ~~erblikte~~, blieb er auf der Stelle stehen, sah sie an und ~~rante schnel~~ wieder weg. galoppierte, plötzlich, rannten, erblickte, rannte, schnell

Durch Nacht und Nebel – Spannend erzählen
Seite 17

Die richtigen Wörter sind: 1, 3, 5, 8, 9, 12, 13, 15, 17, 19, 21. Frau Ängstlich fürchtet sich vor Schlangen.

Seite 18/19

1 Wichtig wäre, dass du deine Bewertung auch begründen kannst.

3 Höhepunkt: Zeile 58-67

4 Einleitung: Personen: Kujavarsuk, Onkel; Ort: in Grönland; Zeit: einmal (unbestimmt in der Vergangenheit); Vorgeschichte: Kujavarsuk ist als Jäger so erfolgreich, dass er den Neid anderer und vor allem seines Onkels erregte; Handlungsbeginn: Der Neid des Onkels, der eines Tages nur einen Seehund erlegt hatte und von der jungen Frau Kujavarsuks nur ein Rückenstück zum Essen bekam. – Hauptteil: 1. Erzählschritt: Der Onkel fühlt sich durch Kujavarsuk und dessen Frau erniedrigt und beschließt sich zu rächen, indem er einen Rachegeist erschafft und diesem befiehlt, Kujavarsuk zu verfolgen. – 2. Erzählschritt: Der Rachegeist wird zum Seehund und wirft Kujavarsuk in seinem Boot um, doch Kujavarsuk beherrscht die Kajakrolle und entkommt. – 3. Erzählschritt: Der Geist beschließt Kujavarsuk in seinem Haus zu Tode zu erschrecken, doch schaut Kujavarsuk den Geist nicht an, sodass der Geist Kujavarsuk nicht schaden kann. – 4. Erzählschritt: Der Geist versucht unter der Erde ins Haus zu schlüpfen und aufs Dach zu fliegen, aber Kujavarsuk wehrt ihn beide Male ab. – 5. Erzählschritt: Höhepunkt: Der Rachegeist wird durch den Misserfolg zornig auf seinen Schöpfer, bringt diesen um und flieht auf das Meer hinaus. – Schluss: Kujavarsuk erreicht in Frieden ein hohes Alter.

5 Wichtig ist, dass du dir wirklich Schritt für Schritt überlegst, wie sich deine Geschichte entwickeln und wie sie vor allem enden soll.

Seite 20/21

1 A: 5 (unbestimmte Wörter)/B: 3 (Gedanken äußern, Fragen an sich selber stellen)/C: 4 (Vorausdeutungen, Andeutungen)/ D: 8 (Kurzsätze) und 9 (Zeitlupentechnik)/E: 1 (Gefühle und innere Vorgänge)

2 Hier ist deine Fantasie gefragt. Achte darauf, dass du anschauliche Wörter und sprachliche Bilder verwendest.

3 1: Gefühle und innere Vorgänge; 4: Vorausdeutungen, Andeutungen; 9: Zeitlupentechnik

4 Mit angehaltenem Atem … = Was tut jemand?/"Mal das Zeichen …" = Was denkt und sagt jemand?/Er spürte, wie ihm … = Was fühlt jemand?/Vor Angst und Entsetzen … = Was fühlt jemand?/"Lass sie vorübergehen …" = Was denkt und sagt jemand?/Mir war, als lege … = Wie ist jemand?/Strahlend vor Freude … = Was tut jemand?

Seite 23

7 Durch die Andeutungen bleibt Raum für die eigenen Vorstellungen. Es wächst auch die Unsicherheit, dadurch wird das Geschehen unheimlicher. Der Leser oder die Leserin ahnt, dass diese Dinge später noch von Bedeutung sein werden, so wächst die Spannung.

Seite 24/25

1 Die sechs zutreffenden Aussagen sind die Sätze 1, 2, 4, 6, 7, 8.

2 Sieh dir während des Schreibens immer wieder das Spannungsbarometer an und versuche, einzelne Elemente davon in deinen Text einzubauen.

Seite 27

2 Das Gedicht vermittelt zunächst durch den Ort und die Zeit der Handlung (nachts in einer verlassenen Gegend bei Wind und Nebel) eine bedrohliche, schaurige Stimmung, die durch die sprachlichen Mittel der Beschreibung noch verstärkt werden ("Nacht und Wind", "was birgst du so bang", "Nebelstreif", "dürre Blätter", "alte Weiden", "grau", "Gewalt", "ein Leids getan", "grauset" "ächzend", "Mühe und Not", "tot").

3 Das Gedicht ist vor allem dort spannend, wo das Kind dem Vater (und damit den Leserinnen und Lesern) seine Eindrücke und Empfindungen mitteilt (drei Mal: "Mein Vater, mein Vater, …"), bis schließlich der Vater selbst Angst (um das Kind) bekommt ("Dem Vater grauset`s, er reitet geschwind …").

Seite 28

1 Deine Nacherzählung könnte so beginnen: "Hier an dieser Kreuzung ist es passiert!", sagte der Tierarzt zu dem Revierleiter des Gendarmeriepostens. "Es war eine klare Nacht, ich habe es genau gesehen." Sie fuhren gemeinsam im Auto auf einer einsamen Landstraße. "Erzählen Sie mir alles!", bat der Gendarm den Tierarzt. …

Seite 32/33/34/35/36/37

1 Es müssen eingesetzt werden: Nomen, Artikel, groß, (Beispiele:) Monster, Fluch, Friedhof, Gespenst –Zeitwörter, wann, (Beispiele:) heulen, zittern, schleichen, jagen – Adjektive, (Eigenschaftswörter), Wie, (Beispiele:) riesig, fürchterlich, unheimlich, ängstlich – Artikel, bestimmte, unbestimmte, (Beispiele:) der, das, den, eine – Präpositionen, (Beispiele:) vor, in, auf, durch – Pronomen, Personalpronomen, Possessivpronomen, (Beispiele:) es, sie, unser, seines.

2 Unter, Betten, hinterm, Fenster: Präposition, Nomen, Präposition (+ Artikel), Nomen – warten, Nacht: Verb, Nomen – Turmgespenster: Nomen – auf, den, Turmgespensterbrei: Präposition, Artikel, Nomen – Haben, den, ganzen, Tag, gehungert: Verb, Artikel, Adjektiv, Nomen, Verb – haben, sie, mag: Verb, Pronomen, Verb Sind, durch, die, Stadt, gelungert: Verb, Präposition, Artikel, Nomen, Verb – einen, lieben, langen, Tag: Artikel, Adjektiv, Adjektiv, Nomen – mit, vollem Magen: Präposition, Adjektiv, Nomen – mit, neuen, Energien: Präposition, Adjektiv, Nomen – werden, sie, die, Gäste, plagen: Verb, Pronomen, Artikel, Nomen, Verb – durch, Turmgemächer, ziehen: Präposition, Nomen, Verb.

3 Mögliche Beispiele: Personalpronomen: er, wir, ihn, uns, sie; Possessivpronomen: unseres, sein, ihre; Demonstrativpronomen: jenes, dieser; Fragepronomen: Welches, welcher; Reflexivpronomen: mich, uns, euch; Indefinitpronomen: mancher, nichts, kein; Relativpronomen: welches, der, die

4 Wir: Personalpronomen/Ich: Personalpronomen/diesen: Demonstrativpronomen/meiner: Possessivpronomen/Sie: Personalpronomen/Ihr: Possessivpronomen/dieser: Demonstrativpronomen

5 sein/ihr, er, ihre, er, seine, sie (Am letzten Beispiel siehst du, dass Personalpronomen nicht nur Nomen ersetzten, die Personen bezeichnen.)

6 Personalpronomen im Nominativ (1. Fall): du, wir/Personalpronomen im Dativ (3. Fall): dir, ihm, uns, euch/Personalpronomen im Akkusativ (4. Fall): mich, ihn, sie, es, euch (In der Tabelle fehlt der Genitiv [2. Fall], da es nur wenige Verben gibt, die den 2. Fall verlangen.)

7 Die richtigen Buchstaben sind: E, R, U, E, F, D, A, S, M, L – das Lösungswort lautet: Fledermaus

8 Aber, dass, Und, Und, weil, Und, und, als, als

9 Sie wollte etwas sagen, aber ihre Kehle… Ich konnte nicht glauben, dass das … Es war uns verboten, in dem alten Gemäuer zu spielen, weil es dort … Ich wollte nicht alleine zurückbleiben und so folgte … Entweder er würde jetzt und hier springen oder sein Verfolger …

10 Modaladverbien falsch: darum, nun; zusätzlich: gemeinsam, allein/Lokaladverbien falsch: niemals, gemeinsam; zusätzlich: rechts, hier/Kausaladverbien falsch: rechts, allein; zusätzlich: darum, deshalb/Temporaladverbien falsch: hier, deshalb; zusätzlich: nun, niemals

12 Verben: sollen, brüllen – Nomen: Angst, Sehnsucht – Adverbien: immer, morgen – Präpositionen: bei, ohne, auf – Konjunktionen: oder, und, als – Interjektionen: pst, hallo, aha – Numeralien: eins, fünf – Pronomen: mein, dieser, ich – Artikel: eine, der – Adjektive: hell, grausam.

13 Adverbien = Umstandswörter, Adjektive = Eigenschaftswörter, Konjunktionen = Bindewörter, Artikel = Geschlechtswort, Interjektionen = Ausrufwörter, Nomen = Namenwörter, Präpositionen = Vorwörter, Numeralien = Zahlwörter, Verben = Zeitwörter, Pronomen = Fürwörter

Seite 38/39

1 Nicht dazu gehören: die Geisel, die Geißel (beide Wörter haben nichts mit „Geist" zu tun)

2 Weitere Wortstämme: wein-, töt-, bahn-, nacht-, stört-, fahr-, schwäch-, sturm-, reich-

3 Beispiele: schenk: schenken, Geschenk, verschenken; furcht: Furcht, fürchten, furchtsam; find: finden, Fund, unauffindbar.

4/ Präfixe (Beispielwort): über (überholen), miss (missverstehen), emp (empfinden), un (unanständig), ant (antworten), ur (Ursprung), be (bedauern), ge (Gewinn), er (erblühen), ent (entstehen), ver (verstehen), zer (zerfließen) – Suffixe (Beispielwort): nis (Zeugnis), chen (Mädchen), ung (Wohnung), ler (Pendler), sal (Trübsal), el (Pendel), schaft (Mannschaft), ig (winzig), bar (essbar), lich (herzlich), en (wohnen), eln (lächeln), lein (Männlein), ling (Feigling).

6 Beispiele: endlich, Endfassung, Endhaltestelle, endlos, Endlauf, endgültig, endigen, Endergebnis, Endzweck, Endverbraucher: end- kommt von „Ende" – entfallen, entführen, entsorgen, entladen, entfernen, entfeuchten, entfesseln, entscheiden, entnehmen, entschuldigen: „ent" bezeichnet einen Vorgang, der etwas wegführt, entfernt, befreit oder wegnimmt.

7 angsterfüllt, Angsthase, ängstlich, Ängstlichkeit, beängstigen, verängstigt – anbieten, Angebot, Bote, Botschaft, entbieten, Gebot, verbieten, verboten – aufpicken, Pickel, Pickerl, picken, pickig, Picknick, zerpicken– auspacken, Gepäck, Päckchen, Packeis, packen, packend, Packesel, Packpapier, umpacken, Verpackung.

Seite 41/42/43

1 Die drei richtigen Aussagen sind die Sätze 3, 4 und 5.

2 auf Eis – Präposition/bei dem Haus – Präposition, Artikel/ihr Fahrrad – Possessivpronomen/dieses Kind – Demonstrativpronomen/drei Gedanken – Numerale/ein altes Weiblein – Artikel, Adjektiv

3 Frau, Augen, Jahre, Park, Weiblein, Tauben, Meislein, Blick, Bank, Frau, Seele, Frieden

4 Nominalisierung/Unglaubliches, etwas Besonderes, mein Zögern, mein Erscheinen, etwas Merkwürdiges, etwas Unheimliches, etwas Durchscheinendes, beim Eintreten, etwas Besonderes, beim Überqueren, dem Hören, das Zwitschern

5 groß, Artikel, Präposition + Artikel, Possessivpronomen

6 Unglaubliches, Besonderes, Zögern, Erscheinen, Merkwürdiges, Unheimliches, Durchscheinendes, Eintreten, Besonderes, Überqueren, Hören, Zwitschern

7 beim Fahren, das Tanken, zum Stehen, unser Erstaunen, in Erschrecken, das Telefonieren, das Warten, das Leuchten und Blinken, durch Rufen und Winken, dem Umfüllen, zum Starten, kurzem Ruckeln und Stottern

8 etwas Schönes, viel Schweres, genug Süßes, nichts Falsches, wenig Interessantes, alles Wichtige, mehr Spannendes

9 gut ausgegangen/wenig Gutes – ums Kochen/zu reden/Sein Reden – nichts Spannendes/spannend wird – wirklich wichtig/Wichtiges solltest – Das Gehen/schnell gehen – Ich übe/alles Üben - Das Böse/die bösen Menschen – Die Uhr tickt/dieses Ticken

Seite 45

1 Eine mögliche Einteilung könnte sein: Zeile 1–10: Das Bild des Hauses aus dem Traum. Zeile 11–25: Der Weg zum Haus. Zeile 25–33: Frau klingelt an Türe und erwacht aus dem Traum. Zeile 33–47: Die vergebliche Suche nach dem Haus in Frankreich.

Zeile 48–64: Frau findet das Haus aus dem Traum. Zeile 65–74: Frau geht zum Haus und klingelt. Zeile 75–84: Frau bittet um Besichtigung des Hauses. Zeile 85–104: Frau erfährt die Wahrheit über das Haus.

2 Die Spannung entsteht durch die Wiederholung des Traumes und die genaue Beschreibung des Hauses. Man spürt, dass das Haus echt sein könnte. Spannung entsteht auch durch Verzögerung: Die Frau findet das Haus zunächst nicht. Danach wirkt der Text spannend, weil das Haus aus der Wirklichkeit so sehr dem Haus aus dem Traum ähnelt. Zuletzt entsteht Spannung durch den Spuk, von dem der Diener erzählt.

3 Deine Geschichte könnte so beginnen: Als meine Nachbarin einmal sehr krank war, erzählte sie, dass sie jede Nacht denselben Traum hatte. Sie ging übers Land …

Teste dich selbst
Seite 46

1 Mehrere Erzählschritte, der letzte muss zugleich der Höhepunkt sein.

2 Siehe Spannungsbarometer Seite 20

3 auf: Präposition; eisig: Adjektiv; unseres: Possessivpronomen; eines: Artikel; lauern: Verb; niemand: Indefinitpronomen; Kunst: Nomen; es: Personalpronomen; gestern: Temporaladverb

4 Liegestuhl, Liegeplatz, herumliegen, belegen, ablegen, anlegen, Ablage, Liegeposition …

5 Beispiele: Präfix: vor, zer, ent, miss, ab – Suffix: heit, keit, ung, er, en.

6 Beispiele: So etwas Schönes habe ich noch nie gesehen. Sie liebt das Reden vor Publikum. Er musste viel Grausames erleben. Sein Vertrauen in dich ist sehr groß.

7 Es geschah gestern spät in der Nacht. – Das Käuzchen hat dreimal gelacht. – Irgendwo hörte man das Knacken von Zweigen. – Ein Flüstern und Raunen und plötzlich Schweigen. – Von den Wiesen stieg Nebel auf. – Da nahm alles seinen Lauf.

Wie viel Mensch braucht ein Tier? –
Seine Meinung vertreten
Seite 47

Kommt als Haustier in Frage	Kommt nicht als Haustier in Frage
Kaninchen, Ratte, Hund, Fische, Kolibri, Hamster, Hase	Schlange, Leopard, Pferd

Seite 48/49

1/ 2/ 3 Tinas Meinungen (Begründungen)/mögliche Begründungen	Pauls Meinungen (Begründungen)/mögliche Begründungen
• Hundehaltung in der Stadt ist Tierquälerei (Hunde sind nicht für das Stadtleben geboren). • Hunde sind nicht für das Stadtleben geboren (denn sie brauchen viel Auslauf in der Natur). • Natur gibt es unserem Viertel nicht viel, da alles zugebaut ist. • Hund hat keine Möglichkeit, Auslauf zu bekommen (wir leben in einer Etagenwohnung ohne Garten). • Hund wird unzufrieden und unausgeglichen (da er zu wenig Auslauf bekommt). • Hund wird wahrscheinlich sein Geschäft in der Wohnung verrichten, weil das besonders bei jungen Hunden nie ganz zu verhindern ist. • Hunde bellen oft und laut, das liegt in ihrer Natur. • Viele Hausbesitzer haben etwas gegen Hunde, sonst wäre Tierhaltung nicht so oft verboten. • Hund würde unter Verkehrslärm leiden (da er ein feines Gehör hat und das Haus an einer verkehrsreichen Straße liegt).	• Hundehaltung in der Stadt ist möglich (da viele Leute dies tun und es Parks gibt). • Ein Hund tut der ganzen Familie gut (weil man mit ihm Spaziergänge macht und aufs Land fährt). • Hund macht das Leben nachts sicherer, weil er einen warnen kann und abschreckend wirkt. • Hund ist ein guter Freund der Familie, da Hunde von Natur aus treu sind. • Hunde können in der Stadt ungefährdet leben (wenn sie gut erzogen sind). • Hunde verrichten ihr Geschäft draußen (wenn sie gut erzogen sind). • Mit Hunden hat man keinen Ärger (weil sie ihr Geschäft draußen verrichten). • Hunde sind als Spielkameraden zum Herumtollen in der Stadt ganz wichtig, weil es in der Stadt sonst wenig Spielmöglichkeiten und vor allem keine anderen Tiere gibt.

4 Zusätzliche Argumente kursiv:

Argumente für die Hundehaltung in der Wohnung	Argumente für die Hundehaltung im Freien (= gegen die Haltung in der Wohnung)
• *Hund kann sich kein Schlupfloch suchen und ausbrechen.* • Geräusche, die dem Hund Angst machen können, werden abgedämpft. • Hund im Haus ist ein wirksamer Wächter. • *Hund macht sich nicht so leicht schmutzig und kann sich nicht verletzen oder Krankheiten einfangen.* • *Hund wird zutraulicher und ist nicht so oft allein.* • *Hund ist immer da, wenn man mit ihm spielen möchte.*	• Man muss mit dem Hund weniger spazieren gehen. • Er kann immer seine Notdurft verrichten. • *Er hat draußen mehr Abwechslung.* • Er bekommt frische Luft und Bewegung und bleibt deshalb fit. • Er kann seinen Frust nicht an Möbeln oder Teppichen ablassen. • *Hund macht die Wohnung nicht schmutzig (z.B. Haare).* • *Hund stört nicht, z.B. durch Bellen oder wenn er spielen will.*

Seite 50/51

1 Auf folgende Punkte könntest du in der Mindmap eingehen: giftige/ungiftige Arten? – Größe – Gewicht – Aussehen – Verwandtschaft (Würmer?) – Fortbewegung – Muskeln/Knochen? – Schuppenhaut – Häutung – Klapper – Schlangenleder – Lebensweise – Verbreitung – in Österreich? – bedrohte Tierart? – Schlangen als Haustiere – im Zoo – kann man sie züchten?

2/ Zusätzliche Angaben kursiv

3

Eigenschaften	*in der Regel äußerst giftig*
Aussehen, Größe, Gewicht	von 1/2 m bis zu über 2 m Länge, mit Klapper oder Rassel, *fleckige bzw. gezackte Haut; von wenigen Hundert Gramm bis zu 9 kg*
Verhaltensweisen	rasseln, *wenn sie erregt sind bzw. sich in Gefahr befinden; reagieren empfindlich auf Witterungswechsel*
Lebensraum und -weise	Kanada bis Argentinien (feuchte Wälder, Savannen oder Wüsten) *sonnige öde Anhöhen, die von fruchtbaren, grasigen Tälern, Flüssen oder Bächen begrenzt werden*
Nahrung	kleine Säugetiere (Ratten, Kaninchen, Vögel)
Pflege, Haltung	*problemlos: Fütterung, Säuberung des Terrariums, gelegentliche Tierarztbesuche; Haltung im beheizten und beleuchteten Terrarium*
Krankheiten	*rühren meist (wie z.B. Parasitenbefall) von nicht sachgerechter Haltung; sie sind problematisch, da Medikamente in der Regel zwangsgefüttert werden müssen, was recht gefährlich sein kann*
Kosten	*Anschaffung: ab wenigen Euro (Preis nach Größe, Alter und Seltenheit) Ausstattung: Terrarium (inklusive Heizung und Beleuchtung) – teuer Haltung: Futter, Strom, Tierarzt*

4 Argumente für die Haltung von Schlangen als Haustiere: Klapperschlangen als Haustiere sind eher ungewöhnlich, desto spannender kann es sein, die Tiere zu beobachten; Klapperschlangen können artgerecht gehalten werden; kleinere Klapperschlangen sind gar nicht teuer; die Pflege von Klapperschlangen ist leicht und weniger zeitaufwändig als etwa die Haltung eines Hundes – Argumente gegen die Haltung von Schlangen als Haustiere: Klapperschlangen sind langweilig (man kann mit ihnen nicht spielen); die artgerechte Haltung ist recht teuer (Terrarium, Heizung usw.); die Tiere sind z. T. sehr giftig, schon der kleinste Fehler kann gefährlich werden; wer eine Klapperschlange hält, hat gleichzeitig ihr Futter (Mäuse, Ratten usw.) zum „Haustier".

Seite 52/53

1 Ich finde … super; Meiner Ansicht nach …; Ich mag … nicht, Ich kann … nicht ertragen

2 Meinungen können zum Beispiel Adjektive („Lustiges Buch!", „Langweiliger Film!") und Verben (lieben, hassen, ekeln, anwidern usw.) ausdrücken. Daneben gibt es zahlreiche Ausdrücke, die eine Meinung direkt als solche kennzeichnen (z.B. denken, glauben, meinen, halten für, der Ansicht sein, vermuten, anscheinend, angeblich, wahrscheinlich, vermutlich, wie es scheint, den Standpunkt/die Auffassung vertreten, meines Erachtens, der Überzeugung sein).

3 Argument: weil sie Krankheiten übertragen

4 weitere Argumente könnten sein: da sie nicht stubenrein sind; aufgrund der Tatsache, dass sie alles annagen; wegen ihrer allgemeinen Unbeliebtheit. – Ratten sind sehr gesellige Tiere; sind leicht und billig zu halten; sind nicht teuer und brauchen nicht viel Platz.

5/ Zuppis Hauptargument könnte darin bestehen, dass sie die

6 Verantwortung übernimmt und auch für die Schäden einsteht (Taschengeldverzicht, zusätzlicher Putzdienst usw.). Sie wird auch versprechen, zukünftig besser aufzupassen, und dem Vater sagen, wie gern sie das Ferkel hat und wie lieb es eigentlich ist. – Der Vater könnte sagen, dass Schweine als Haustiere ungeeignet sind (sich auch nicht wohl fühlen) und nicht zu kontrollieren sind. Er wird auch darauf verweisen, dass Rudi noch ein Ferkel ist und die Probleme immer größer werden dürften und Zuppi der Verantwortung noch nicht gewachsen ist.

7 Hier kannst du auf die Lösungen der Aufgaben 5 und 6 zurückgreifen. Achte darauf, dass Zuppi und ihr Vater höflich und sachlich miteinander sprechen.

Seite 55

1 Hanna ist ein Superhuhn, das sehr alt ist. Außerdem kann sie sprechen, schreiben und ist sehr stark.

2 a) wohnen; b) wird; c) wäre

3 a) Ich habe ihn einmal ordentlich verhauen, als (= Einleitungswort) er ein Huhn verschleppen wollte.
b) Aber es ist halt so üblich, dass (= Einleitungswort) das Loch am Abend geschlossen wird.
c) Weil (= Einleitungswort) auch wir Hühner es ganz gern warm haben, wohnen wir im Winter in einer geräumigen Steige in der Küche.
d) Und es gibt nichts Herrlicheres, als in diesem Sand zu baden, wenn (= Einleitungswort) er von der Sonne angenehm erwärmt ist.

4 auf denen wir sitzen können – durch das wir aus- und eingehen dürfen – wie wir wollen – damit der Fuchs Bartholomäus nicht herein kann.

5 Einleitungswörter für Gliedsätze: weil, damit, nachdem, wie, auf denen, durch das, obwohl, während, bis, indem …

Seite 56/57

1 a) Die Hühner betrachten Hanna als Anführerin, weil Hanna stark und klug ist. b) Die Hähne flüchteten, nachdem Hanna sie ordentlich verprügelt hatte. c) Die Hähne mussten Hanna die Herrschaft lassen, obwohl sie dachten, sie könnten Hanna vertreiben. d) Ein hübscher junger Hahn wollte sich bei Hanna einschmeicheln, indem er zuerst ganz zärtlich war.

2 a) Als er ein Huhn verschleppen wollte, habe ich ihn einmal ordentlich verhauen. b) Dass das Loch am Abend geschlossen wird, ist aber halt so üblich.

3 Auf einem Rundflug = Anfang Hauptsatz
den sie zur Stärkung ihrer Flugmuskeln unternimmt = Glied- bzw. Attributsatz 1
entdeckt Hanna eines Tages eine große Hühnerfabrik und erfährt = Ende Hauptsatz
dass in solchen Hallen viele Hühner leben müssen = Gliedsatz 2
die noch nie das Tageslicht gesehen haben = Glied- bzw. Attributsatz 3

4 Auf einem Rundflug, den sie zur Stärkung ihrer Flugmuskeln unternimmt, entdeckt Hanna eines Tages eine große Hühnerfabrik und erfährt, dass in solchen Hallen viele Hühner leben müssen, die noch nie das Tageslicht gesehen haben.

5 a) Nachdem sie nach Hause zurückgekehrt ist, fragt Hanna den Bauern (= Hauptsatz), bei dem sie lebt, was es mit diesen Hühnerfabriken, von denen sie gerade eine gesehen hatte, auf sich hat. b) Der Bauer (= Anfang Hauptsatz), der in einer Zeitschrift einmal einen Bericht über solche Legebatterien gelesen hat, klärt Hanna (= Fortsetzung Hauptsatz), die noch immer nicht glauben kann, was sie gesehen hat, auf (= Ende Hauptsatz).

Lösungen

Seite 58/59

1 Textsorten: Brief, Aushang, Anzeige, Schild/Bekanntmachung.
2 Brief: appelliert wird an die Empfänger; Bitte um Zusendung von Material; sachliche, höfliche Sprache – Aushang: appelliert wird an alle Leserinnen und Leser; Bitte um Kontaktaufnahme, falls Jimmy gesehen wurde; sachliche, höfliche Sprache – Anzeige: appelliert wird an alle Leserinnen und Leser; Wunsch, junge Hunde abgenommen zu bekommen; direkte, sachliche Sprache – Schild/Bekanntmachung: appelliert wird an alle Hundehalter; Anordnung zur Führung von Hunden; offizielle Sprache.
3 Beispiele: Werbeplakat, Beschwerdebrief, Rechnungen bzw. Mahnungen, Vorladungen, Einladung, Bestellung.
4 Brief B ist ein gelungenes Beispiel für einen Beschwerdebrief; Brief A zeigt, wie man es nicht machen sollte (der Text ist beleidigend und unsachlich).

Seite 60/61

1 a) allgemeingültige Tatsache; b) sich wiederholender Vorgang; c) gerade ablaufendes Geschehen; d) zukünftiges Geschehen

2

	Aufgabe des Futurs
a) Nach der Schule <u>wird</u> sie gleich zum Reitstall <u>fahren</u>.	zukünftiger Vorgang
b) Sie <u>werden</u> hoffentlich bald <u>kommen</u>.	Erwartung
c) Das <u>wirst</u> du doch <u>verstehen</u>.	Erwartung
d) Ihr <u>werdet</u> euch alle noch <u>wundern</u>.	Erwartung
e) Du <u>wirst</u> das jetzt sofort <u>machen</u>!	Befehl

3 a) Mia wird ihre erste Reitstunde bekommen. b) Jakob wird vom Pferd fallen. c) Mia und Jakob werden ihre Pferde füttern.
4 a) ausdrücken, was unmittelbar zuvor geschehen ist; b) über Vergangenes ohne Gegenwartsbezug erzählen bzw. berichten; c) Verbindung von der Vergangenheit zur Gegenwart der Sprecherin oder des Sprechers herstellen

Teste dich selbst
Seite 62

1 Meinung von Anja: Alle Kinder sollten eigentlich ein Haustier haben. – Argument: Durch das Halten eines Haustieres können Kinder Verantwortung lernen.
2 Unter einem „Appell" versteht man Bitten, Wünsche, Befehle, Fragen usw., durch die andere Menschen dazu gebracht werden sollen, etwas Bestimmtes zu tun.
3 Beispiele: Lexikon, Internet, Fachbuch, Expertenbefragung.
4 Hauptsatz: Sie sucht dringend jemanden – Personalformen: sucht, nimmt, muss
5 a) Hunde sollte man besser nicht alleine in der Wohnung lassen, weil sie sonst eine ziemliche Unordnung anrichten können. b) Als er nach Hause kam, sah er, dass sein Hund die ganze Wohnung durcheinandergebracht hatte.
6 a) Präsens: allgemeingültige Tatsache; b) Futur: Erwartung/Vermutung; c) Perfekt: Verbindung von der Vergangenheit zur Gegenwart der Sprecherin oder des Sprechers herstellen
7 Mögliches Pro-Argument: solche Tiere stellen eine Gefahr für die Allgemeinheit dar; mögliches Kontra-Argument: solche Tiere sind harmlos, wenn sie richtig gehalten werden.

Aus aller Welt – Berichte und berichten
Seite 63

Meld-ung, In-for-ma-tio-nen, Zei-tung, Be-richt, Nach-richt, Über-schrift, Schlag-zei-le, Pres-se-agen-tur

Seite 64/65

1 Bei der mündlichen Wiedergabe solltest du zumindest genannt haben: Ein Fensterputzer überlebte einen Sturz aus 150 m Höhe und kann wieder ganz gesund werden.
2 Was? Fensterputzer überlebt Sturz von Hochhaus – Wer? ein Fensterputzer (und sein Bruder) – Wo? in New York/Manhattan – Wann? am 7. Dezember – Wie? eine Plattform an dem Hochhaus hat sich gelöst, der Fensterputzer stürzt aus 150 m Höhe – Warum? ein „Wunder" – Mit welchen Folgen? der Fensterputzer trug schwere Verletzungen davon, könnte aber wieder vollständig gesund werden.

3 Vergangenheit: der Sturz und seine Ursache, die schweren Verletzungen, der Tod des Bruders – Gegenwart: der Gestürzte befindet sich auf dem Weg der Besserung – Zukunft: weitere Operationen, der Mann könnte wieder ganz gesund werden.
4 Berichtet werden kann fast überall: in anderen Medien (Internet, Zeitschriften, Radio, …), aber auch in Gesprächen, in der Berufswelt, usw.; meist wird berichtet, um andere zu informieren, aber auch, um sie zum Beispiel zu unterhalten.

Seite 66/67

1 Für die 50-Jährige dürfte der Anruf ein Nachspiel haben: Der Anruf wird unangenehme Folgen für die Frau haben. – Die Polizei erstattete Anzeige gegen sie wegen missbräuchlicher Nutzung von Notrufen: Die Polizei hat die Frau angezeigt, weil sie den Notruf angerufen hat, obwohl keine Gefahr für sie bestand (sie nicht in echter Not war).
2 a) Wer (war am Geschehen beteiligt)? b) Wo (hat es sich ereignet)? c) Was (ist geschehen)? d) Warum (hat die Frau so gehandelt)?
3 Lösungswort: Seltsamer Polizeieinsatz
4/5 individuelle Lösungen

Seite 68/69

1 a) regelmäßig; b) unregelmäßig; c) regelmäßig; d) regelmäßig; e) unregelmäßig; f) unregelmäßig.
2 a) brechen; b) fangen; c) braten; d) weichen; e) tun; f) steigen; g) schleichen; h) schlagen; i) riechen; j) hängen.
3 a) Wir fuhren weg. b) Der Hund bellte den ganzen Tag. c) Er rief schon zum dritten Mal an. d) Ich kaufte eine CD.
4 Beispiele: a) Nachdem wir weggefahren waren, schalteten wir den Verkehrsfunk ein. b) Nachdem der Hund den ganzen Tag gebellt hatte, war er abends ganz erschöpft. c) Nachdem er schon zum dritten Mal angerufen hatte, gab er es auf. d) Nachdem ich eine CD gekauft hatte, ging ich noch einen Kaffee trinken.
5 überlebt: Präsens – hat … überlebt: Perfekt – stürzte: Präteritum – überlebt hatte: Plusquamperfekt – befindet sich: Präsens – wird … gehen können: Futur – glaubt: Präsens – ist: Präsens – zitierte: Präteritum – verglich: Präteritum – überlebten: Präteritum – endeten: Präteritum (Konjunktiv) – ereignete sich: Präteritum – hatte sich gelöst und … gerissen: Plusquamperfekt – war: Präteritum – trug: Präteritum – sprach: Präteritum – habe … getan: Perfekt – fragte: Präteritum – wollten: Präteritum.

Seite 70/71

1 „Trauerschwan Petra: Aus für die Tretboot-Liebe": 14. 12. 2007; „Münsters Trauerschwan ‚Petra' verzweifelt gesucht": 29. 01. 2009 – Begründung: der zweite Artikel berichtet vom Verschwinden Petras, also muss er später erschienen sein.
2 2006: der Schwan „Petra" verliebt sich in ein Tretboot, dem sie nicht mehr von der Seite weicht (was zu großem Medienrummel führt) – 2007: Petra lässt vom Tretboot ab und duldet einen echten Schwan in ihrer Nähe – 2009: Petra ist verschwunden.
3 Artikel „Trauerschwan Petra: Aus für die Tretboot-Liebe": Überschrift: Was? – 1. Absatz: Wer? Wo? Was? – 2. Absatz: Wie? – 3. Absatz: Vorgeschichte.
Artikel „Münsters Trauerschwan ‚Petra' verzweifelt gesucht": Überschrift: Was? – 1. Absatz: Wer? Wo? Was? Wann? Wie? – 2. Absatz: Wie? – 3. Absatz: Vorgeschichte
4 Artikel „Trauerschwan Petra: Aus für die Tretboot-Liebe": Trauerschwan Petra (Nomen + Name), das Tier (Nomen), Der bekannteste Schwan Deutschlands (Nomengruppe), Trauerschwan Petra (Nomen + Name), an <u>ihrer</u> Seite (Pronomen), Petra (Name), Sie (Pronomen), <u>Petras</u> Neuem (Name), Petra (Name), der Trauerschwan (Nomen) – Artikel „Münsters Trauerschwan ‚Petra' verzweifelt gesucht": Trauerschwan „Petra" (Nomen + Name), Trauerschwänin „Petra" (Nomen + Name), „Schwarze Petra" (Nomengruppe), 2 mal „Petra" (Name), der Trauerschwan (Nomen), der schwarze Schwan (Nomengruppe)

5 hatte … begleitet (Plusquamperfekt: Vorgeschichte), hat (Präsens: aktueller Stand), ist (Präsens: aktueller Stand), hat … gewechselt (Perfekt: Vergangenheit mit Bezug zur Gegenwart), ist (Präsens: aktueller Stand), berichtet (Präsens: aktueller Stand), bestätigte (Präteritum: Berichtstempus), angefreundet hat (Perfekt: Vergangenheit mit Bezug zur Gegenwart), duldet (Präsens: direkte Rede), lässt (Präsens: direkte Rede), sagte (Präteritum: Berichtstempus), ist (Präsens: aktueller Stand), ist (Präsens: direkte Rede), sagte (Präteritum: Berichtstempus), war … geworden (Plusquamperfekt: Vorgeschichte), war … gezogen (Plusquamperfekt: Vorgeschichte).

Seite 73/74/75

1 Wer: Stefan Leitgeb; Wo: Sonnenkopfpiste; Wann: am Nachmittag des 12.02.; Was: Skiunfall; Wie: Stefan zieht nach links, ein anderer Skifahrer streift ihn, sodass er zu Fall kommt; Warum: Stefan wollte freie Sicht haben; Welche Folge: leichte Verletzung bei Stefan

2 Auf welche W-Fragen geht Stefan nicht ein: Wo- und Wann-Frage, außerdem nur ungenau auf die Folgen; Wie beginnt Stefan seinen Bericht: Stefan beginnt den Bericht mit einer persönlichen Bemerkung; An welchen Stellen ist Stefan unsachlich: Unsachlich ist der Bericht dort, wo er persönlich urteilt (z.B. „Eigentlich war unsere Fahrt super!") oder Vermutungen enthält (z.B. „Ich glaube, mich hat gestört"); Welche Zeitform verwendet Stefan hauptsächlich: Perfekt

3 Überschriften antworten meist auf die Wer- und Was-Frage, z.B. Fensterputzer (= Wer?) überlebt Sturz aus Hochhaus (= Was?)

4/ Beispiel: Am Nachmittag des 12.02. fuhr ich mit den Schülerin-
5/ nen und Schülern meiner Klasse auf der Sonnenkopfpiste Ski.

6 Wir fuhren in Doppelreihen. Weil ich während einer Abfahrt freie Sicht haben wollte, fuhr ich nach links aus der Reihe. Ein von hinten kommender Skifahrer, der mit meinem Ausscheren nicht gerechnet hatte, streifte mich. Dadurch kam ich zu Fall und verstauchte mir mein rechtes Handgelenk, wie eine Ärztin an der Talstation festgestellt hat.

Seite 76/77/78/79

4 Beispiele aus dem Text: Abwesenheit, Fuß, vergessen

6 b) lesen; c) Mäuse; d) beißen; e) Maße; f) gießen

7 Sie mussten den Rasen im Frühling jede Woche mähen. – Sie lasen in der Schule jetzt ein spannendes Buch. – Um bei Hunden gute Charaktereigenschaften zu bekommen, hat man verschiedene Rassen miteinander gekreuzt. – Die Schülerinnen und Schüler lassen sich die Aufgabe noch einmal erklären. – Sie waren so lange gewandert, dass sie jetzt Blasen an den Füßen hatten. – Sie nahmen die genauen Maße ihrer neuen Wohnung. – Nach seiner Krankheit hatte er noch einen blassen Gesichtsausdruck. – Wenn viele Menschen zusammenkommen, spricht man von Masse.

8 Im Einrichtungshaus zu Hause: Zwei Jugendliche ließen sich am Abend in einem Möbelhaus einschließen. Sie probierten unterschiedliche Sofas, Betten und Sessel aus. Die Burschen verbrachten ihre Zeit mit Kissenschlachten, Fernsehen und Umstellen der Accessoires (= Zubehör, dekorative Kleinigkeiten).
In der Lampenabteilung zauberten sie mithilfe sämtlicher Luster eine Fensterbeleuchtung.
Sie hatten auch Getränke und Speisen mitgebracht und beschlossen, Eier für das späte Abendessen zu kochen. Schließlich wollten die beiden Buben einer Ausstellungsküche jausnen. Doch der Brandmelder schlug aufgrund des Wasserdampfes Alarm, sodass kurz später die Feuerwehr anbrauste und den seltsamen Ausflug der Jugendlichen beendete. Die Eltern hatten bereits eine Vermisstenanzeige gemacht. Die Polizei lässt dies aber nicht als lustigen Lausbubenstreich durchgehen, den beiden droht viel mehr eine Anklage wegen Hausfriedensbruchs.

9 Beispiele: lassen: zulassen, ablassen, Anlasser, Veranlassung, … – Last: lasten, belasten, Belastung, Lastwagen, … – vergessen: vergesslich, Vergesslichkeit, unvergessen, Vergessenheit, … – gewiss: ungewiss, Gewissen, Gewissensbisse, Gewissheit, … – Lust: Verlust, Verlustanzeige, Unlust, lustig, …

10 Er hat dieses Auto, welches er betankt hatte, einfach vergessen. – Jenes Kind, welches der Mann auf dem Parkplatz des Supermarkts zurückgelassen hatte, wurde von Passanten bemerkt.

11 Beispiele: Ich finde, dass; Ich denke, dass; Ich fühle, dass; Es ist logisch, dass …

12 2011 fertigte ein Makake Fotos von sich selbst. Die Tierschutzorganisation Peta klagt nun gegen den Fotografen David Slater, der das Copyright für die Fotos beansprucht. Der Streit um Copyrights für die Fotos, die ein Affe von sich selbst gemacht hat, geht nun vor Gericht. Die Tierschutzorganisation Peta klagt vor dem Bezirksgericht in San Francisco gegen den Fotografen David Slater, der das Copyright für Bilder beansprucht, die 2011 ein Naruto genannter Makake selbst von sich geschossen hat. Mit der Klage wollen die Tierschützer erreichen, dass Naruto zum „Autor" und Eigentümer der Fotos erklärt wird. Voriges Jahr brandete der Streit über die Affen-Selfies auf, als Wikimedia sich weigerte, einer Aufforderung des britischen Fotografen David Slater nachzukommen, Fotos des Makaken aus ihrer Fotosammlung zu entfernen. Slater meint, dass er das Urheberrecht an diesen Bildern habe, während Wikimedia das bestreitet. Sie bezeichnet die Bilder als lizenzfrei. Später stellte sich das US Copyright Office auf die Seite von Wikimedia und konstatierte, dass es keine Werke registrieren kann, die von der Natur, von Tieren oder Pflanzen hergestellt wurden. In Großbritannien dagegen wurde das Urheberrecht Slaters anerkannt. Für Peta ist die Klage wichtig, denn im Erfolgsfall wäre es das erste Mal, dass ein nichtmenschliches Tier – wie es die Tierschützer nennen – selbst zu einem Besitzer erklärt würde – und nicht zu einem Gegenstand.

Teste dich selbst
Seite 80

1 Was? Python gefangen – Wo? in Malaysia auf einer Obstplantage – Wer? Dorfbewohner, der Obstplantagenbesitzer – Warum? elf Wachhunde wurden gefressen.

2 Der Bericht sollte erwähnen, wie die Schlange (mit welchen Fallen) gefangen wurde und was zuvor gegen die Raubtiere unternommen worden war.

3 haben gefangen: Perfekt – fand: Präteritum – hatte verspeist: Plusquamperfekt – berichtete: Präteritum.

4 Beispiel: Elf Hunde verschwunden – Auf einer Obstplantage sind in den vergangenen drei Monaten elf Hunde, die die Plantage bewachen sollten, gefressen worden. Wie der Besitzer der Plantage vermutet, sind dafür Raubtiere verantwortlich. Mit Hilfe von Fallen sollen nun diese Raubtiere gefangen werden.

5 Vater lässt Kind nach dem Einkaufen zurück – In Stuttgart ist ein Vater nochmal mit dem Schrecken davongekommen. Vor lauter Einkaufsstress vergaß er seinen einjährigen Sohn auf dem Parkplatz des Supermarkts. Das Kind lag in seinem Kindersitz und wurde von Passanten bemerkt, die daraufhin die Polizei riefen. Erst zu Hause bemerkte der Vater, dass er nur die Einkäufe, nicht aber seinen Sohn mitgenommen hatte.

Es lebe der Sport! – Beschreiben und Informieren
Seite 81

abgebildete Sportarten: Eishockey, Inlineskating, Beachvolleyball, Skifahren, Mountainbiking, Fußball, Bodybuilding, Dressurreiten, Nordic Walking, Tischtennis, Speerwerfen, Badminton, Aerobic, Biathlon, Curling

Seite 83

2 Mögliche Frage: Was haltet ihr von Sport?

3 mögliche Gruppen könnten sein: Valentina, Jakob, Sophia = Aussage über Sport, der aktiv betrieben wird; Jakob, Fabian = Aussage über Sport, für den man sich passiv interessiert; Jannis, Juliana = allgemeine Aussage über Sport

4/5/6 Das Erheben von Daten und das Erstellen von Diagrammen bereiten auf das Lesen und Bewerten von Diagrammen vor.

Seite 84/85

1 Thema des Diagramms sind die „populärsten Sportarten in Österreich". Dargestellt ist, welche Sportarten bei Männern und Frauen am populärsten sind. Die beiden beliebtesten Sportarten sind demnach Laufen und Skifahren, wobei das Laufen bei den Frauen etwas beliebter ist und das Skifahren bei den Männern.

2 Frage: Was ist Ihre Lieblingssportart/Welche Sportart betreiben Sie am liebsten?

3 a) richtig; b) richtig; c) falsch; d) richtig

4 Mögliche Überschriften: Sportmotive; Gründe, um Sport aktiv zu betreiben

5 Hier kannst du ganz unterschiedliche Aussagen formulieren (z.B. „Im Durchschnitt betreiben mehr Menschen Sport zur Entspannung als um gesund zu bleiben."); wichtig ist, dass du dir selbst klar machst, ob die Aussagen richtig oder falsch sind (z.B. ist die Aussage „Im Durchschnitt betreiben mehr Menschen Sport zur Entspannung als um gesund zu bleiben." falsch).

Seite 86/87/88

1 Hier ist wichtig, dass du genaue Angaben machst und dazu auf die vorgegebenen Wörter zurückgreifst.

2 Satzpaar A: Der rechte Satz ist genauer, macht detailliertere Angaben. – Satzpaar B: Der linke Satz enthält mit „lustig" eine Wertung, die unsachlich ist. – Satzpaar C: Der rechte Satz ist genauer, macht detailliertere Angaben.

3 Satz 1: Zeitform: Präteritum (Der Satz beschreibt zwar etwas, bezieht sich aber auf einen vergangenen Sachverhalt). Satz 2: Zeitformen: Präsens/Präteritum (Der erste Teil beschreibt die heutige Kleidung und steht deshalb im Präsens).

4 Marcel Hirscher trägt dunkelblonde, kurze und glatte Haare, die teilweise etwas abstehen und die Ohren frei lassen; er trägt kurze Koteletten. Hirschers Gesichtsform ist oval und kantig. Er besitzt eine glatte Stirn und geschwungene Augenbrauen in der Farbe der Haare. Seine Augen sind grün und vermitteln einen aufgeweckten, listigen Eindruck. Hirscher hat eine lange gerade Nase, eine dünne, geschwungene Oberlippe und eine volle Unterlippe. Sein Kinn ist breit, markant und leicht gekerbt. Seine Haut ist hell. Das Bild zeigt ihn mit einem Dreitagebart.

5 Beispiele: Kopfform: eckig, groß, schmal, ausdrucksvoll; Haare/Frisur: kahl, dicht, schütter, kraus, wellig, fettig, strähnig; Stirn: breit, fliehend, glatt, zerfurcht; Augen: vorstehend, tiefliegend, verweint, glasig, listig, kurzsichtig; Augenbrauen: stark, zusammengekniffen, hochgezogen, ausrasiert; Wangen: glatt, eingefallen, hohl, faltig, rot, blass; Nase: groß, lang, spitz, fleischig, gerade, Stupsnase; Mund/Lippen: weich, schief, schmollend, wulstig, dünn, breit; Kinn: spitz, vorstehend, energisch, glatt, rasiert, bärtig

6 Beispiele: Körperbau/Figur: klein, hager, massig, fett, stark, trainiert, knochig, gedrungen; Haltung/Gang: entschlossen, selbstbewusst, lässig, stramm, gerade, gebückt; Kleidung: leicht, warm, luftig, sportlich, alt, bequem

Seite 90/91

1/2/3/4/5 Mithilfe der Aufgaben soll dir klar werden, was ein Attribut ist und welche grammatischen Eigenschaften es hat.

5 Beispiel: Sie (= Subjekt) kaufte sich (= Prädikat) gestern zum Spaß einen karierten Skistock mit Rädern (= Objekt im 4. Fall).

6 die begeisterten Sportler – eine bekannte Sportlerin aus Österreich – der fünfache Weltmeister Marcel Hirscher – die Olympiasiegerin aus Hallein – ein neues Fahrrad aus Aluminium – ein teures Geschenk meines Onkels – ein großer sportlicher Erfolg

7 a) Er bekam ein Fahrrad, das Alufelgen hat, zum Geburtstag. b) Sie meldeten sich in der Tanzsportgruppe, die neu gegründet worden ist, an. c) Sie war mit Abstand die schnellste Schwimmerin, die in diesem Verein Mitglied war.

Seite 92/93

2 Vorgeschlagene Reihenfolge: B – D – E – C – A (Wichtig ist, dass du deine Reihenfolge logisch begründen kannst.)

3 Die Spielanleitung erfüllt die im Merktext genannten Punkte.

4 Hier solltest du dich an die im Merktext genannten Punkte halten. Du könntest zum Beispiel ein Kartenspiel beschreiben.

Seite 94/95

1 a) Schwimmen senkt den Blutdruck und hohe Cholesterinwerte, es trainiert Herz und Muskeln und macht fit. b) Man muss auf die richtige Technik achten.

2 Im zweiten Satz rückt das Schwimmen als Verursacher in den Hintergrund.

3 Durch Schwimmen … werden Bänder, Sehnen und Gelenke entlastet/werden Herz und Muskeln trainiert/wird die Verletzungsgefahr verringert.

4 Die Halswirbelsäule wird durch falsches Brustschwimmen geschädigt.

5

Infinitiv	3. Person Singular	Imperativ (Befehlsform)	Passiv
Wettkampf vorbereiten	Man bereitet den Wettkampf vor.	Bereite(t) den Wettkampf vor!	Der Wettkampf wird vorbereitet.
Startposition einnehmen	Man nimmt die Startposition ein.	Nimm/Nehmt die Startposition ein!	Die Startposition wird eingenommen.
Startzeichen geben	Man gibt das Startzeichen.	Gib/Gebt das Startzeichen!	Das Startzeichen wird gegeben.
100 Meter Kraul schwimmen	Man schwimmt 100 Meter Kraul.	Schwimm/Schwimmt 100 Meter Kraul!	100 Meter Kraul werden geschwommen.

Seite 96/97

1 Beispiele: Ballettaufführung, Gymnastikstudio, rhythmisch, Revanchespiel, aggressiv, Fitnessstudio

2 nacheinander müssen eingesetzt werden: entschließen – Entschuldigung – Ende – endgültig

3 a) Die Polizei konnte die Entführer endlich verhaften. b) Er musste sich nun endgültig entscheiden.

4 a) Das solltest du nicht gar so tragisch nehmen. b) Das ist doch gar nicht so schwer, also eigentlich gar kein Problem!

5 Beispiele: todsicher, todunglücklich, todtraurig, Todfeind, todkrank, todmüde, todernst

6 a) Er war ein großer Spaßvogel. b) Er machte mit allen Leuten seine Späßchen, doch nicht alle fanden seine Einfälle auch spaßig.

Seite 98/99

1 Thema 2 ist geeignet, die beiden anderen Themen sind zu umfangreich.

3 Das Thema bestimmen und eingrenzen. – Einen Arbeitsplan erstellen. – Informationen sammeln und auswerten. – Das Referat ausarbeiten. – Visualisierungen vorbereiten. – Das Referat einüben.

4 Informationsquellen können Internet, Bibliotheken oder auch Expertinnen und Experten sein. Die sicherste Quelle ist das Buch (Bibliothek), schnell und praktisch ist das Internet.

5 Eine gute Informationsquelle sollte neutral (unabhängig) sein, also zum Beispiel nicht werben oder etwas verkaufen wollen. Sie sollte übersichtlich und aktuell sein. – Gute Quellen stammen oft von Verbänden und Institutionen.

6 Visualisierungen helfen den Zuhörerinnen und Zuhörern dabei, dem Vortrag zu folgen und Informationen aufzunehmen; dem Referenten bzw. der Referentin helfen sie, indem sie Sicherheit und Orientierung geben.

7 • Die Gliederung deines Referates in Einleitung, Hauptteil und Schluss sollte für die Zuhörerinnen und Zuhörer erkennbar sein.

• In der Einleitung solltest du das Interesse deiner Zuhörerinnen und Zuhörer wecken.

• Sowohl die Einleitung als auch den Hauptteil solltest du mit Visualisierungen unterstützen.

• Visualisierungen sollen das Referat auflockern und den Zuhörern helfen, die wesentlichen Punkte zu erfassen. Zu viele oder unwichtige Visualisierungen lenken dagegen ab.

• Zum Schluss solltest du entweder eine Zusammenfassung oder einen Ausblick geben. Du kannst auch eine Diskussion mit Fragen anregen.

• Achte darauf, dass dein Referat verständlich ist. Verwende nicht zu viele Fremdwörter und erkläre diese. Vermeide lange und komplizierte Sätze.

• Sprich auf jeden Fall frei und wende dich an das Publikum (sowohl in deiner Körperhaltung als auch mit Anreden oder Fragen).

• Sprich laut und deutlich und nicht zu schnell. Baue kleine Pausen ein und variiere deine Sprechweise (Betonungen, Lautstärke, Tonhöhe).

Teste dich selbst
Seite 100

1 a) richtig; b) richtig; c) falsch; d) richtig
2 Beispiele: Beschreibungen sollten im Präsens geschrieben sein, genau und vollständig sowie sachlich sein und eine klare Gliederung aufweisen.
3 die stolze Gewinnerin des Wettkampfs – ein neuer Schläger aus Kunststofffasern
4 ein Spiel, das spannend ist/war
5

Infinitiv	3. Person Singular	Imperativ (Befehlsform)	Passiv
Sportfest organisieren	Man organisiert ein Sportfest.	Organisiere/ Organisiert ein Sportfest"	Ein Sportfest wird organisiert.
Siegerinnen und Sieger ehren	Man ehrt die Siegerinnen und Sieger.	Ehre/Ehrt die Siegerinnen und Sieger!	Die Siegerinnen und Sieger werden geehrt.

Die Welt der Medien – Umgang mit modernen Medien
Seite 101

Lösungswort: Me-di-en-rum-mel

Seite 102/103

2 Frage 1: es wird „ja" oder „nein" erwartet; Frage 2: es werden kurze Angaben (z. B. Chatten, E-Mail, …) erwartet; Frage 3: es wird eine ausführliche Antwort erwartet
3 Entscheidungsfragen/geschlossen: 1. – Ergänzungsfragen/ halb-offen: 2., 3. – offen: 4.
4 Der Vorteil der offenen bzw. halb-offenen Fragen ist, dass die Antworten eindeutig und leicht auszuwerten sind. Der Vorteil der offenen Fragen ist, dass jemand auch seine Meinung äußern kann.
5/6/7 Ihr könnt hier Fragen stellen, die euch wirklich interessieren.
8 Wichtig ist, dass ihr sachlich schreibt (also nicht wertet) und euch auf die wesentlichen Informationen beschränkt.

Seite 104/105

1 Das Diagramm macht Angaben zu der Zahl der Mädchen und Jungen, die bestimmte elektronische Geräte besitzen.
2 a) richtig; b) falsch; c) richtig; d) richtig; e) falsch (richtig ist aber, dass Mädchen häufiger Handys und Smartphones besitzen); f) falsch
3 Das Diagramm zeigt, mit welchen Medien sich Mädchen und Jungen täglich bzw. mehrmals pro Woche beschäftigen. Demnach sind Internet und Handy die wichtigsten Medien (wird jeweils von über 90 Prozent der Jungen und Mädchen genutzt). Die größten Unterschiede zwischen den Geschlechtern gibt es bei den Computerspielen, die von 70 Prozent der Jungen, aber nur von 17 Prozent der Mädchen regelmäßig genutzt werden.

4 Die Befragten wurden nach dem Geschlecht befragt. Zu vorgegebenen Medien mussten sie ankreuzen, welche sie besitzen und welche sie wie häufig benutzen.
5 Hier ist zu beachten, dass die Umfrage in der Klasse keine repräsentativen Werte ergibt.
6 Beispiele: diskutieren (diskutiert), studieren (studiert), maturieren (maturiert), protokollieren (protokolliert), addieren (addiert), minimieren (minimiert), protestieren (protestiert), aktualisieren (aktualisiert), abstrahieren (abstrahiert), systematisieren (systematisiert), …

Seite 106/107/108/109

2

	Medium	Wann? Wie oft?	Grund der Nutzung
Christina	iPod	nach der Schule	zur Entspannung
Rukiye	Bücher	am Wochenende	–
Jonas	YouTube-Videos	manchmal, nachmittags	aus Langeweile
Michael	Film	samstags	–
Ruben	Videospiel	nach dem Abendessen, jeden Tag, eine Stunde	zur Unterhaltung
Clara	Internet (chatten)	täglich	billiger als Telefonieren

3 lokal: Wo höre ich nach der Schule Musik zur Entspannung? → im Bus/auf meinem iPod
modal: Wie höre ich nach der Schule Musik zur Entspannung? → gerne
kausal: Warum höre ich nach der Schule Musik auf meinem iPod? → zur Entspannung
4 Beispiele: Jonas schaut manchmal nachmittags Youtube-Videos. Michael schaut samstags Filme. Ruben spielt nach dem Abendessen zur Unterhaltung Videospiele. Clara chattet täglich.
5 Beispiele:

	Subjekt	Prädikat	Objekt
Jonas	Jonas	schaut	Youtube-Videos.
Michael	Michael	schaut	Filme.
Ruben	Ruben	spielt	Videospiele.
Clara	Clara	chattet.	–

6

Adverbiale Bestimmungen des Ortes	Adverbiale Bestimmung der Art und Weise
im Bus, auf meinem iPod, in meinem Zimmer, aus der Mediathek	gerne, für mein Leben gern, ausgiebig

7 Lösungswort: Mul-ti-me-dia
8 Temporale adverbiale Bestimmung: Wann las er das Drehbuch? – Modale adverbiale Bestimmung: Wie trinkt sie den Kaffee? – Lokale adverbiale Bestimmung: Wo sind sie?
9 a) seit dem frühen Morgen: temporale adverbiale Bestimmung; b) Wegen des schlechten Wetters: kausale adverbiale Bestimmung; c) um 9 Uhr: temporale adverbiale Bestimmung; d) mit großem Interesse: modale adverbiale Bestimmung; e) auf den Fuß: lokale adverbiale Bestimmung; f) vor lauter Langeweile: kausale adverbiale Bestimmung; g) gestern: temporale adverbiale Bestimmung, aus London: lokale adverbiale Bestimmung; h) wie verrückt: modale adverbiale Bestimmung

Seite 110/111

1 Wichtiges Merkmal ist, dass der Star tatsächlich auf der ganzen Welt bekannt ist.
2

Leben	Arbeit
– hat in New York gekellnert – hat im Alltag oft wenig Zeit (vgl. „Denn wir sind so damit beschäftigt, …")	– spielt in Komödien – arbeitet seit über 30 Jahren als Schauspieler – ist erfolgreich – kann sich heute Rollen aussuchen

3 Als junger Schauspieler haben <u>Sie</u> (Angesprochener: Waltz) <u>Ihr</u> (Angesprochener: Waltz) Geld in einem Restaurant in New York verdient. Was haben <u>Sie</u> (Angesprochener: Waltz) da fürs Leben gelernt?

<u>Sie</u> (Angesprochener: Waltz) haben einmal gesagt, <u>Sie</u> (Angesprochener: Waltz) lernen mit jeder neuen Arbeit auch etwas Neues dazu. Was lernen <u>Sie</u> (Angesprochener: Waltz), wenn <u>Sie</u> (Angesprochener: Waltz) eine Komödie machen? Woher nehmen <u>Sie</u> (Angesprochener: Waltz) nach dreißig Jahren immer noch die Leidenschaft für <u>Ihren</u> (Angesprochener: Waltz) Beruf?

Dann frage ich: Was lieben <u>Sie</u> (Angesprochener: die jungen Menschen, die sich an Waltz gewandt haben) denn daran? Die Arbeitslosigkeit oder das Kellnern?

4 Stuttgarter Zeitung: Was ist das Schönste an <u>Ihrem</u> Erfolg?
Christoph Waltz: Zu den schönsten Dingen gehört, dass ich Menschen, die ich immer bewundert habe, einfach anrufe, um <u>sie</u> zu treffen. Bisher hat noch niemand ein Treffen abgelehnt.
Stuttgarter Zeitung: Wen haben <u>Sie</u> denn schon alles getroffen?
Christoph Waltz: Na, ich rufe <u>sie</u> einfach an. Denn ich finde diese Menschen einfach spannend und verfolge <u>ihre</u> Karrieren seit langer Zeit. Ich frage dann: Haben <u>Sie</u> Lust, mich zu treffen? Die finden das dann ein bisschen seltsam. Aber dann sagen <u>sie</u>: Warum nicht? Ich habe immer eine wundervolle Zeit mit <u>ihnen</u>.

Seite 112

1 Beispiele: in Annoncen in der Zeitung, Werbeprospekte, Aufdrucke auf Bussen und Straßenbahnen, Spots im Radio, …

2 Werbung hat den Vorteil, dass sie auf neue oder günstige Produkte aufmerksam macht und manchmal einen Preisvergleich ermöglicht. Sie hat den Nachteil, dass sie Wunschvorstellungen weckt (man kauft aufgrund von Werbung vielleicht etwas, das man gar nicht braucht).

5 Der wichtigste Unterschied dürfte sein, dass Buchcover keinen Slogan enthalten. Außerdem ist das Bild nicht auf ein Produkt (als Gegenstand, z. B. ein Getränk, ein Auto, …) fokussiert.

Seite 114/115/116/117

1 b) Obwohl ihm das Bild nicht gefiel, hat er es im Wohnzimmer hängen lassen. – Auch in schwierigen Situationen hat er nicht einen seiner Freunde <u>hängen lassen</u>.
c) Nur was gründlich geübt wurde, kann gut im Gedächtnis <u>haftenbleiben</u>. – In den Schuhsohlen ist bei dem Wetter viel Dreck haften geblieben.
d) Sie ist mit ihrer neuen Jacke an einem hervorstehenden Nagel hängen geblieben. – Vor den Erklärungen der Lehrerin ist bei einigen Schülerinnen und Schülern nicht viel <u>hängengeblieben</u>.

2 Getrenntschreibung verpflichtend: Bild hängen lassen, haften bleiben (Dreck), hängen bleiben (Nagel)
Zusammenschreibung möglich: Freunde hängen lassen, haften bleiben (Gedächtnis), hängenbleiben (Erklärung)

3 Beispiele: Sie sagte zu Peter, er solle sie endlich nach Hause gehen lassen. Sie sagte zu Peter, er solle sich nicht so gehenlassen. Er hat den älteren Herrn im Bus auf seinem Platz sitzen lassen. Nach dem Streit hat sie ihn mitten im Urlaub sitzenlassen.

5 Wenn man ein Getränk kaltstellt, dann wird es dadurch <u>kalt</u>. Wenn man früh aufsteht, dann wird es dadurch <u>nicht</u> früh.

6

gewöhnliche Verbindung aus Adjektiv und Verb: muss getrennt geschrieben werden	Adjektiv bezeichnet das Ergebnis der Handlung: kann zusammengeschrieben werden	Verbindung aus Adjektiv und Verb ergibt eine neue, übertragene Bedeutung: muss zusammengeschrieben werden
schnell/gehen, schlecht/hören, laut/reden, lang/schlafen	leer/essen, klein/schneiden, glatt/hobeln, kaputt/machen	warm/laufen, heilig/sprechen, krank/lachen, krank/schreiben, locker/lassen

7 Beispiele: Kinder sollten immer den Teller leeressen. Er wollte die Zwiebeln kleinschneiden. Vor dem Training müssen sich die Sportlerinnen und Sportler warmlaufen. Der Papst hat ihn heiliggesprochen.

8 a) schwerfallen (Zusammenschreibung verpflichtend); b) festnageln (Zusammenschreibung verpflichtend); c) frei gesprochen (Getrenntschreibung verpflichtend); d) kürzertreten (Zusammenschreibung verpflichtend)

9 Beispiele: Er wollte an der Veranstaltung teilnehmen. Er nahm an der Veranstaltung teil. – Sie konnte einem leidtun. Das tut mir aber leid. – Sie konnte dem Druck standhalten. Er hielt dem Druck nicht stand. – Die Veranstaltung konnte nicht stattfinden. Die Veranstaltung fand statt.

10 Beispiele: feil-: feilbieten, feilhalten; heim-: heimgehen, heimbringen; irre-: irreleiten, irregehen; kund-: kundtun, kundgeben; preis-: preisgeben, preiskrönen; wahr-: wahrsagen, wahrhaben; weis-: weissagen, weismachen; wett-: wetteifern, wettmachen

Seite 118 (Teste dich selbst)

1 Welche Fernsehformate siehst du am liebsten? = halb-offen (Ergänzungsfrage); Hast du einen eigenen Fernseher in deinem Zimmer? = geschlossen (Entscheidungsfrage); Wie stehst du zu Reality-Shows? = offen (Ergänzungsfrage).

2 Das Diagramm „Durchschnittliche Fernsehnutzung 2006" zeigt, wie viele Minuten drei- bis fünfjährige Kinder (72 Minuten), sechs- bis neunjährige Kinder (85), zehn- bis 13-jährige Kinder (108), Erwachsene zwischen 14 und 49 Jahren (184) und Erwachsene ab 50 Jahren (278) fernsehen.

3 a) Julia (= Subjekt) besucht (= Prädikat) am Montag (= adverbiale Bestimmung der Zeit) ein Konzert (= Akkusativobjekt) in Graz (= adverbiale Bestimmung des Ortes). b) Ihre Mutter (= Subjekt) hat geschenkt (= Prädikat) ihr (= Dativobjekt) die Eintrittskarte (= Akkusativobjekt) zum Geburtstag (= adverbiale Bestimmung der Zeit).

4 a) Was sollten die Besucherinnen und Besucher Ihrer Meinung nach fühlen, nachdem sie Ihren neusten Film gesehen haben? b) Was ist die Rolle in Ihren bisherigen Filmen, mit der Sie sich am besten identifizieren konnten?

5 a) Nach der Reparatur würde der Fernseher nun sicher gehen. b) Er hatte den Irrtum öffentlich richtiggestellt.

Alles selbst erlebt! – Von eigenen Erlebnissen erzählen
Seite 119

1 Skiurlaub, 2 Campingurlaub, 3 Landschulwoche, 4 Wandertag, 5 Radreise, 6 Safari, 7 Kreuzfahrt. Niklas war in der Schweiz.

Seite 120/121

1 mündlich

2 Merkmale (Auswahl): Stell dir vor – und so – Na ja – Also o.k. – fahren natürlich brav mit. Die Erzählzeit ist das Perfekt.

4 Vorherrschende Zeitform: Perfekt: mündliches Erzählen (haben einen Ausflug gemacht) – Vorherrschende Zeitform: Präteritum: schriftliches Erzählen (machte meine Familie einen Ausflug) – Umgangssprachliche Ausdrücke und Wendungen: mündliches Erzählen (aber nichts da) – Standardsprachliche Ausdrücke und Wendungen: schriftliches Erzählen (da aber täuschten wir uns gewaltig) – Direkte Anrede an das Publikum: mündliches Erzählen (Stell dir vor) – Kurze und teilweise unvollständige Sätze: mündliches Erzählen (immer aktiv, immer unterwegs).

Seite 122/123

1 Überlege vor allem für den Hauptteil genau, was wirklich passieren soll und unterteile das Geschehen in einzelne Erzählschritte.

2 Reihenfolge: Einleitung vom Ende her, Einleitung mit direkter Rede, informierende Einleitung, vorausdeutende Einleitung

3 Die Einleitung ist zu lang und erzählt von unwichtigen Details, die für die Leser und Leserinnen uninteressant sind und die für die Geschichte keine Bedeutung haben.

Seite 124/125

1 nicht dazu gehören: ablaufen, davontragen.

2 Beispiel: schön: super – toll – prächtig – hübsch – wundervoll – phantastisch – ausgezeichnet – nett – ansehnlich, …

3 stürmte – überreichte – forscht – zittert – verschlang – befand sich

4 Beispiele: unternahmen; packten/richteten; gebacken; strich, richtete; begaben; schufen; zündeten; gebasteltes; zerbrach; war nicht schlimm, ließ mir nicht zu Herzen gehen

5 das Tier verhält sich merkwürdig/ich spiele, verkörpere im Theaterstück/mein Freund besitzt, verfügt über/unser Haus verfügt über, ist umgeben von/in dem Baum befindet sich, gibt es/meine Freundin stammt aus Kroatien/sie zeigen, beweisen Mut/wir genießen die Ferien/das Zimmer wirkte sehr groß, bot viel Platz/das Essen schmeckte ausgezeichnet/auf der Stecke befindet sich ein Tunnel/er konnte sich wirklich Glückspilz nennen, er konnte von Glück sagen, er konnte sich glücklich schätzen/ich empfand Erleichterung, ich fühlte mich erleichtert/sie verströmte schlechte Laune, sie strahlte schlechte Laune aus, sie sah missmutig aus

Seite 126/127

1 inneren, fühlen, empfinden, denken, reagieren, tun

2 Beispiele: nicht mehr an sich halten können, vor Wut explodieren, Wutschreie ausstoßen, mit den Fäusten gegen die Wand/auf den Tisch hämmern. Merktext: inneren – fühlen – empfinden – denken – reagieren – tun

3 Beispiele: vor Schreck zusammenfahren/zittern, die Haare stehen zu Berge, das Herz klopft laut, die Augen weit aufreißen, der Atem stockt, das Blut gefriert in den Adern, sich ans Herz fassen, den Atem anhalten.

4 fragte sie ärgerlich – kniff die Augen zusammen – wie meine Hände feucht wurden – Herz klopfte – es kam kein Ton über meine Lippen – war wie gelähmt – Stumm vor Entsetzen – schrie auf.

5 Neugierde: Ungeduldig zerrte und riss sie an der Geschenksverpackung. – Liebe: Zärtlich drückte sie seine Hand. – Ungeduld: Ärgerlich unterbrach sie seine Erklärungen. – Zorn: Fest umklammerte sie Jonas' Hand, so fest, dass es schmerzte. – Angst: Der kalte Schweiß brach mir aus den Poren. – Erschrecken: Da zuckte ich zusammen und ein Ruck ging durch meinen Körper. – Vorfreude: „Ach", seufzte sie, „wenn doch nur schon Weihnachten wäre!" – Enttäuschung: Mit hängenden Schultern saß sie auf dem Stuhl, wie ein Häufchen Elend. – Erleichterung: Mit einem tiefen Seufzen ließ er sich auf den Stuhl sinken. Geschafft!

Seite 128/129

1 „Helene!", sagte eine leise Männerstimme. „Keine Angst, Helene, ganz ruhig. Du musst dich nicht fürchten." – „Papa?", fragte ich in die Dunkelheit. – „Pst, nicht so laut!", sagte die Flüsterstimme. „Niemand darf wissen, dass ich hier bin. Ich bin auf der Flucht. Ich wollte dich endlich wieder sehen und mit dir sprechen." – „Du blendest mich", murmelte er. – „Entschuldige bitte!", sagte ich und richtete den Schein auf seine Hände. – „Was hast du denn ausgefressen?", fragte ich leise. – „Tut nichts zur Sache!", gab er mir zur Antwort.

2 vorher: vorher, damals, zuvor, zuerst, vor einigen Tagen, gestern Mittag, kurz zuvor – zugleich: mittlerweile, sobald, sogleich, auf einmal, im selben Augenblick, augenblicklich, im selben Moment, mit einem Mal, plötzlich, endlich – später: kurz danach, kurze Zeit später, anschließend, später, unmittelbar darauf, danach, noch am gleichen Abend, in derselben Nacht, noch ehe eine Stunde um war, daraufhin, einige Tage später, nachdem, knapp darauf, seitdem

3 Also, deshalb – Da – Als – Sogleich, Da, Sofort – Daraufhin, Nun, Endlich – Nun, Jetzt, Endlich – bis

4 Beispiele: In dem Augenblick aber, als mein Vater den Schlüssel unter dem Stein hervorholen wollte, erschrak er! Da war nämlich nichts! Daraufhin wäre ich am liebsten in Tränen ausgebrochen. Schließlich aber sagte die Freundin meines Vaters, der Schlüssel sei vielleicht hinter der Hütte unter der Bank, und da schöpfte ich wieder Hoffnung …
Endlich begannen wir fröhlich unsere Bergtour. Zuerst führte der Weg in ein Tal hinein, danach schlängelte er sich allmählich steiler den Berg hinauf. Schließlich kamen wir zu einer Weggabelung und nun wurde es wirklich anstrengend. Der Weg war nur noch ein schmaler und steiler Pfad und zu guter Letzt/am Ende kamen wir zu einem riesigen Steinfeld …

Seite 130/131

1 [[Achtung: j) fehlt hier mit Absicht!!!]]

a) Text 1 (Der Text erzählt nur eine Geschichte und konzentriert sich auf einen richtigen Höhepunkt)

b) Die Überschrift des zweiten Textes macht neugierig, lässt Spannendes erahnen.

c) Zeile 5 nach „schlafen.", Zeile 7 nach „begann!", Zeile 10 nach „weiter.", Zeile 13 nach „weiter.", Zeile 17 nach „weiter.", Zeile 19 nach „wir uns."

d) Die Einleitung könnte so gekürzt werden: Mein Vater hatte mir zum Geburtstag eine Kanufahrt für unseren Urlaub in Frankreich geschenkt und letzten Sommer war es soweit! Nach einer langen Zugfahrt kamen wir endlich in unserem Ferienort an. Das Hotel war wirklich schön und wir waren sehr zufrieden. ~~Zum Abendessen gab es ein riesiges Buffet, von dem man essen durfte, so viel man wollte. Da wir ja für den nächsten Tag unser großes Abenteuer planten, langten wir tüchtig zu. Schließlich gingen wir schlafen.~~ Am nächsten Morgen ~~frühstückten wir. Dann~~ brachen mein Vater und ich endlich auf zum Bootsverleih! Wir suchten uns das schönste Kanu aus und die Fahrt begann!

e) das Kanu bleibt zwischen zwei Felsbrocken stecken/ein großes Ausflugsschiff kommt ihnen entgegen/das Kanu kentert/sie fahren einen Wasserfall hinunter

f) Höhepunkt von Zeile 9 – 26

g) Zeile 3, Zeile 9, Zeile 11, Zeile 13, Zeile 15, Zeile 19

h) Zeile 16: Es ist sehr unwahrscheinlich, dass der Junge einfach so mühelos seinen Vater aus dem Wasser ziehen kann.

i) innere Vorgänge: ich freute mich – alle waren begeistert – Ich freute mich wie ein Schneekönig – Die Freude verging mir aber – mir aber wurde komisch zumute – Unruhig rutschte ich auf meiner Bank hin und her. – ließ mein Herz schneller schlagen – stockte mir der Atem – mein Herz krampfte sich zusammen und ich musste mich sehr bemühen – Ihre Stimme hörte sich aber schrill an. – presste sie so sehr, dass es weh tat – Erleichtert atmete ich aus

k) In Text 1 gibt es mehr Abwechslung im Satzbau und auch Satzgefüge, d.h., dass mehrere Sätze miteinander verbunden werden. In Text 2 gibt es vorwiegend kurze Sätze, die ähnlich gebaut sind. Viele Sätze beginnen mit dem Subjekt. Dadurch und aufgrund von Wortwiederholungen wirken die Sätze eintöniger als in Text 1.

l) Beispiele: Wir freuten uns: Zeile 7: wir paddelten vergnügt den Fluss hinunter. Zeile 19: sahen wir uns erleichtert an/schrie ich laut auf vor Freude/klopfte mir mein Vater anerkennend auf die Schulter … – Wir fuhren weiter: Zeile 10: Wir setzten unseren Weg fort. Zeile 13: und wir konnten die Fahrt wiederaufnehmen. Zeile 17: paddelten wir wieder los/begannen wir wieder zu rudern/sahen wir zu, dass wir nach Hause kamen. – das Kanu: das Boot, unser Gefährt, unser Fahrzeug

m) echt. Ersatz: von den beeindruckend hohen Bergen/von den wirklich sehr hohen Bergen

Seite 132/133

Hier bist du selber gefragt und gefordert. Versuche, deine Erzählung gut zu planen und denke beim Schreiben an die Darstellung von inneren Vorgängen.

Seite 134/135

1 sich etwas hinter die Ohren schreiben: sich etwas sehr gut merken – jemandem sein Ohr leihen: jemandem geduldig zuhören – Augen und Ohren offen halten: in Bezug auf eine bestimmte Sache in Zukunft sehr aufmerksam sein – jemanden übers Ohr hauen: jemanden betrügen – bis über beide Ohren verliebt sein: sehr stark verliebt sein – etwas ist einem zu Ohren gekommen: man hat über Umwege oder Dritte etwas von einer Sache gehört – ein Ohrwurm: ein Lied oder eine Melodie, die man nicht mehr aus dem Kopf bekommt – ein Ohrenschmaus: ein besonders schönes Konzert oder Lied – jemandem einen Floh ins Ohr setzen: jemanden auf eine fixe Idee bringen – jemandem die Ohren lang ziehen: jemanden ausschimpfen, zurechtweisen.

2 Angst: die Haare stehen einem zu Berge, einen Kloß im Hals haben, weiche Knie bekommen, sich aus dem Staub machen, etwas dreht einem den Magen um, den Boden unter den Füßen verlieren, es läuft einem kalt den Rücken runter – Zorn: jemanden dahin wünschen, wo der Pfeffer wächst, es platzt einem der Kragen, knallrot werden, jemandem die kalte Schulter zeigen, jemandem den Kopf waschen, jemanden einen Kopf kürzer machen, sich in den Haaren liegen, aus der Haut fahren, es herrscht dicke Luft, fuchsteufelswild werden – Freude: jemandem geht das Herz auf, das Herz schlägt bis zum Hals, jemanden an sein Herz drücken, sich fühlen wie ein Fisch im Wasser, für etwas Feuer und Flamme sein, leichten Mutes sein, ein Stein fällt vom Herzen, jemandem um den Hals fallen, Freudentänze aufführen.

4 Stecknadel – Hals – Nacken – Erstarrt – Lachen – Angst – Ruhe – Starr – Stelle – Herz – Rücken – schwarz.

5 Jemandem einen Bären aufbinden: jemandem anlügen, etwas vormachen – In den sauren Apfel beißen: etwas Unangenehmes tun müssen – Ein Brett vor dem Kopf haben: etwas Einfaches unerklärlicherweise nicht sehen/verstehen können – Sich wie ein Elefant im Porzellanladen benehmen: es an Takt und Höflichkeit fehlen lassen.

6 den Teufel an die Wand malen – die Katze im Sack kaufen – den Kopf in den Sand stecken.

Seite 136/137

1 ihm – der Dieb – ihm – er – sie – ihn – der Kerl – Zwiebeldieb – Er – er – er

2 Beispiele: 1 Mann – 2 Männchen –3 antwortete – 4 Arbeiter – 5 Mahl, die Mahlzeit – 6 Gekochte – 7 fragte – 8 erwiderte – 9 meine Mahlzeit – 10 Mann, Kerl, Geselle

4 das: Gehäuse – Dieser: Motor – gleichzeitig: liegen und gondeln können – deshalb: viele beneiden ihn um das Vergnügen – dieser: der Direktor

5 Fahrzeug, Gehäuse, Gefährt, die fabricinische Fahrbadewanne

6 dort – diese – die – dahin, dorthin – Dann – die – Ihr – der.

Seite 138/139

1 verabscheuen – verarmen – verfassen – verfaulen – verfehlen – verfeindet – verfügen – vergnügen – verlangen – verlieben – verreisen – versinken – verwalten.

2 Beispiele: die Hausübung fertig bringen bzw. fertig machen, das Essen fertig machen, sich für die Turnstunde fertig machen, die Gartenarbeit fertig bringen, ein Spiel fertig bringen/machen, ….

3 Die Zusammenschreibung hat eine übertragene Bedeutung und bedeutet „etwas schaffen, etwas können".

4 paar bedeutet: einige; Paar bedeutet: eine Zweiergruppe.

5 Beispiele: Ich habe nur ein paar Minuten Zeit. Bitte vier Paar Frankfurter Würstel.

6 paarlaufen: gemeinsam eistanzen; paarweise: in Zweiergruppen.

7 irgendwohin – irgendeinmal – irgendwann – irgendwie – irgendjemand – irgendwer – irgendein – irgendetwas – irgendwo.

8 austauschen, Ausverkauf, auswählen, Ausstieg, Ausnahme, Aussicht, Auswahl, aussieben, Ausfall, ausstechen, auslachen, ausprobieren – außerhalb, Außenseiter, Außenbezirk, Außentemperatur, außerordentlich, außerdem, außen, außenpolitisch, Außenwelt, außerirdisch, Äußeres, Außenstürmer.

9 wider – widersprichst – Widerstand – wiederbringen – widersprüchlich – Widersacher – widerlich – Wiederkehr.

10 Beispiele: Er interessiert sich für gar nichts, er ist völlig interesselos. Interessanterweise hat er seine Interessensgebiete verlagert.

Seite 141

1 Achte darauf, dass du nicht nur den Namen und das Personalpronomen „er", sondern auch die übrigen Pronomen, die sich auf Drago beziehen, umformst. Überlege dir, wie Drago das Geschehen erlebt hat und wie er es erzählen würde.

Seite 142/143

Hier bist du selber gefragt und gefordert.

Teste dich selbst
Seite 144

1 Mündlich: Perfekt (ich bin gegangen) – schriftlich: Präteritum (ich ging).

2 Die Einleitung gerät häufig zu lang und mit zu vielen unwichtigen oder uninteressanten Details.

3 Der Punkt entfällt, wenn ein Begleitsatz auf die wörtliche Rede folgt („Mir wird langsam schlecht", sagte Stefan.).

4 Das bedeutet, Gedanken und Gefühle einer Figur zu beschreiben. Beispiel: Ihr wurde ganz heiß und sie wäre am liebsten im Boden versunken.

5 Beispiele: Ohrwurm, jemandem sein Ohr leihen, jemandem in den Ohren liegen, jemanden übers Ohr hauen.

6 ihn, sie, er, Dieser, Ich, er, er, er, Er, ich, Rindvieh, er, sie, seinen, ich, Ochse, er

7 außerordentlich – Ausnahme – widerlich – wieder – verreisen – fertig – paar – Paar – interessiert.

In der Textwerkstatt –
Textsorten erkennen und gestalten
Seite 145

Lügengeschichte, Fabeln, Schildbürgergeschichten, Eulenspiegelgeschichten, Gedicht, Spielszenen

Seite 147

1 „Die versunkene Glocke": A (Z. 1–7), B (Z. 8–21), C (Z. 21–26); „Der versalzene Gemeindeacker": A (Z. 1–7), B (Z. 7–33), C (Z. 33–51).

2 1) Witzbold (B1–B8); 2) Schalk (C1–C6); 3) Schelm (G1–G6); 4) Schlingel (J1–J9); 5) Spitzbub (A9–H9); 6) Schlitzohr (A10–J10).

Seite 149

1 Der Aufbau der Geschichten ist sich insofern ähnlich, als Till in beiden Fällen eine Aufgabe übernimmt, sie auf „seine Weise" löst und die anderen anschließend als die Dummen dastehen.

Seite 150/151

1 Till nimmt das Verbot des Herzogs wörtlich und betritt nur eigenes Land.

2 Till Eulenspiegel wurde im Laufe seines Lebens nicht nur von einem Fürst aus dem Land gejagt. Nein, da gab es eine ganze Menge, die ihn am liebsten nur von hinten sahen.
So auch der Herzog von Lüneburg, den Till Eulenspiegel eines Tages ganz böse veralbert hatte. Als der Herzog das merkte, da schmiss er Till aus seinem Land heraus und drohte ihm, würde er es je wieder betreten, dann würde er ihn hängen lassen. So gekränkt war der Mann.

3

Wörter, die einmal getrennt werden können	Wörter, die mindestens zweimal getrennt werden können
wur|de, Lau|fe, sei|nes, Le|bens, ei|nem, ge|jagt, ei|ne, gan|ze, Men|ge, lieb|sten, hin|ten, sa|hen, Her|zog, ei|nes, Ta|ges, bö|se, hat|te, merk|te, sei|nem, he|raus, droh|te, wür|de, wie|der, hän|gen, las|sen, ge|kränkt	Eu|len|spie|gel, Lü|ne|burg, ver|al|bert, be|tre|ten

4 a) täu\|schen; b) nicht trennbar; c) so\|gleich; d) Na\|cken; e) nicht trennbar; f) nicht trennbar; g) Drei\|stigkeit; h) kom\|men

5 Die Trennungen sind lesehemmend, d.h. sie erschweren das Verständnis.

6 a) Spar\|gelder; b) Altbau\|erhaltung; c) Sprech\|erziehung; d) Blut\|egel

Seite 153

1/
2 Unglaubwürdig ist: der Flug auf der Kanonenkugel (mit „Umsteigen"), der Sprung mit Pferd durch die Kutsche (und das Ziehen des Hutes beim Flug durch die Kutsche), dass sich Münchhausen an den eigenen Haaren aus dem Sumpf zieht, dass Töne in einem Horn festfrieren und nach dem Abtauen erklingen können.

3 Bei Lügengeschichten will man gerade durch die Unglaublichkeit der erzählten Lügen unterhalten (während Tills Geschichten so tatsächlich hätten stattfinden können). Im Unterschied zu Schwänken (Eulenspiegelgeschichten) sind Lügengeschichten stets aus der Ich-Perspektive erzählt.

4 Hier ist deine Fantasie gefordert. Beachte, dass du in Ich-Form erzählst und so übertreibst, dass die Abenteuer überhaupt nicht wahr sein könnten.

Seite 155

5 Strg + A: Der Befehl markiert die gesamte Datei.

6 Strg + C: Der Befehl speichert die markierte Stelle. Strg + V: Der Befehl fügt die gespeicherte Stelle ein.

7/
8 Hier geht es darum, dass du mit deinem Textverarbeitungsprogramm vertrauter wirst.

Seite 156/157

1 Der Text erfüllt die wesentlichen Merkmale einer Lügengeschichte: Ich-Erzählung, Lügen dienen der Unterhaltung und sind so stark übertrieben, dass sie erkannt werden

2

Achtung: Fehlertext	Korrekturen
Münchhausens Abenteuer auf ~~seienr~~ Reise durch Österreich Später kam ich dann über ~~Slovenien~~ nach Österreich. Um auf dem schnellsten Weg weiter nach Salzburg zu gelangen, um zu den Grafen Stroganoff zu treffen <u>hoffte musste</u> ich die Alpen überqueren. Doch wie ~~sollten~~ das jetzt, mitten im Winter, so einfach gelingen?	seiner, Slowenien, hoffte, musste, sollte
Da fiel mir ein, dass ich im Grenzgebiet auf Bärenspuren ~~gestosen~~ war. So ritt ich kurz entschlossen ~~zuürck~~, bis ich wieder auf die Spur stieß. Ich bestieg einen Baum und machte, was ich vortrefflich <u>beherrsche den</u> Schrei einer Braunbärin nach. Ich musste auch gar nicht lange warten. Schon kam ein ~~rießiger brauner~~ Bär angelaufen, dem ich vom Baum herab auf den Rücken sprang. Sofort brummte ich ihm ins Ohr und hielt ihm einen offenen <u>Honigtopf den</u> ich zuvor an einer Stange befestigt hatte, vor die Nase. Wie nicht anders zu erwarten war, ~~trapte~~ nun der Bär hinter dem Honig her, immer gerade <u>aus direckt</u> auf die Alpen <u>zu</u> und darüber hinweg. Das ging recht schnell, denn mit jedem Schritt wurde der Bär gieriger nach dem Honig und auch etwas schneller. Und während der Bär erst lief, dann trabte und schließlich wie wild <u>rannte brummte</u> ich ihm ~~frenudlich~~ in Ohr. Wahrscheinlich wäre er noch bis zum ~~Atlantick~~ weitergerannt, doch ich wollte ~~blos~~ nach Salzburg. Und so sprang ich, als Salzburg zu sehen war, von seinem Rücken und warf zugleich den Honigtopf weit nach vorne. Und sogleich ~~vergas~~ der Bär seinen Reiter und stürzte sich auf den Honig, während ich, ausgeruht durch die bequeme <u>Alpenüberquerung rasch</u> Richtung Stadt spazierte.	gestoßen, zurück, beherrsche, den, riesiger brauner, Honigtopf, den, trabte, aus, direkt … zu, und, rannte, brummte …freundlich, Atlantik, bloß, vergaß, Alpenüberquerung, rasch

3/
4 Wichtig ist hier, dass du den Text noch einmal mit besonderem Blick auf diesen Fehlerschwerpunkt liest. Über verbesserungswürdige Stellen kannst du dich mit deinen Mitschülerinnen und Mitschülern austauschen. Verbessern könnte man etwa: Ich musste auch gar nicht lange warten. … doch ich wollte bloß bis nach Salzburg

5 Fehler, die ein Computer erkennt: Verschreibungen, die zu nicht existierenden Wörter führen; Kongruenzfehler; Fehler, die ein Computer (meist) nicht erkennt: Zeichensetzungsfehler, Verschreibungen, die zu existierenden Wörtern führen

Seite 159

1 Streitursache: Tom provoziert den Jungen, der sich aber nicht einschüchtern lässt. – Schuld: Tom beginnt mit der Provokation. – Fortsetzung: Wahrscheinlich ist, dass es zu einer Prügelei kommt.

2 Der Text besteht fast ausschließlich aus Figurenrede ohne redeeinleitende Sätze (es fehlen außerdem die Satz- und Anführungszeichen der direkten Rede). Es gibt keinen Erzähler. Zusätzliche Hinweise sind kursiv gedruckt (= Regieanweisungen).

3 Requisiten: Apfel, „angeberischer" Hut, zwei kleine Münzen

6 Der Junge hätte die Stärke Toms anerkennen müssen und tun, was Tom verlangt.

Seite 160/161

1 Lösungswort: A-e-s-o-p

2 b) Keiner ist so schwach, dass er nicht auch einmal einem Starken helfen könnte.

3 Beide Fabeln weisen folgende typische Merkmale von Fabeln auf: Es sind kurze lehrhafte Erzählungen, in denen Tiere menschliche Eigenschaften haben.

4 Fuchs: klug und listig – Löwe: mächtig und stolz – Wolf: hinterlistig und gefährlich – Maus: klein und schwach – Pfau: überheblich und von sich eingenommen – Lamm: unschuldig und schwach

Seite 162/163

1

Gemeinsamkeiten bzw. Ähnlichkeiten	Unterschiede
– jeweils kommt ein Wolf sowie ein Lamm/Schaf vor – jeweils wird das Lamm/Schaf durch den Durst an ein Bach/Fluss getrieben, wo es einem Wolf begegnet	– Tiere stehen an verschiedenen Stellen (gemeinsames vs. anderes Ufer) – anderer Dialog und Lehre

2 Lehre „Das Lamm und der Wolf": Der Stärkere kann seinen Willen immer durchsetzen. – Lehre „Der Wolf und das Schaf": Lehre „Der Wolf und das Schaf": Ein Fehler, den man früher gemacht hat, kann sich rächen (Das Schaf verspottet den Wolf wegen dessen Verhalten früher).

3 Hier kannst du deiner Fantasie freien Lauf lassen. Wichtig ist, dass du auf die Merkmale von Fabeln achtest.

4 Um herauszufinden, wie am besten gesprochen wird, versetzt du dich am besten in die Figuren. Experimentiere mit der Aussprache.

Seite 164/165

1/
2

Hörst du, wie die Flammen flüstern, knicken, knacken, krachen, knistern, wie das Feuer rauscht und saust, brodelt, brutzelt, brennt und braust? Siehst du, wie die Flammen lecken, züngeln und die Zunge blecken, wie das Feuer tanzt und zuckt, trockene Hölzer schlingt und schluckt? Riechst du, wie die Flammen rauchen, brenzlig, brutzlig, brandig schmauchen, wie das Feuer, rot und schwarz, duftet, schmeckt nach Pech und Harz?	Fühlst du, wie die Flammen schwärmen, Glut aushauchen, wohlig wärmen, wie das Feuer, flackrig wild, dich in warme Wellen hüllt? Hörst du, wie es leiser knackt? Siehst du, wie es matter flackt? Riechst du, wie der Rauch verzieht? Fühlst du, wie die Wärme flieht? Kleiner wird der Feuersbraus: Ein letztes Knistern, ein letztes Flüstern, ein schwaches Züngeln, ein dünnes Ringeln – Aus.

Lösungen

3 Nacheinander muss eingesetzt werden: herbei – schwarz – Stille – Staub – Land – rollen – klatscht – tropft – bang – hör'n – rein – blau.

4 Hier gibt es verschiedene Möglichkeiten; wichtig ist, dass du die Tipps beachtet hast.

Seite 166/167

1 Tipp: Markiere mit Bleistift, wie oft die Silben jeweils wiederholt werden müssen. Die Großbuchstaben am Ende solltest du besonders betonen.

2 Stelle dir hier einfach vor, dass der Regen eine Figur ist (oder mehrere Personen den Regen spielen). Beachte dann, was der Regen alles „tut" (spritzen, tropfen, fallen, klopfen, sprengen, kreisen).

3/4 Hier ist deine Fantasie gefragt.

Seite 169

1 Die drei Gattungen lassen sich am besten durch ihren unterschiedlichen Aufbau beschreiben. In epischen Texten kann Figurenrede vorkommen, immer gibt es aber auch einen Erzähler (Ich- oder, wie im Text „Der Rabe und der Fuchs", Er-Erzähler). In szenischen Texten gibt es gerade keinen Erzähler; dort muss alles durch die Figurenrede zum Ausdruck gebracht werden. Szenische Texte haben außerdem durch die Regieanweisungen eine besondere Gestaltung (z. B. „Fuchs (leise zu sich):"). Gedichte erkennt man oft am Reim (z. B. hockt/herbeigelockt, Rabe/Knabe), immer aber durch ihre besondere Sprache, die (bewusst) von der Alltagssprache abweicht (z. B. „Wohlklang Eurer Lieder").

3 Gedicht: Lautgedicht – erzählende Texte: Sage, Fabel, Lügengeschichte – szenischer Text: Drehbuch.

4 Weitere epische Textsorten im Kapitel: Schwank (Eulenspiegelgeschichten), Schildbürgergeschichten – weitere szenische Textsorten: Cartoon, Dialog (Szenenfolge) – weitere Gedichtsorte: Reimgedichte.

Teste dich selbst

Seite 170

1 kurze – komischen – Schelm – schnell – Eulenspiegelgeschichten.

2 Die erste Strophe besteht aus den ersten sechs Versen. Die beiden ersten Verse bilden jeweils einen Paarreim, die vier weiteren Verse einen umarmenden Reim.

3 ~~Mache immer lange Pausen, damit dich alle verstehen können.~~ → Mache dort eine kurze Pause, wo eine Sinneinheit zu Ende ist. – ~~Lies immer in gleichmäßigem Tempo.~~ → Variiere dein Lesetempo. – ~~Bei jedem Zeilensprung musst du beim Vortragen eine Pause im Satz machen.~~ → Mache bei einem Zeilensprung eine Pause, wenn dort eine Sinneinheit endet.

4 a) handelt von Tieren, die menschliche Eigenschaften haben; b) durch Gegenüberstellung werden gesellschaftliche Konflikte dargestellt; c) Fabel zielt auf eine sprichwörtliche Lehre.

5 Text mehrfach lesen und jeweils auf einen anderen Fehlerbereich achten.